本書由中國歷史研究院田澍工作室資助出版

第十三輯

簡牘學研究

JIAN DU XUE YAN JIU

西北師範大學歷史文化學院
甘肅簡牘博物館
蘭州城市學院簡牘研究所
河西學院河西史地與文化研究中心
編

甘肅人民出版社

圖書在版編目（ＣＩＰ）數據

簡牘學研究. 繁體版. 第十三輯 / 西北師范大學歷
史文化學院等編. -- 蘭州：甘肅人民出版社，2024.2
　ISBN 978-7-226-06025-4

Ⅰ. ①簡… Ⅱ. ①西… Ⅲ. ①簡(考古)－中國－文集
Ⅳ. ① K877.5-53

中國國家版本館 CIP 數據核字（2023）第 242514 號

責任編輯：張　菁
裝幀設計：馬吉慶

簡牘學研究·第十三輯：繁體版
JIANDUXUE YANJIU DISHISANJI FANTIBAN
西北師範大學歷史文化學院等　編
甘肅人民出版社出版發行
（730030　蘭州市讀者大道 568 號）
蘭州鑫泰印刷有限公司印刷
開本 710 毫米 ×1020 毫米　1/16　印張 14　插頁 2　字數 255 千
2024 年 2 月第 1 版　　2024 年 2 月第 1 次印刷
印數：1~1 500
ISBN 978-7-226-06025-4　　定價：80.00 元

目　録

目 录

從清華簡《四告一》"肆祔血盟"
看西周前期的王權政治

李健勝

（湖南師範大學历史文化學院，長沙 410081）

内容摘要：從清華簡《四告一》"肆祔血盟"的儀式及内涵看，盟誓在西周前期王權實現跨族統治、構建内外服過程中發揮了重要作用，基於盟誓的權力運作表現出很大的靈活性和有效性。從周公禱告皋繇之辭看，西周前期王權政治具有濃郁的"原始性"，即功利性、實用性特征，它披着早期宗教信仰的外衣，有效地解決了超血緣、跨地域統治面臨的重大挑戰，而"原始性"逐步喪失是導致西周中後期王權衰微的主要原因。

關鍵詞：清華簡；《四告一》；西周；盟誓；王權政治

　　清華簡《四告一》是周公禱告皋繇之辭，所見禱告方式整理者釋爲"逸俯血盟"，[①]黄德寬釋爲"肆擾血盄"，[②]指肆祭和血祭。"逸"當爲"肆"，《周禮·地官司徒·大司徒》"祀五帝，奉牛牲，羞其肆。"鄭玄注云："奉，猶進也。鄭司農云：'羞，進也。肆，陳骨體也。'玄謂進所肆解骨體。"[③]"血盟"，又作"血明"，見於睡虎地秦簡《日書甲種》簡一〇四正貳"毋以卯沐浴，是謂血明，不可□井池"。[④]"俯"當爲"祔"，《説文》解作"後死者合食於先祖"，[⑤]程浩認爲"祔"祭可能與改變皋繇的"配享"有關，故釋爲"肆祔血盟"，指周公以祔祭讓作爲天帝司慎的皋繇脱離對夏代之神的配享，成爲周人祖先神的附屬，并與奄遺盟誓，

① 黄德寬主编：《清華大學藏戰國竹簡（拾）》，中西書局，2020 年，第 110 頁。
② 黄德寬：《清華簡〈四告〉疑難字詞二考》，《出土文獻》2020 年第 3 期。
③〔漢〕鄭玄注，〔唐〕賈公彦疏：《周禮注疏》，見〔清〕阮元校刻《十三經注疏（清嘉慶刊本）》，中華書局，2009 年，第 1525 頁。
④ 睡虎地秦墓竹簡整理小組：《睡虎地秦墓竹簡》，文物出版社，1990 年，第 197 頁。"明"通"盟"。
⑤〔漢〕許慎：《説文解字》，中華書局，1963 年，第 8 頁。

把他們拉入己方陣營，①本文從程浩解釋。從周公告皋繇的具體儀式及其内涵看，盟誓在實現跨族統治，構建内外服等方面發揮過重要作用，也能反映出西周前期王權政治的一些特點。

一、以盟誓實現跨族統治、構建内外服

（一）盟誓與跨族統治

清華簡《四告一》記述了周公兩次禱告奄人祖先皋繇之事。第一次的主題是祈求皋繇不要因滅其國、遷其民而"討余有周旦"，與奄遺盟誓，讓他們"即服於天，效命於周"。②管叔、蔡叔聯合武庚發動叛亂，早已臣服殷商的奄人從亂，周公"討征不服，方行天下，至於海表出日"，③滅了商奄。清華簡《繫年》第三章："成王伐商蓋，殺飛廉，西遷商蓋之民於朱圉"，"商蓋"即"商奄"，東征結束後，周人把一部分奄人遷至今甘肅天水一帶。④《左傳》定公四年："因商奄之民，命以伯禽而封少皞之虛。"⑤以盟誓配合伯禽之封，命書云："王曰叔父，建爾元子。俾侯於魯，大啓爾宇，爲周室輔。乃命魯公，俾侯於東，錫之山川，土田附庸。"⑥周在奄人故地"少皞之虛"建立魯國，把一部分奄遺封給伯禽以爲"附庸"。通過這些盟誓，周人實現了對這一古老族群的跨族統治，而從《四告一》的禱辭看，周公主導的這次盟誓明顯具有實用性和功利性特徵。從西周前期王權政治的具體運作過程看，通過盟誓建立跨族統治聯盟是周人開疆拓土的重要方式。周族遷至岐下後，與姜姓羌人結盟，長期聯姻，周族的興起、强盛與姜姓氏族的堅定支持是分不開的，周族文化中已然滲入羌人文化因素。⑦文王時，"小心翼翼，昭事上帝，聿懷多福，厥德不回，以受方國。"⑧從周原甲骨"癸巳彝文武帝乙宗貞王其𠨔祭

① 程浩：《清華簡〈四告〉的性質與結構》，《出土文獻》2020 年第 3 期。
② 黄德寬主編：《清華大學藏戰國竹簡（拾）》，中西書局，2020 年，第 110 頁。
③ 黄德寬主編：《清華大學藏戰國竹簡（拾）》，中西書局，2020 年，第 110 頁。
④ 李學勤主編：《清華大學藏戰國竹簡（貳）》，中西書局，2011 年，第 141 頁。
⑤〔晉〕杜預注，〔唐〕孔穎達等正義：《春秋左傳正義》，見〔清〕阮元校刻《十三經注疏（清嘉慶刊本）》，中華書局，2009 年，第 4635—4636 頁。
⑥〔漢〕毛公傳、鄭玄箋，〔唐〕孔穎達等正義：《毛詩正義》，見〔清〕阮元校刻《十三經注疏（清嘉慶刊本）》，中華書局，2009 年，第 1328 頁。
⑦ 徐中舒：《徐中舒先秦史講義》，天津古籍出版社，2008 年，第 297—307 頁。
⑧〔漢〕毛公傳、鄭玄箋，〔唐〕孔穎達等正義：《毛詩正義》，見〔清〕阮元校刻《十三經注疏（清嘉慶刊本）》，中華書局，2009 年，第 1091 頁。

成唐□槃叐□母其彝血壯三豚三由又正"（鳳雛 H11：1），① "彝文武丁□貞王翊日乙酉其棗禹中□武丁豊□□□□才王"（鳳雛 H11：112）等看，② 文王曾在殷宗廟祭祀商人先祖，拜謝稱姤，与西正等共飲血酒，并殺牲爲盟，以示對商王朝的效忠。③ 臣服於商的同時，文王與周邊部族締結同盟關係，"帥殷之叛國以事紂"，④ 并在"西土"形成以周族爲盟主的反商部族聯盟。⑤ 周原甲骨載有"伐蜀"（鳳雛 H11：68）、"〔克〕蜀"（鳳雛 H11:97），⑥ 此處的"蜀"很有可能就是《尚書·牧誓》記載的"蜀"。⑦ 伐蜀成功後，蜀成爲反商聯盟成員之一。《詩經·大雅·皇矣》載："密人不恭，敢距大邦。"⑧ 周原甲骨也記有"於宀（密）。周。"（鳳雛 H11：31）。⑨ 位於周西邊的密須時常侵擾周族，還入侵阮、共，文王滅之，爭取到阮、共的支持。文王還利用"西伯"身份獲得征伐、平抑方國之間爭端的權力，《詩經·大雅·緜》："虞芮質厥成，文王蹶厥生。予曰有疏附，予曰有先後。予曰有奔奏，予曰有禦侮。"⑩ 文王平虞、芮兩國爭端，使之歸附周族，與之建立盟誓關係。《詩經·大雅·皇矣》："帝謂文王，詢爾仇方，同爾兄弟，以爾鉤援，與爾臨沖，以伐崇墉。"⑪ 文王伐崇前需要告知同盟部族，并要求他們做好一同伐崇的準備，這期間當舉行了盟誓。1993 年在山西曲沃北趙晋公室墓地出土"文王

① 曹瑋編著：《周原甲骨文》，世界圖書出版公司北京公司，2002 年，第 1 頁。

② 曹瑋編著：《周原甲骨文》，世界圖書出版公司北京公司，2002 年，第 78 頁。

③ 有學者認爲相關卜辭實爲文王驗證天命問卜而受殷先王嗣位之命，但筆者認爲無論文王是在表達對商的忠心，還是在祈請以周代殷，都是通過盟誓進行的。參見李桂民《周原廟祭甲骨與"文王受命"公案》，《歷史研究》2013 年第 2 期。

④ 〔晋〕杜預注，〔唐〕孔穎達等正義：《春秋左傳正義》，見〔清〕阮元校刻《十三經注疏（清嘉慶刊本）》，中華書局，2009 年，第 4192 頁。

⑤ 沈長雲：《先秦史》，人民出版社，2006 年，第 97—98 頁。

⑥ 曹瑋編著：《周原甲骨文》，世界圖書出版公司北京公司，2002 年，第 52、71 頁。

⑦ 徐錫台：《周原出土的甲骨文所見人名、官名、方國、地名淺釋》，吉林大學古文字研究室主編《古文字研究》第 1 輯，中華書局，1979 年，第 189—190 頁；繆文遠：《周原甲骨所見諸方國考略》，四川大學學報編輯部、四川大學古文字研究室編《古文字研究論文集》第 10 輯，四川人民出版社，1982 年，第 68—69 頁。

⑧ 〔漢〕毛公傳、鄭玄箋，〔唐〕孔穎達等正義：《毛詩正義》，見〔清〕阮元校刻《十三經注疏（清嘉慶刊本）》，中華書局，2009 年，第 1121 頁。

⑨ 曹瑋編著：《周原甲骨文》，世界圖書出版公司北京公司，2002 年，第 27 頁。有學者則寫作"於宀"，參見李零《讀〈周原甲骨文〉》，北京大學中國考古學研究中心、北京大學震旦古代文明研究中心編《古代文明》第 3 卷，文物出版社，2004 年，第 228—229 頁。

⑩ 〔漢〕毛公傳、鄭玄箋，〔唐〕孔穎達等正義：《毛詩正義》，見〔清〕阮元校刻《十三經注疏（清嘉慶刊本）》，中華書局，2009 年，第 1101 頁。

⑪ 〔漢〕毛公傳、鄭玄箋，〔唐〕孔穎達等正義：《毛詩正義》，見〔清〕阮元校刻《十三經注疏（清嘉慶刊本）》，中華書局，2009 年，第 1123 頁。

玉環"，① 上有銘文："玟（文）王卜曰：我眾𣂏人弘伐𢦏人。"（《銘圖》19710②）其中，學界多釋"𣂏"爲"唐"。"𢦏"字拓本爲"𢦏"，根據學者的考證，"𢦏"爲"㞢"字的異體，釋爲"崇"，此銘文記載的即爲文王與唐人戰崇之事。③ 此外，克崇後舉行的"師祭"也有盟誓的因素。④《尚書大傳·殷傳·西伯戡耆》載，文王"二年伐於，三年伐密須，四年伐畎夷，紂乃囚之……文王出則克耆，六年伐崇則稱王。既伐於崇"。⑤ 儘管所載顯然經過後世加工，未必合於史實，但也能説明文王經過一系列盟誓構建跨族統治，借此把軍政勢力推進至商王朝腹地。

借盟誓實現跨族統治的現象還體現在分封制的實施中。"周之宗盟，异姓爲後"，⑥ 异姓諸侯受封時須與周天子盟誓。《左傳》僖公四年載管仲之言："昔召康公命我先君大公曰：'五侯九伯，女實征之，以夾輔周室！'賜我先君履，東至於海，西至於河，南至於穆陵，北至於無棣。"⑦ 學者認爲這是分封齊國時的部分命辭。⑧《左傳》僖公六年："昔武王克殷，微子啓如是。武王親釋其縛，受其璧而祓之，焚其櫬，禮而命之，使復其所。"⑨ 宋國之封亦是异姓分封的實例，⑩ 而盟誓活動有效地將异姓貴族納入周人統治範圍，擴大了西周王朝的統治基礎。

地方諸侯也依憑盟誓與异姓族群建構統治關係。受封後，諸侯與其附庸進行"分宗"盟誓，⑪ 魯公伯禽分得"殷民六族"後，"帥其宗室，輯其分族，將其類醜，

---

① 山西省考古研究所、北京大學考古學系：《天馬——曲村遺址北趙晋侯墓地第三次發掘》，《文物》1994 年第 8 期。

② 吳鎮烽編著：《商周青銅器銘文暨圖像集成》，上海古籍出版社，2012 年。文中簡稱《銘圖》。

③ 陳劍：《甲骨金文考釋論集》，綫裝書局，2007 年，第 300—306 頁。

④〔晋〕郭璞注，〔宋〕邢昺疏：《爾雅注疏》，見〔清〕阮元校刻《十三經注疏（清嘉慶刊本）》，中華書局，2009 年，第 5676 頁。

⑤〔漢〕鄭玄注，王闓運補注：《尚書大傳》，商務印書館，1937 年，第 29—30 頁。

⑥〔晋〕杜預注，〔唐〕孔穎達等正義：《春秋左傳正義》，見〔清〕阮元校刻《十三經注疏（清嘉慶刊本）》，中華書局，2009 年，第 3768 頁。

⑦〔晋〕杜預注，〔唐〕孔穎達等正義：《春秋左傳正義》，見〔清〕阮元校刻《十三經注疏（清嘉慶刊本）》，中華書局，2009 年，第 3890—3891 頁。

⑧ 晁福林：《試論西周分封制的若干問題》，陝西歷史博物館編《西周史論文集（下）》，陝西人民教育出版社，1993 年，第 748 頁。

⑨〔晋〕杜預注，〔唐〕孔穎達等正義：《春秋左傳正義》，見〔清〕阮元校刻《十三經注疏（清嘉慶刊本）》，中華書局，2009 年，第 3903 頁。

⑩ 宋國之封，歷來爭議主要爲"武王封宋説"與"成王封宋説"。陳立柱認爲武王封微子啓於孟渚之濱（今山東曹縣），周公、成王東征後遷微子之侄稽於宋（今河南商丘），立之爲宋公（商公）。參見陳立柱《微子封建考》，《歷史研究》2005 年第 6 期。筆者從陳立柱之説。

⑪ 雒有倉：《論西周的盟誓制度》，《考古與文物》2007 年第 2 期。

以法則周公"，①留在故地的商奄遺民當在本族卿大夫的統率下服事魯公，清華簡《四告二》中伯禽告任、俞之神的目的亦是將被征服的任人、俞人納入其國，②實現跨族統治。

（二）盟誓與内外服

清華簡《四告一》所見周公第二次祭祀皋繇，率"邦君、諸侯、大正、小子、師氏、御事"，③一起向商奄祖先禱告。其中，"邦君""諸侯"即周之外服，"小子""御事"等則爲内服，這説明内外服是周人實現政權構造的主要方式。謝維揚認爲，中國早期國家政治構造的最主要特徵是内外服制。④結合相關史實，可以看出盟誓是建構和實施内外服的重要制度依托。大禹"塗山之會"實際上就是把被征服東夷諸族及夏后氏同族納入外服體制的建國大會，從盟者宣誓效忠大禹，大禹封賞諸部族，這一過程中，盟誓無疑是大禹運作權力、建構國家的根本性制度。《尚書·酒誥》云："越在外服，侯、甸、男、衛、邦伯；越在内服，百僚庶尹，惟亞惟服，宗工、越百姓、里居。"⑤這反映的是商人成熟的内外服體係。周承殷制，也構建起内外有别、上下有序的内外服統治體系。

和夏、商的政治傳統相似，周人也以盟誓爲制度依托建構和實施内外服。伐商取勝後，武王在立國、封賞等儀式上宣誓"膺受大命，革殷，受天明命"，⑥"立王子武庚，命管叔相"，⑦"又作《武》，其卒章曰：'耆定爾功'"，⑧分封有功之臣。周公東征結束後，"四方民大和會"於洛邑，⑨"周公爲盟"，⑩以盟誓結合分封，在東土建立新的諸侯國。康叔受"封於殷虚"，授予"大路、少帛、

---

①〔晋〕杜預注，〔唐〕孔穎達等正義：《春秋左傳正義》，見〔清〕阮元校刻《十三經注疏（清嘉慶刊本）》，中華書局，2009年，第4635頁。

②黄德寬主編：《清華大學藏戰國竹簡（拾）》，中西書局，2020年，第117頁。

③黄德寬主編：《清華大學藏戰國竹簡（拾）》，中西書局，2020年，第110頁。

④謝維揚：《中國早期國家》，浙江人民出版社，1995年，第404頁。

⑤〔漢〕孔安國傳，〔唐〕孔穎達等正義：《尚書正義》，見〔清〕阮元校刻《十三經注疏（清嘉慶刊本）》，中華書局，2009年，第439頁。

⑥《史記》卷四《周本紀》，中華書局，2013年，第162頁。

⑦黄懷信、張懋鎔、田旭東撰：《逸周書彙校集注上（修訂本）》上册，上海古籍出版社，2007年，第356頁。

⑧〔晋〕杜預注，〔唐〕孔穎達等正義：《春秋左傳正義》，見〔清〕阮元校刻《十三經注疏（清嘉慶刊本）》，中華書局，2009年，第4086頁。

⑨〔漢〕孔安國傳，〔唐〕孔穎達等正義：《尚書正義》，見〔清〕阮元校刻《十三經注疏（清嘉慶刊本）》，中華書局，2009年，第430頁。

⑩《史記》卷一三〇《太史公自序》，中華書局，2013年，第4014頁。

緒苃、旃旌、大呂，殷民七族"，①周公要求他發誓效忠周室，"作新民"。②唐叔受封於"夏虚"時，③也舉行了盟誓。1993 年北京琉璃河 1193 號大墓出土《克罍》《克盉》兩件刻有封燕銘文的銅器，銘文載："王曰：'太保，唯乃明。乃甬享於乃辟，余大封。乃享，令克侯於匽（燕）。剸羗豸，祖於御微。克來匽，入土眔有嗣（辭的异體字）。'用作寶尊彝。"（《近出》987④）諸家對這段銘文解讀不一，⑤如若是東征後即封燕，此處的"王"可能是指周公。如若指成王，應當是以成王名義進行的分封。不過可以明確的是分封燕侯時舉行了盟誓儀式。上述這些盟誓活動都有載書，并"藏在盟府"，⑥以爲憑據。

成王親政後，結合盟誓進行分封。《左傳》昭公四年載"成有岐陽之蒐"。⑦有學者認爲《荊子鼎》《保尊》《保卣》三篇銅器銘文可作爲"岐陽之蒐"記載的佐證。⑧學界雖有爭議，但《荊子鼎》銘文"丁巳，王大祴"（《銘圖》2385）和《保尊》《保卣》銘文的"遘於四方，會王大祀"（《集成》6003），都可證實成王與諸侯舉行了盟誓大典。《麥方尊》："王令辟井（邢）侯出坏，侯於井（邢）……侯賜赭㷱臣二百家"（《集成》6015）。《邢侯簋》："昭朕福盟，朕臣天子，用典王命"（《集成》4241）。成王分封邢侯，⑨賜其家臣"二百家"，邢侯發誓效忠成王，并把盟辭刻於禮器以證之。《覞公簋》："遘於王命

①〔晋〕杜預注，〔唐〕孔穎達等正義：《春秋左傳正義》，見〔清〕阮元校刻《十三經注疏（清嘉慶刊本）》，中華書局，2009 年，第 4636 頁。

②〔漢〕孔安國傳，〔唐〕孔穎達等正義：《尚書正義》，見〔清〕阮元校刻《十三經注疏（清嘉慶刊本）》，中華書局，2009 年，第 432 頁。

③〔晋〕杜預注，〔唐〕孔穎達等正義：《春秋左傳正義》，見〔清〕阮元校刻《十三經注疏（清嘉慶刊本）》，中華書局，2009 年，第 4637 頁。

④劉雨、盧岩：《近出殷周金文集録》，中華書局，2002 年。文中簡稱《近出》。

⑤如陳平認爲燕名義上的受封者可能是太保，實際上的受封者則是克，但却未指明册封他的"王"是成王還是周公；杜廼松則認爲册封克的"王"應是成王。參見陳平《克罍、克盉銘文及其有關問題》，《考古》1991 年第 9 期；杜廼松《克罍克盉銘文新釋》，《故宫博物院院刊》1998 年第 1 期。

⑥〔晋〕杜預注，〔唐〕孔穎達等正義：《春秋左傳正義》，見〔清〕阮元校刻《十三經注疏（清嘉慶刊本）》，中華書局，2009 年，第 4235 頁。

⑦〔晋〕杜預注，〔唐〕孔穎達等正義：《春秋左傳正義》，見〔清〕阮元校刻《十三經注疏（清嘉慶刊本）》，中華書局，2009 年，第 4418 頁。

⑧李學勤：《斗子鼎與成王岐陽之盟》，《中國國家博物館館刊》2012 年第 1 期；黄錦前：《荊子鼎與成王岐陽之盟》，《中國國家博物館館刊》2013 年第 9 期；于薇：《湖北隨州葉家山 M2 新出子鼎與西漢宗盟》，《江漢考古》2012 年第 2 期。

⑨學界對封邢時代頗有爭議，本文從李學勤之説。參見李學勤《麥尊與邢國的初封》，楊文山、翁振軍主編《邢臺歷史文化論叢》，河北人民出版社，1990 年，第 103—104 頁。

唐伯侯於晋。"（《銘圖》4954）覶公爲其妻作簋，恰逢成王遷封唐侯變於晋。①

　　康王時期的盟誓也與分封、册命諸侯相結合。《作册旂尊》："令作册折觋聖土於相侯"（《集成》6002）。康王分封相侯，②《大盂鼎》《小盂鼎》所見南公之孫盂受王錫命，封授疆土及衣服車馬，都是分封盟誓的確證。《宜侯夨簋》："王命虞（虎）侯夨曰：鄢（？）侯於宜……賜土……"（《集成》4320）。康王遷封虞侯於宜，通過盟誓重新授民授疆土。③曾國當始封於成康時期，2019年出土於隨州棗樹林曾侯墓葬M190的《鎛鐘》銘文記有"王客我於康宫，乎厥命。皇祖建於南土，蔽蔡南門，誓應京社，適於漢東"。此銘文涉及兩次盟誓：一是器主曾公畎追述周天子分封其先祖於南土時的盟誓；二是追述其先祖與保護國蔡、應的盟誓。④

　　周人不唯以盟誓構建外服，其内服體系亦是以盟誓構建起來的。《班簋》載有"王令毛公以邦塚君……伐東國"（《集成》4341），"毛公"采邑爲毛，屬畿内封君，周天子與之盟誓確定統治關係。《左傳》僖公二十六年載，"昔周公、大公股肱周室，夾輔成王。成王勞之，而賜之盟，曰：'世世子孫無相害也！'載在盟府，大師職之"。⑤周公一如文王時期的虢仲、虢叔，爲王之"卿士"，⑥屬内服體系，他在攝政稱王時當與成王有盟誓在先，宣誓東征勝利、成王成年後還政，這是他取得同盟者支持的根本原因。

　　上述見於傳世文獻或金文的盟誓活動或因史官實録的散佚，或受册命文書固定格式的限制，或係後世文獻的轉述，都無法還原盟誓活動在權力運作過程中發

---

①唐伯何時侯於晋，朱鳳瀚傾向於成王；李伯謙也認爲成王時期更爲合理。參見朱鳳瀚《覶公簋與唐伯侯於晋》，《考古》2007年第3期；李伯謙《公簋與晋國早期歷史若干問題的再認識》，《中原文物》2009年第1期。

②王暉認爲該器中的"王"指康王。參見王暉《作册旂器銘與西周分封賜土禮儀考》，《中國歷史文物》2005年第1期。

③虞侯遷封的時間例來衆說紛紜，主要有成王說與康王說。本文從康王遷封虞侯於宜之説。參見杜勇《關於令方彝的年代問題》，《中國史研究》2001年第2期。

④《湖北隨州葉家山西周墓地發掘簡報》認爲M2（或可能爲曾侯諫媿姓夫人墓）年代應在康昭之世；李學勤認爲M2年代應在成康之世；朱鳳瀚則認爲此批墓葬下限最晚的M27號墓似亦不會晚於康王晚期；郭長江等人則認爲曾國始封不可能晚至昭王或其後。參見湖北省文物考古研究所、隨州市博物館《湖北隨州葉家山西周墓地發掘簡報》，《文物》2011年第11期；李學勤等《湖北隨州葉家山西周墓地筆談》，《文物》2011年第11期；郭長江、凡國棟、陳虎等《曾公編鐘銘文初步釋讀》，《江漢考古》2020年第1期。

⑤〔晋〕杜預注，〔唐〕孔穎達等正義：《春秋左傳正義》，見〔清〕阮元校刻《十三經注疏（清嘉慶刊本）》，中華書局，2009年，第3954頁。

⑥〔晋〕杜預注，〔唐〕孔穎達等正義：《春秋左傳正義》，見〔清〕阮元校刻《十三經注疏（清嘉慶刊本）》，中華書局，2009年，第3896頁。

揮的真實作用。清華簡"書"類文獻可能是由墨家選編的，① 其中之一的《四告一》弱化了儒家"書"類文獻中以統治者的賢能、愛民表述政權合法性的書寫方式，透露出爲了降服、聯合異族而禱告其遠祖，爲治理國政實施"效所作周邦刑法典律，用創興立誨"，爲吸納各類賢能"允厥元良，以傅輔王身，咸作左右爪牙，用經緯大邦周"等實態化和寫實化的文本書寫，② 其中，典型地反映了以盟誓進行權力運作的真實狀態，充分體現了基於盟誓的權力運作具有高度的靈活性和有效性，也説明西周前期的王權政治是多種貴族政治力量妥協的結果。

綜上，盟誓是周人滅商過程中經常使用的一種權力整合機制，藉此實現跨族統治，盟誓也是周人建構内外服的重要制度依托，結合盟誓在當時開疆拓土過程中所發揮的重要作用，可以看出西周前期的王權政治實際上是盟誓政治，基於盟誓的權力運作表現出很大的靈活性和有效性。

二、盟誓與西周前期王權的"原始性"

（一）盟誓與周文化中的"原始性"

"神不歆非類，民不祀非族。"③ 然而周公爲何祭祀異族祖先皋繇，其中的曲折隱幽可從清華簡《程寤》探知一二。文王"三分天下有其二"，仍"以服事殷"，④ 因爲周族以盟誓臣服於商，⑤ 不能背盟。清華簡《程寤》載，"太姒夢見商廷惟棘，小子發取周廷梓樹於厥間，化爲松柏棫柞"，文王意識到這是天命轉移的征兆，便舉行消除災害的"祓"，"幣告"於"宗祊社稷"，祈禱於"六末山川"，攻解商人之神，舉行"望"祭、"烝"祭，"占於明堂"，"并拜吉夢，

---

① 程浩：《有爲言之——先秦"書"類文獻的源與流》，中華書局，2021 年，第 301—304 頁。

② 黄德寬主編：《清華大學藏戰國竹簡（拾）》，中西書局，2020 年，第 110 頁。

③〔晉〕杜預注，〔唐〕孔穎達等正義：《春秋左傳正義》，見〔清〕阮元校刻《十三經注疏（清嘉慶刊本）》，中華書局，2009 年，第 3910 頁。

④〔魏〕何晏注，〔宋〕邢昺疏：《論語注疏》，見〔清〕阮元校刻《十三經注疏（清嘉慶刊本）》，中華書局，2009 年，第 5402 頁。

⑤ 徐中舒：《周原甲骨初論》，四川大學學報編輯部、四川大學古文字研究室編《古文字研究論文集》第 10 輯，四川人民出版社，1982 年，第 4—7 頁。

受商命於皇上帝"。[①]學者據此多持文王受命説,[②]但從簡文內容看,此夢象徵着姬發將率領賢臣占領商都,完成滅商大業,[③]反映的是武王受命,而盟津之會是周族領受天命,破除與商的盟誓關係,實施滅商行動的關鍵一步。

西周早期王權脱胎於氏族部落階段的神權政治,是遠古"原邏輯"思維的産物,[④]初步具有分層社會性質的部族聯盟首領往往被看成是神的後裔,而藉此建立的王權的神聖性和宗教性是一種信仰而非欺騙手段。[⑤]從考古學角度看,原始社會末期出現的玉琮是巫術與王權結合的最早的美術象徵,商周青銅器所鑄各類動物形象則是統治階層以絶地天通之法獲取和維持政治權力的主要工具。[⑥]從清華簡《四告一》中的祔祭儀式看,當時的人們相信"在帝左右"的祖先神兼具天神和人鬼的雙重身份,[⑦]現實世界中曾擔任百辟臣僚者,死後升天須服事於天帝的朝廷,[⑧]周公之所以禱告皋繇,是因爲他長期擔任掌管刑罰的"士師",[⑨]害怕被滅其國、遷其民的奄人祖先神懲罰他,遂以盟主身份和奄遺"血盟",用"二元父羊、父豕"祔祭之,[⑩]讓本爲夏代祖先神附屬的皋繇追隨周人祖先神。周公告皋繇的祭祀活動説明當時的鬼神信仰對人類行爲有着切實的影響,周公害怕皋繇會降罪於他,纔會以攻解之法祭祀之,從中可以看出,早期宗教信仰的内涵并不在於拯救靈魂,而是爲了實現具體、現實的目的。[⑪]總之,在巫術盛行、政教不分的時代,西周前期的王權政治具有濃厚的"原始性",這種"原始性"由宗教信仰、神權政治、世俗王權及其表現習俗等雜糅而成,通過祭祀儀式表達統治意志是王權政治的重要内容,而盟誓就是以祭祀儀式體現王權"原始性"的一個典型,其發生的原動力來自對神靈的崇拜和敬畏,[⑫]既包含着盟主與從盟者基於

① 李學勤主編:《清華大學藏戰國竹簡(壹)》,中西書局,2010年,第136頁。
② 劉國忠:《清華簡〈程寤〉與"文王受命"》,《文史知識》2012年第5期;晁福林:《從清華簡〈程寤〉篇看"文王受命"問題》,《北京師範大學學報(社會科學版)》2016年第5期;陳穎飛:《清華簡〈程寤〉與文王受命》,《清華大學學報(哲學社會科學版)》2013年第2期。
③ 申超:《清華簡〈程寤〉主旨試探》,《管子學刊》2013年第1期。
④〔法〕列維·布留爾著,丁由譯:《原始思維》,商務印書館,1981年,第99—130頁。
⑤ 王震中:《中國文明起源的比較研究》,中國社會科學出版社,2013年,第431頁。
⑥ 張光直:《中國青銅時代》(二集),生活·讀書·新知三聯書店,1990年,第79—80、127頁。
⑦〔漢〕毛亨傳、鄭玄箋,〔唐〕孔穎達等正義:《毛詩正義》,見〔清〕阮元校刻《十三經注疏(清嘉慶刊本)》,中華書局,2009年,第1083頁。
⑧ 陳夢家:《殷墟卜辭綜述》,中華書局,1988年,第573頁。
⑨ 趙平安:《清華簡〈四告〉的文本形態及其意義》,《文物》2020年第9期。
⑩ 黃德寬主編:《清華大學藏戰國竹簡(拾)》,中西書局,2020年,第110頁。
⑪ 羅新慧:《周代天命觀念的發展與嬗變》,《歷史研究》2012年第5期。
⑫ 吕静:《春秋時期盟誓研究:神靈崇拜下的社會秩序再構建》,上海古籍出版社,2007年,第4頁。

神權信仰構成的統治關係，也包含有基於詛盟儀式形成的忠誠理念和信任關係。①

盟誓活動充滿着濃郁的原始宗教氣息。從字源角度看，甲骨文中的"盟"通常刻爲"🌑""🌑""🌑"等，隸定爲"盟"。"Y"爲器皿形，"O"爲牲耳形，這與《周禮·司盟》所載"殺牲歃血，朱盤玉敦，以立牛耳"的記述相合。②其後，"盟"字的構造由"取象演化爲兼取意，結構成分便有所變更"，這是因爲"'盟'本源於'明'而得義於'明'。"③《詩經·小雅·黄鳥》："此邦之人，不可與明。"鄭箋："明當爲盟。盟，信也。"④《爾雅·釋言》："誓，謹也。"郭璞注曰："所以約勤謹戒衆。"邢昺疏曰："謹，敕也……集將士而戒之曰誓。"⑤《説文解字》："誓，約束也，從言，折聲。"段玉裁釋："凡自表不食言之辭，皆曰誓。"⑥《禮記·曲禮下》："約信曰誓。"孔穎達疏曰："用言辭共相約束，以爲信也。"⑦字源上看，"誓"表達的是一種對自我和他人的强烈的約束性，包含着自我詛咒的因素。《禮記·曲禮下》："涖牲曰盟。"孔穎達疏云："盟之爲法，先鑿地爲方坎，殺牲於坎上，割牲左耳，盛以珠盤，又取血，盛以玉敦，用血爲盟，書成，乃歃血而讀書。"⑧"盟"和"誓"二字聯用表達的是在特定宗教祭祀場所爲了達到一定的目的而進行的宣誓締約。《周禮·司盟》："及其禮儀，北面詔明神，既盟則貳之……凡盟詛，各以其地域之衆庶，共其牲而致焉。既盟，則爲司盟共祈酒脯。"⑨盟誓活動中滲透着借神靈之名表現王權的意志，往往把攻伐物件視爲受上帝懲罰

---

① 閻步克認爲西周作爲典章制度的"禮"破壞導致春秋以盟誓爲標誌的"信"之觀念的發達。參見閻步克《春秋戰國時"信"觀念的演變及其社會原因》，《歷史研究》1981年第6期。筆者認爲"信"觀念既是"禮"產生的觀念基礎也是它的派生物，盟誓活動的前提及其有效性皆與早期信義觀念有關。
② 〔漢〕許慎撰：《説文解字》，中華書局，1963年，第142頁。
③ 向光忠：《釋古文字"盟"與古文化"盟"》，《河池師專學報（社會科學版）》1998年第3期。
④ 〔漢〕毛亨傳、鄭玄箋，〔唐〕孔穎達等正義：《毛詩正義》，見〔清〕阮元校刻《十三經注疏（清嘉慶刊本）》，中華書局，2009年，第929—930頁。
⑤ 〔晋〕郭璞注，〔宋〕邢昺疏：《爾雅注疏》，見〔清〕阮元校刻《十三經注疏（清嘉慶刊本）》，中華書局，2009年，第5616頁。
⑥ 〔漢〕許慎撰，〔清〕段玉裁注：《説文解字注》，上海古籍出版社，1981年，第92頁。
⑦ 〔漢〕鄭玄注，〔唐〕孔穎達等正義：《禮記正義》，見〔清〕阮元校刻《十三經注疏（清嘉慶刊本）》，中華書局，2009年，第2741頁。
⑧ 〔漢〕鄭玄注，〔唐〕孔穎達等正義：《禮記正義》，見〔清〕阮元校刻《十三經注疏（清嘉慶刊本）》，中華書局，2009年，第2741頁。
⑨ 〔漢〕鄭玄注，〔唐〕賈公彦疏：《周禮注疏》，見〔清〕阮元校刻《十三經注疏（清嘉慶刊本）》，中華書局，2009年，第1904—1905頁。

“有罪”之人，[①] 或運用神靈權威扮演“受命”者角色，[②] 以獲取聯盟部族的信任。清華簡《程寤》反映了巫鬼時代人們思想層面的真實，[③] 盟誓關係的建構或解除要以神的昭示爲準則。清華簡《四告》反映了盟誓儀式也具有濃重的祖先崇拜意味，把現實目的投射到信仰領域，從而使部族過往歷史與當下的政治訴求融爲一體，再現“當時的人物及其業績”的同時找到謀求當下行動合法性的根據。[④]

在盟誓儀式上，盟主和從盟者要以犧牲、舞蹈等取悅神靈，它們共同構成盟誓的儀式和軌程。《牧誓》中的“四伐、五伐、六伐、七伐”實爲祭祀舞蹈的步伐，[⑤] 武王砍下已死商紂的頭顱表明控制首領首級以摧毁敵方士氣的戰爭巫術和爲文王復仇的盟誓活動也緊密結合在一起，[⑥] 這都説明盟誓的核心要素在於表現權威、復仇等政治内涵的儀式，扮演着將王權統治的目標真實化或具體化的角色，滲透其中的宗教力量憑藉着對神靈的信仰和人們取悅於神靈的企圖，從而使神靈們按照現實世界的利益準則改變事物發展的趨向。[⑦] 從盟者以自我詛咒的形式向神靈發誓是盟誓活動的重要環節，《左傳》襄公十一年載，諸侯會盟於亳，“載書曰：‘凡我同盟，毋薀年，毋雍利，毋保奸，毋留慝，救灾患，恤禍亂，同好惡，獎王室。或間兹命，司慎、司盟，名山、名川，群神、群祀，先王、先公，七姓、十二國之祖，明神殛之，俾失其民，隊命亡氏，踣其國家。’”[⑧] 這些自我詛咒的語言和盟主的致辭一起“加書於上而埋之，謂之載書”。[⑨] 這説明，不僅是西周前期王權政治，夏和商前期的王權政治也植根於對神靈的信仰和崇拜，正因爲相信神靈的福佑或懲罰對當時人們的行爲構成有效的激勵或約束作用，盟誓活動纔能有

---

① 〔漢〕孔安國傳，〔唐〕孔穎達等正義：《尚書正義》，見〔清〕阮元校刻《十三經注疏（清嘉慶刊本）》，中華書局，2009 年，第 338 頁。

② 〔漢〕毛公傳、鄭玄箋，〔唐〕孔穎達等正義：《毛詩正義》，見〔清〕阮元校刻《十三經注疏（清嘉慶刊本）》，中華書局，2009 年，第 1133 頁。

③ 劉光勝：《真實的歷史，還是不斷衍生的傳説——對清華簡文王受命的再考察》，《社會科學輯刊》2012 年第 5 期。

④ 〔法〕列維·斯特勞斯著，李幼蒸譯：《野性的思維》，商務印書館，1987 年，第 270 頁。

⑤ 顧頡剛、劉起釪：《尚書校釋譯論》，中華書局，2005 年，第 1108、1114 頁。

⑥ 孫作雲：《中國古代圖騰研究》，《孫作雲文集·中國古代神話傳説研究（上）》，河南大學出版社，2003 年，第 93 頁。

⑦ 〔英〕詹姆斯·喬治·弗雷澤著，徐育新、汪培基、張澤石譯，汪培基校：《金枝》，大衆文藝出版社，1998 年，第 78—79 頁。

⑧ 〔晋〕杜預注，〔唐〕孔穎達等正義：《春秋左傳正義》，見〔清〕阮元校刻《十三經注疏（清嘉慶刊本）》，中華書局，2009 年，第 4233—4234 頁。

⑨ 〔漢〕鄭玄注，〔唐〕賈公彥疏：《周禮注疏》，見〔清〕阮元校刻《十三經注疏（清嘉慶刊本）》，中華書局，2009 年，第 1904 頁。

效地發揮建構、運作王權的重要作用。因此，無論是形式上還是内涵上，盟誓的形成機理脫胎於人類早期思維，即基於神靈信仰把儀式内化爲包含有團結、自律、忠誠、信任等的思想觀念，在此基礎上建構出一系列的社會政治行爲，并藉此運作出强大的軍政力量，而滲透於王權政治方方面面的這些社會行爲不能被視作某一制度所發揮的功能或進行施政的一個手段，而是王權政治本身。

（二）"原始性"的喪失與西周王權的衰微

西周前期諸王基於盟誓的權力運作在先秦史上并非孤例，事實上，夏、商早期王權政治中都滲透着濃烈的盟誓政治意味。《左傳》哀公七年載："禹合諸侯於塗山，執玉帛者萬國。"[①]大禹通過盟誓實現了對同族、姻親、被征服部落等小政治實體的控制和組合，并在此基礎上建起一個超强政治實體。[②]《左傳》昭公四年記載："商湯有景亳之命。"[③]爲滅夏，湯在有莘氏之地（今山東曹縣境）與東夷諸部會盟，共擊夏桀。從清華簡《尹至》所載"湯盟誓及尹"看，[④]他還與輔臣伊尹舉行過盟誓。滅夏前，商湯稱"有夏多罪"，發誓"爾不從誓言，予則孥戮汝，罔有攸赦"。[⑤]這一誓辭是商王朝史上重要的"寶典"，視爲祖訓，世代相傳，[⑥]既是商族祖先記憶的重要組成部分，也是商王以盟誓進行權力運作的成功範例。總之，大禹整合部族力量、建立夏國，商湯組建反夏聯盟、攻滅夏朝，商王建構内外服統治體系的政治構造和權力運作皆以盟誓活動爲核心。

夏、商、西周前期，盟誓是當時人們經常組織、參與的一種社會活動，并在一定歷史條件下成爲規範人類行爲的禮俗。因此，它雖然具有制度内涵，但爲達到目的不斷進行盟誓的行爲本身是反制度的。三代中期以來，盟誓的制度内涵逐步顯現出來，體現於國家管理與社會控制的諸多方面，從甲骨卜辭所見"盟宫""盟室""盟子""盟册"等看，商代中期以來具有體系較爲完備的盟誓

---

① 〔晋〕杜預注，〔唐〕孔穎達等正義：《春秋左傳正義》，見〔清〕阮元校刻《十三經注疏（清嘉慶刊本）》，中華書局，2009 年，第 4697 頁。

② 杜勇：《論夏朝國家形式及其統一的意義》，《天津師範大學學報（社會科學版）》2007 年第 1 期；《論夏朝國家形式及其統一的意義（續）》，《天津師範大學學報（社會科學版）》2007 年第 2 期。

③ 〔晋〕杜預注，〔唐〕孔穎達等正義：《春秋左傳正義》，見〔清〕阮元校刻《十三經注疏（清嘉慶刊本）》，中華書局，2009 年，第 4418 頁。

④ 李學勤主編：《清華大學藏戰國竹簡（壹）》，中西書局，2010 年，第 128 頁。

⑤ 〔漢〕孔安國傳，〔唐〕孔穎達等正義：《尚書正義》，見〔清〕阮元校刻《十三經注疏（清嘉慶刊本）》，中華書局，2009 年，第 338 頁。

⑥ 顧頡剛、劉起釪：《尚書校釋譯論》，中華書局，2005 年，第 888—889 頁。

制度，① 商代族氏内外部關係通過聯合與聯盟維持，從而構成殷商社會之有機結構。② 因此，盟誓并非因王權的强大而没能推廣開來，③ 而是進行國家管理和社會控制的制度手段。西周中期以來，盟誓的形制逾加完善，《左傳》昭公十三年引叔向語，周人"再會而盟以顯昭明"，杜預注云："十二年而一盟，所以昭信義也。"④《説文解字》云："盟，《周禮》曰：'國有疑則盟。'諸侯再相與會，十二歲一盟，北面詔天之司慎、司命。"⑤ 從山西翼城大河口西周霸國墓地出土鳥形盉銘文"氣（乞）誓曰：'余某弗再（稱）公命。余自無則，金（鞭）身、箅（茀）傳出。'報乒（厥）誓曰：'余既曰余再（稱）公命，毁（倘）余亦改朕辭，出弃'"看，西周卿大夫須以盟誓活動宣誓效忠諸侯，該銘文記載的兩次誓詞都由誓約句、違約句和懲罰句構成，這是先秦各類誓詞的通用結構。⑥ 從《篱攸從鼎》《曶鼎》《倏匜》銘文看，西周還有立約盟誓和法律訴訟盟誓。⑦ 從王權政治角度看，儘管盟誓在社會控制領域逐步下沉，且作用廣泛，但是，夏、商、周中期以來它在王權運作的有效性在下降甚至失效。

"夏桀爲仍之會，有緡叛之；商封爲黎之蒐，東夷叛之；周幽爲大室之盟，戎狄叛之。"⑧ 有學者認爲，基於盟誓的王權運作成功與否取決於軍政實力，夏啓、商湯、周武王時，王朝勢力强大，各諸侯不敢不恭謹赴會，接受王的盟誓，聽從王的約束和驅役；當王朝勢力出現衰敗的征象，諸侯們就不會俯首帖耳，乃至抗拒王朝。⑨ 三代中期以來，王權政治的"原始性"逐步喪失，結合册命、分封等禮儀的盟誓制度也因"原始性"喪失而异化，盟誓從開疆立國的首要地位淪爲權力運作的一個手段，其在國家管理和社會控制領域的作用也因此下降。夏中期以來，仲康義和湎淫，廢時亂日；孔甲亂德，諸侯多叛。商中後期，武乙"爲偶人，謂之天神。與之博，令人爲行。天神不勝，乃僇辱之。爲革囊，盛血，卬而射之，

① 李雪山：《商代分封制度研究》，中國社會科學出版社，2004 年，第 282—285 頁。

② 雒有倉：《甲骨文所見商代族氏聯合與聯盟關係研究》，《殷都學刊》2010 年第 2 期。

③ 張國碩：《試論商代的會盟誓詛制度》，《殷都學刊》1998 年第 4 期。

④〔晋〕杜預注，〔唐〕孔穎達等正義：《春秋左傳正義》，見〔清〕阮元校刻《十三經注疏（清嘉慶刊本）》，中華書局，2009 年，第 4498 頁。

⑤〔漢〕許慎撰：《説文解字》，中華書局，1963 年，第 142 頁。

⑥ 胡寧：《從大河口鳥形盉銘文看先秦誓命規程》，《中國史研究》2016 年第 1 期。

⑦ 王玉哲：《中華遠古史》，上海人民出版社，2000 年，第 638—640 頁。

⑧〔晋〕杜預注，〔唐〕孔穎達等正義：《春秋左傳正義》，見〔清〕阮元校刻《十三經注疏（清嘉慶刊本）》，中華書局，2009 年，第 4419 頁。

⑨ 韋慶遠、柏樺：《中國政治制度史》（第二版），中國人民大學出版社，2005 年，第 97 頁。

命曰‘射天’”。① 據説紂之惡行多達七十條，“不留心祭祀”即是一例。② “小邦周”戰勝“大（天）邑商”（《合集釋文》36535），③ 實際上是一個從地方到中央、從邊緣到中心的軍事、政治及文化突變過程，商代中期以來盟誓制度被異化的現象在這一過程中自然而然地嫁接到周人的政治文化傳統之中。在這樣的時代背景下，盟誓整合軍政力量作用的下降顯然與神權政治的演變軌迹有着深刻的內在聯繫，并非因爲王權力量的衰敗導致盟誓失效，而是因爲神權政治宗教基礎的瓦解使基於盟誓的王權運作失效。西周中期以來，王權政治的“原始性”逐步喪失，制度領域文明程度的提升也使盟誓的作用下降，夏和商中期以來也經歷了類似的歷史過程。這説明盟誓制度并非經歷肇興（夏商及其以前）、形成（西周）、成熟（春秋）到衰落（戰國）的綫性歷史演變過程，④ 而是興盛於三代前期，從中期開始衰落，後期基本儀式化，⑤ 淪爲一種外交領域的權謀之術，⑥ 而把西周乃至夏、商前期體現統治關係的盟誓都視爲是政治工具或手段的觀點，實際上是把春秋時期的盟誓及其在諸國外交關係中的作用反溯至三代前期了。

徐中舒認爲下堂見諸侯、允許衛國獨立爲諸侯，都是周夷王的失禮行爲，側面反映出當時王室的衰弱。⑦ 顧頡剛認爲西周因外族入侵而滅國，東遷之後，周室不興、异族内侵，致使霸主代替周天子號令諸侯。⑧ 李峰認爲西周中後期由於土地、民人等資源有限，周天子“恩惠換忠誠”的施政實際上是在執行自殺式的權力運作，它導致周天子財力匱竭，并使西周王朝處於深刻的財政危機之中，這是西周王權衰落的主因。⑨ 晁福林認爲“共和行政”之後，貴族集團更加重視本族内部的宗法關係，尊奉周天子的宗法觀念逐步衰落。⑩ 伊藤道治則認爲西周後

---

① 《史記》卷三《殷本紀》，中華書局，2013 年，第 134 頁。

② 顧頡剛：《紂惡七十事的發生次第》，《語絲》1924 年第 2 期（11 月 24 日）。

③ 〔漢〕孔安國傳，〔唐〕孔疑達等正義：《尚書正義》，見〔清〕阮元校刻《十三經注疏（清嘉慶刊本）》，中華書局，2009 年，第 422 頁；胡厚宣主編：《甲骨文合集釋文》（全四册），中國社會科學出版社，2011 年。

④ 李模：《試論先秦盟誓制度的歷史功用》，《天府新論》2001 年第 1 期。

⑤ 陳夢家：《東周盟誓與出土載書》，《考古》1966 年第 5 期。

⑥ 徐難於：《試論春秋時期的信觀念》，《中國史研究》1995 年第 4 期。

⑦ 徐中舒：《先秦史論稿》，巴蜀書社，1992 年，第 171—172 頁。

⑧ 顧頡剛：《“周公制禮”的傳説和〈周官〉一書的出現》，《文史》第 6 輯，中華書局，1979 年，第 1—40 頁。

⑨ 李峰，徐峰譯，湯惠生校：《西周的滅亡：中國早期國家的地理和政治危機》，上海古籍出版社，2007 年，第 162—163 頁。

⑩ 晁福林：《“共和行政”與西周後期社會觀念的變遷》，《北京師範大學學報（社會科學版）》1992 年第 3 期。

期有權勢的貴族把王臣變成私臣，王權與貴族集團的關係因此發生諸多變化。[①]
西周中期以來，周天子以册命之制試圖加強對内外服貴族的控制與約束，[②]如若
重新册命諸侯以確保貢納體制正常運轉的話，周天子加強統治的政治願景仍可落
實，但這一政治運作模式一旦失去神靈信仰的支撐，諸侯與王室離心離德，王權
與各級貴族之間基於信仰和信義構建起的統治關係也隨之瓦解。儘管周天子試圖
突破周禮對王權的束縛，建構新的統治模式，[③]但真正意義上的體制突破至戰國
後期纔得以實現，加之没有現成的體制參照，王權衰敗不可避免。因此，西周中
後期王權衰微的主要原因是基於盟誓的統治體系瓦解的結果，説明西周王權的穩
定與否并不完全取決於軍政實力，而取決於基於神靈信仰和早期思維的盟誓活動
的有效與否。换言之，盟誓政治背後的社會文化機制變動是王權衰落的核心要素。

"殷人尊神，率民以事神，先鬼而後禮"，而"周人尊禮尚施，事鬼敬神而
遠之"。[④]一般都認爲商人文化中有着濃厚的鬼神信仰，統治者"殘民以事神"，[⑤]
而周人文化中理性意識占主導地位。實際上，這些看法反映的是當時文化建構的
結果，并不反映西周前期歷史的實際情况。結合盟誓看西周王權政治的歷史演變
過程，可見前期因具有基於宗教神權的"原始性"而強大，中後期以來因"原始
性"的喪失而衰退，其發展歷程不是一個基於宗教革命形成人文理性，[⑥]從而使
文明程度提升的過程，也不是神權、王權因素淡出後誠信因素應運而生的過程，[⑦]
而是一個文明程度提升但神權意志和王權統治力量退化的歷史過程，也是借助神
力約束各方所取得的信義觀念逐步淡化的過程。[⑧]擴而言之，三代的王權政治并
非是一個"損益"基礎上的綫性發展進步歷程，[⑨]而是一個從強盛到衰落的迴圈
和重複的歷史過程。西周前期王權的強大是其本身的"原始性"決定的，西周中
後期，王權的衰落是"原始性"喪失導致的結果，這種現象同樣出現在夏和商的

---

① 〔日〕伊藤道治著，江藍生譯：《中國古代王朝的形成——以出土資料爲主的殷周史研究》，中華
書局，2002年，第126頁。
② 劉源：《從韓伯豐鼎銘文看西周貴族政體運作機制》，《史學集刊》2018年第3期。
③ 李健勝：《流動的權力：先秦、秦漢國家統治思想研究》，中國社會科學出版社，2018年，第40頁。
④ 〔漢〕鄭玄注，〔唐〕孔穎達等正義：《禮記正義》，見〔清〕阮元校刻《十三經注疏（清嘉慶刊本）》，
中華書局，2009年，第3563—3564頁。
⑤ 郭寶鈞：《中國青銅器時代》，生活·讀書·新知三聯書店，1963年，第229頁。
⑥ 趙法生：《殷周之際的宗教革命與人文精神》，《文史哲》2020年第3期。
⑦ 吳柱：《先秦盟誓的信任機制及其演變》，《史學月刊》2016年第11期。
⑧ 田兆元：《盟誓史》，廣西民族出版社，上海文藝出版社，2000年，第62頁。
⑨ 〔魏〕何晏注，〔宋〕邢昺疏：《論語注疏》，見〔清〕阮元校刻《十三經注疏（清嘉慶刊本）》，
中華書局，2009年，第5349頁。

王權政治發展歷程中，它既屬於人類思想觀念演變的歷史範疇，也屬於制度韌性下降現象在政治實踐中的表現，而分析"原始性"喪失的緣由有助於深入了解西周前期王權的性質。

作者簡介：李健勝，男，1975 年生，青海貴南人，歷史學博士，湖南師範大學歷史文化學院教授，主要從事先秦及秦漢思想文化史研究。

昌平君新考

熊賢品

（蘇州大學社會學院歷史系，蘇州 215123）

内容摘要：昌平君爲楚國公子，是楚頃襄王子、楚考烈王弟，曾長期生活在秦國，但他未曾任秦相，也非"丞相啓"。他約於公元前 290 年之後生於楚國，於公元前 272 年和熊元（即後來的楚考烈王）、春申君等一起爲質於秦。公元前 263 年熊元歸楚而昌平君仍留秦。公元前 238 年曾與呂不韋、昌文君一同平定嫪毐之亂。公元前 226 年昌平君徙於鄢郢（河南鄢城南），其後開始反秦，并打敗南下的秦李信軍。公元前 224 年被立爲荆王而繼續反秦，至公元前 223 年戰敗身亡。昌平君在鄢郢的反秦起事，客觀上延緩了秦滅楚的進程，但終究無法挽救楚國滅亡的命運。

關鍵詞：嶽麓秦簡；里耶秦簡；昌平君；楚；秦

戰國晚期一些歷史人物的生平事迹，目前仍存疑問，從而影響對秦統一進程的具體認識。如本時期的人物昌平君，此前《史記》等雖有記載，但并未引起重視。此後隨着睡虎地秦簡《編年記》公布，關於昌平君的研究也越來越多，[1] 其中一些影響較人，如田餘慶較早論述昌平君在秦楚軍事鬥争中的重要地位，[2] 但未能

---

① 何浩：《昌平君及其反秦的幾個問題》，《武漢師範學院學報（哲學社會科學版）》1984 年第 4 期；胡正明：《"丞相啓"即昌平君説商榷》，《文物》1988 年第 2 期；陳雍：《關於"丞相啓"和"相國昌平君"》，《文物》1989 年第 6 期；高敏：《"秦、楚二國各有一個昌平君"説》，《史學月刊》2008 年第 1 期；駱科强：《昌平君和昌文君事迹辨析及其身份推測》，《喀什師範學院學報》2009 年第 1 期；賀靚豔、楊燚鋒：《秦丞相新證——兼析"令相國昌平君昌文君發卒攻毐"的句讀》，《商丘師範學院學報》2014 年第 1 期；陳曉捷：《秦漢封泥銘刻五例新解——兼論昌平君昌文君》，《秦始皇帝陵博物院（2014 卷）》，陝西人民出版社，2014 年，第 349—356 頁。

② 田餘慶：《説張楚——關於"亡秦必楚"問題的探討》，《歷史研究》1989 年第 2 期，收入《秦漢魏晋史探微（重訂本）》，中華書局，2004 年，第 1—29 頁。

全面討論昌平君生平。此後，李開元進一步詳細分析昌平君生平事迹，[①] 辛德勇、晏昌貴在研究秦滅楚之戰的過程中，[②] 涉及昌平君處甚多，也都取得重要成果。目前陸續有一些新出相關資料公布，已有學者據之重新對其身份、[③] 事迹等進行討論，[④] 筆者也有一些想法，現撰此文并祈同好教正。

一、昌平君身份

對比此前的兩種代表性意見，即可看出在昌平君身份事迹方面的認識，尚存不同。如一種意見認爲，昌平君是"秦王政時相國，曾于秦王政九年（前238）平定嫪毐之亂。先爲左相，後任右相，至秦王政二十一年（前226）。在此期間，應曾主持修建秦始皇帝陵事"。[⑤] 另外一種意見則認爲，昌平君"史佚其名，原是楚國公子。前246年始任丞相。前238年……秦王政派相國昌平君、昌文君率兵鎮壓，平息了這場叛亂。昌平君、昌文君因功封爵。後昌平君離秦到楚，前226年去世"，[⑥] 兩種意見之間存在一些明顯不同。此後在前引李開元諸文中，對於昌平君的身份更有詳細研究，是目前最爲詳實的論述，并有很多重要意見。

不過，儘管目前關於昌平君身份之研究，已有較多進展，但似仍存在一些可以討論的問題，同時藉由一些新材料的發現，或可有所推進。具體而言，包括如下兩個方面：

（一）"昌平君"與"丞相啓"之關係

一些學者認爲"昌平君"與"丞相啓"係一人，判定見於《十二年丞相啓顛戈》"十二年丞相啓、顛造，詔事成，丞迨，工印"，與《十七年丞相啓狀戈》（《集成》

---

① 李開元的成果，參見（1）《"十七年丞相啓狀戈"之"啓"爲昌平君熊啓説》，《秦漢研究》第4輯，陝西人民出版社，2010年，第13—17頁；（2）《末代楚王史迹鈎沉——補〈史記〉昌平君列傳》，《史學集刊》2010年第1期；（3）《楚父秦母昌平君》，《文史知識》2013年第7期；（4）《帝國的後宮——另眼解讀秦始皇》，浙江古籍出版社，2013年；（5）《秦謎——重新發現秦始皇》，上海人民出版社，2020年；等相關內容。

② 辛德勇：《雲夢睡虎地秦人簡牘與李信、王翦南滅荆楚的地理進程》，《出土文獻》第5輯，中西書局，2014年，第190—258頁，收入《舊史輿地文編》，中西書局，2015年，第122—202頁；晏昌貴：《秦簡牘地理研究》，武漢大學出版社，2017年，第94—112頁。

③ 周海鋒：《秦丞相啓非昌平君説》，"簡帛"網2020年5月14日，http://www.bsm.org.cn/?qinjian/8260

④ 陳明：《李信的攻"鄢郢"即昌平君所徙之"郢"》，《中國歷史地理論叢》2021年第2期。

⑤ 袁仲一主編：《秦始皇帝陵兵馬俑辭典》，文匯出版社，1994年，第250頁。

⑥ 朱紹侯主編：《中國歷代宰相傳略》，大象出版社，1997年，第151頁。

11379）"十七年，丞相啓、狀造"等器中的"丞相啓"，就是曾繼呂不韋任丞相、後被擁立爲楚王的昌平君。[1] 同時，傳世文獻未載昌平君之名，據此又進而擬補其名爲"啓"，或以"芈啓"來指代昌平君。

根據《史記·秦始皇本紀》"九年，嫪毐爲亂，王令相國昌平君、昌文君發卒攻毐"等文獻記載，秦王政九年（前238）似乎有相國昌平君、昌文君；而據上述《十二年丞相啓顛戈》，則秦王政十二年（前236）有丞相啓、顛。據《十七年丞相啓狀戈》，則秦王政十七年（前231）有丞相啓、狀。由此，將上述文獻相對照，似乎昌平君就是《十二年丞相啓顛戈》《十七年丞相啓狀戈》中的"丞相啓"。

秦始皇在位期間的相國或丞相，見於《史記》記載的有五位，即相國呂不韋，丞相隗狀、王綰、馮去疾、李斯等，從文獻的記載來看，秦始皇二十六年（前221），秦的左、右丞相分別爲狀、綰，如嶽麓秦簡記載：

●廿六年四月己卯丞相臣狀、臣綰受制相（湘）山上：自吾以天下

已并，親撫晦（海）内，南至蒼梧，凌涉洞庭之　　　　　　056 正[2]

又如多次出土的秦《廿六年銅詔版》，其銘文爲：

廿六年，皇帝盡并兼天下諸侯，黔首大安，立號爲皇帝，乃詔丞相狀、

綰法度量，則不壹、歉疑者，皆明壹之。[3]

據此，似乎可新增秦王政在位間的一位相國或丞相，即"昌平君／丞相啓"。

但是對於"丞相啓"爲"昌平君"之說，此前也有很多學者提出否定意見。[4]儘管《史記》等文獻所記載秦王政九年（前238）"相國昌平君"文本，與《十二年丞相啓顛戈》《十七年丞相啓狀戈》中秦王政時期的"丞相啓"似乎有聯繫，或即同一人。但這種推測，有幾個問題：

第一，如後文討論所見，《史記·秦始皇本紀》"九年，嫪毐爲亂，王令相國昌平君、昌文君發卒攻毐"文本中，"相國昌平君"的連讀應當存在問題，應當是"相國、昌平君"，此處的"相國""昌平君"爲兩人，秦王政九年時的昌平君非相國。由此條材料的辨析，就可以將《史記·秦始皇本紀》"九年，嫪毐爲亂，

① 李開元：《末代楚王史迹鉤沉——補〈史記〉昌平君列傳》，《史學集刊》2010年第1期。

② 陳松長主編：《嶽麓書院藏秦簡（伍）》，上海辭書出版社，2017年，第57頁。

③ 王博文：《甘肅鎮原縣富坪出土秦二十六年銅詔版》，《考古》2005年第12期。

④ 胡正明：《"丞相啓"即昌平君説商榷》，《文物》1988年第2期；田餘慶：《説張楚——關於"亡秦必楚"問題的探討》，《秦漢魏晉史探微（重訂本）》，中華書局，2004年，第1—29頁。

王令相國昌平君、昌文君發卒攻荆"，與《十二年丞相啓顛戈》《十七年丞相啓狀戈》相聯繫的假設前提否定掉，也可見"啓"并非昌平君之名。

第二，就秦國官制而言，"相國"與"丞相"也是有區別的。一般認爲"丞相"即"承輔相國（邦）"之意，①從官名含義上即可看出二者之區別。

第三，依據近出簡牘材料，似可判定"昌平君"應非"丞相啓"。《嶽麓書院藏秦簡（陸）》有如下記載：

05/1357 ●十四年四月己丑以來，黔首有私挾縣官戟、刃没＜及＞弓、弩者，亟詣吏。吏以平賈（價）買，輒予錢。令到，盈二月弗 06/1433 詣吏及已聞令後敢有私挾縣官戟、刃、弓、弩及賣買者，皆與盜同 遝。挾弓、弩殊折，折傷不□ 07/1464 □戟、弓、弩殹（也），勿買，令削去其久刻 ∟。賜于縣官者得私挾。•臣欣與丞相啓、執灋議曰：縣 08/1454 官兵多與黔首兵相類者，有或賜于縣官而傳賣之，買者不智（知）其賜及不能智（知）其縣官②

另外，里耶秦簡中也有兩處相關的"丞相啓"資料，其一爲：

☑□子傳丞相啓上少府府守嘉書言……（9-897+9-939）③

此外，張春龍曾公布正在整理中的《里耶秦簡（叄）》一處資料，如下：

廿五年二月戊午朔辛未，洞庭叚（假）守灶敢言之：洞庭縣食皆少。略地軍節（即）歸，謁令南郡軍大（太）守以洞庭吏卒數、軍吏卒後備敬（警）者數令治粟大府輸食，各足以卒歲便。謁報。敢言之。/二月癸丑，丞相啓移南郡軍叚（假）守主：略地固當輒輸，令足灶歲，唯勿乏。傳書洞庭守。/顓手。/五月癸巳，南郡軍叚（假）守叚敢告洞庭主謂：南郡治粟大府前日固已以縣吏卒用食數告大府輸。（7-1）④

根據上述簡文記載，秦王政十四至二十五年（前233—前222）間丞相啓在位。此前，陳雍曾推測啓任丞相（即昌平君）的年代，爲秦王政十一年（前236）至二十五年（前222），⑤儘管他將丞相啓與昌平君誤認爲一人，認爲昌平君是繼任吕不韋的丞相啓，但其所推測丞相啓的在任年代，與新出資料所見有一部分是重合的。

---

① 董珊：《論春平侯及其相關問題》，《考古學研究（陸）》，科學出版社，2007年，第450頁。
② 陳松長主編：《嶽麓書院藏秦簡（陸）》，上海辭書出版社，2020年，第48—50頁。
③ 陳偉主編：《里耶秦簡牘校釋（第二卷）》，武漢大學出版社，2018年，第221頁。
④ 張春龍：《里耶秦簡7-1和7-11》，《首屆中日韓出土簡牘研究國際論壇暨第四屆簡帛學的理論與實踐學術研討會論文集》，首都師範大學，2019年9月，第415—416頁。
⑤ 陳雍：《關於"丞相啓"和"相國昌平君"》，《文物》1989年第6期。

據《史記·秦始皇本紀》和睡虎地秦簡《編年記》，昌平君於此前的秦王政二十一年（前226）被"徙於郢"。或認爲昌平君卒於公元前226年，筆者認爲此說不確（詳見後文），其卒年仍應爲《史記·秦始皇本紀》等文獻所載的秦王政二十四年（前223）。而既然上述里耶秦簡中載有秦王政二十五年時的"丞相啓"，則如論者所指出，此人就不會是此前已經死于秦王政二十四年（前223）的昌平君了，① 至此"昌平君"爲丞相啓之說可以終結，自然也就不能認爲昌平君名"啓"了。

回過頭來再看前述兩件兵器資料。關於《十二年丞相啓顛戈》"十二年丞相啓、顛造，詔事成，丞迫，工印"，彭適凡定其年代爲秦王政十二年（前235），"顛"爲昌文君之名；② 蘇輝也定爲秦王政十二年（前235）。③ 本文從兩位學者關於器物年代的判定。但值得注意的是，既然前文已經指出昌平君爲丞相啓之說不確，則認爲《十二年丞相啓顛戈》中的"顛"爲昌文君之名，此說似乎也不能成立。提出這種意見的思路，似乎是認爲《史記·秦始皇本紀》"始皇九年，嫪毐爲亂，王令相國昌平君、昌文君發卒攻毐"中的"昌平君""昌文君"都爲相國，而論者既然認爲昌平君名"啓"，則"十二年丞相啓、顛造"中的"顛"，自然就是昌文君之名了。但如前所述，"王令相國昌平君、昌文君發卒攻毐"的斷讀實屬有誤，應爲"王令相國、昌平君、昌文君發卒攻毐"，由此可見"顛"爲昌文君之名說，尚缺證據。

至於《十七年丞相啓狀戈》（《集成》11379），其銘文爲：

十七年，丞相啓、狀造，合陽嘉、丞兼、庫脾、工邪，合陽。

關於本器年代，（1）王輝認爲"啓狀"爲一人，年代爲秦昭王十七年（前290）。④（2）田鳳嶺、陳雍認爲戈的年代爲秦王政十七年（前230），啓、狀二人均爲丞相，前者即昌平君，後者即丞相隗狀。⑤ 其說爲李開元、⑥ 蘇輝等贊同。⑦ 如果其年代爲秦昭王十七年（前290），則其中的"啓狀"或"啓、狀"之"狀"，由於距

① 周海鋒：《秦丞相啓非昌平君說》，"簡帛"網2020年5月14日，http://www.bsm.org.cn/?qinjian/8260.html.

② 彭適凡：《秦始皇十二年銅戈銘文考》，《考古》2008年第5期。

③ 蘇輝：《秦三晉紀年兵器研究》，上海古籍出版社，2013年，第199頁。

④ 王輝：《秦銅器銘文編年集釋》，三秦出版社，1990年，第57—58頁。

⑤ 田鳳嶺、陳雍：《新發現的"十七年丞相啓狀"戈》，《文物》1986年第3期。

⑥ 李開元：《〈十七年承相啓狀戈〉之"啓"爲昌平君熊啓說》，《秦漢研究》第4輯，陝西人民出版社2010年，第13—17頁。

⑦ 蘇輝：《秦三晉紀年兵器研究》，上海古籍出版社，2013年，第188、200頁。

昌平君卒年（前233）過遠，其肯定不可能爲昌平君。如果其年代爲秦王政十七年（前230），而前文已經肯定昌平君非丞相啓，由此則《十七年丞相啓狀戈》之"丞相啓"，也自應與昌平君無關。

但是，從另外一方面而言，可以看到"丞相啓"與戰國時期秦攻楚的戰争，有較大聯繫。對比《十七年丞相啓狀戈》（《集成》11379）"十七年，丞相啓、狀造"，與《商鞅量》銘文"廿六年……乃詔丞相狀、綰"，及《史記·秦始皇本紀》"二十八年，丞相隗林（狀）、丞相王綰等，議於海上"可知：（1）"丞相狀"即"隗狀"，（2）從《十七年丞相啓狀戈》的年代，到秦王政二十六年的某段時間内開始，其人員組合爲由"啓、狀"到"狀、綰"，表明丞相狀接替"丞相啓"，由左丞相而任右丞相。同時，"丞相啓"的後任之一爲"丞相綰"。

李開元前引曾指出：

> 史書上秦國丞相失載的空白，從秦王政十年呂不韋免相以後，一直持續到始皇二十六年統一天下以後，整整有十七年時間……這十七年時間，正是秦滅六國統一天下的最重要時期。

由此可以看出丞相啓的重要性，目前雖不能明確丞相啓的始任年，從已有資料來看，秦始皇十二年至二十五年（前235—前222）間丞相啓在位，對比此前較爲明確的幾位秦丞相、相國在位年代，他的任職年代在呂不韋之後，隗狀有一段和他共事的經歷，而王綰、馮去疾、李斯任相國年代則要晚于丞相啓。

由此，通過上述梳理，不但可以新增丞相啓這一位秦王政時期的丞相，而且可推斷，丞相啓的任職時間，和王翦爲將期較爲接近，共同輔佐秦王政統一六國。從王翦的事迹來看，如（1）秦王政十一年（前236）攻趙國閼與；（2）秦王政十八年（前229）從上郡發兵攻趙，相持一年多後殺趙將李牧，攻取邯鄲。（3）秦王政二十年（前227）攻燕。（4）秦王政二十一年（前226），王翦之子王賁攻楚。（5）秦王政二十三年（前224）王翦伐楚。可見王翦爲將領的主要活動時間，與丞相啓的任職期，有一段比較長的交集。在秦統一六國的戰争和進程中，"丞相啓"與王翦的人選組合似乎一直存在，這一人事任用對於秦統一進程的具體影響和作用，如果後續還有相關資料，似乎可以進一步再作分析。

（二）"昌平君"爲楚頃襄王子、楚考烈王弟

關於昌平君身份問題的第二個方面，即他的出身問題。

對於昌平君的出身及出生地，目前有兩種意見，一種認爲他生於楚，父母均爲楚人，如辛德勇推測，昌平君可能是在楚考烈王元年（前262）"納州於秦以平"

的同時，被送入秦國去做人質的。^①一種則認爲他生於秦，如前引李開元的意見，認爲楚考烈王子昌平君系楚父秦母，爲楚考烈王於秦昭王三十六年（前271）在秦時所生，是秦王嬴政的表叔，并推測他此後曾主持秦王政迎娶來自楚國的王后之婚禮（爲史書失載的始皇后，即公子扶蘇之母）。^②

兩種觀點的具體差異在於，昌平君應以何人爲父。即如果認爲昌平君生於楚，則他應當爲楚頃襄王之子、楚考烈王之弟；而如果認爲昌平君生於秦，則應爲楚頃襄王之孫，楚考烈王之子了。

而對這一問題的討論，則需要分析所謂"楚考烈王無子"的問題。關於楚考烈王的後人問題，《史記·春申君列傳》中曾有如下記載：

> 楚考烈王無子，春申君患之，求婦人宜子者進之，甚衆，卒無子。趙人李園持其女弟，欲進之楚王，聞其不宜子，恐久毋寵……於是李園乃進其女弟，即幸于春申君。知其有身，李園乃與其女弟謀……春申君大然之，乃出李園女弟，謹舍而言之楚王。楚王召入幸之，遂生子男，立爲太子，以李園女弟爲王后。楚王貴李園，園用事。
>
> 李園既入其女弟，立爲王后，子爲太子，恐春申君語泄而益驕，陰養死士，欲殺春申君以滅口，而國人頗有知者。

從材料角度而言，學界早已注意到，關於楚考烈王之後的記載，《史記》存在矛盾。^③一種意見如上引《春申君列傳》"楚考烈王無子，春申君患之"，認爲楚考烈王沒有子嗣。但同時，也有很多人對《春申君列傳》所載的上述故事存疑，^④并認爲楚考烈王有後人，如同書《楚世家》載：

> 二十五年，考烈王卒，子幽王悍立……十年，幽王卒，同母弟猶代立，是爲哀王。哀王立二月餘，哀王庶兄負芻之徒襲殺哀王而立負芻爲王。

《楚世家》記載楚考烈王有三子，即幽王悍、哀王猶、負芻；另《史記·六國年表》"幽王卒，弟郝立，爲哀王。三月，負芻殺哀王"，這些均與《春申君列傳》中楚考烈王無後的記載截然相反。本文也贊同上述意見，《春申君列傳》所載"楚考烈王無子"，似不可信。

---

① 辛德勇：《雲夢睡虎地秦人簡牘與李信、王翦南滅荆楚的地理進程》，《舊史輿地文編》，第196頁。

② 李開元：《末代楚王史迹鉤沉——補〈史記〉昌平君列傳》，《史學集刊》2010年第1期。

③ 馮永軒：《史記楚世家會注考證校補》，湖北教育出版社，1993年，第109頁。

④ 錢穆：《春申君見殺考》，《先秦諸子繫年考辨》，商務印書館，2015年，第566頁；張正明：《秦與楚》，華中師範大學出版社，2007年，第236頁。

　　昌平君本爲楚人，《史記·秦始皇本紀》"始皇九年，嫪毐爲亂，王令相國、昌平君、昌文君發卒攻毐"，司馬貞《索隱》注"昌平君，楚之公子"，又進一步指出：

　　　　楚悍（楚幽王）有母弟猶（楚哀王），猶有庶兄負芻及昌平君，是
　　楚君完（楚頃襄王）非無子，而上文云考烈王無子，誤也。
據《史記索隱》意見，則楚王負芻、昌平君爲同輩。

　　由此，關於楚考烈王之後的世系、"負芻"身份，及負芻、昌平君與楚考烈王的關係上，則根據文獻的不同記載，學界也有兩種意見：

　　（1）負芻爲楚考烈王子、"哀王庶兄"，見於《史記·楚世家》及《六國年表·楚表》等。李開元認爲昌平君爲楚考烈王元之子，楚考烈王曾爲質于秦，娶秦昭襄王之女而生昌平君。熊元返楚後，以昌平君爲質于秦。[1]可表示如下：

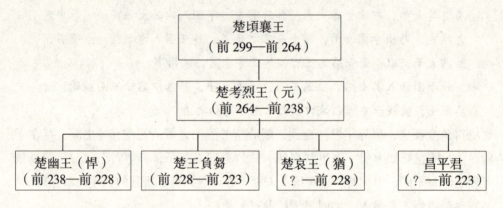

　　李開元認爲昌平君名啓，爲楚考烈王庶子，"啓生於秦，其母，蓋秦昭王女也"，他生於熊元到秦國爲人質的第二年（秦昭王三十六年、楚頃襄王二十八年，前271），可見李開元在昌平君出身及楚國世系的排定方面，就基於這一世系看法。但此説也可能存在一些疑問，如關於楚考烈王的繼承人問題，尚存比較大的爭議。《史記》等文獻記載春申君將已經懷孕的李園之妹送入宫中，此後爲考烈王生下繼承人。此故事情節與秦始皇身世有較大雷同性，因此歷來有意見認爲是編造而成的故事。

　　而如果昌平君爲楚考烈王之子，則此後公元前225年昌平君叛秦至楚之後，難免引起對楚考烈王無後、春申君以李園之子爲考烈王之後故事的懷疑。由此，

____

① 李開元：《末代楚王史迹鈎沉——補〈史記〉昌平君列傳》，《史學集刊》2010年第1期。

要麽説明昌平君、負芻并非楚考烈王之子，要麽説明春申君以李園之子爲考烈王之後的故事存疑。

（2）負芻爲"考烈王弟"，見於劉向《列女傳·孽嬖傳》：

> 後有考烈王遺腹子猶立，是爲哀王。考烈王弟公子負芻之徒，聞知幽王非考烈王子，疑哀王，乃襲殺哀王及太后，盡滅李園之家，而立負芻爲王。

對於這條記載，如錢穆認爲"惟《列女傳》以猶爲考烈遺腹子，以負芻爲考烈弟，今已無可詳論"，[1] 對其持謹慎態度。而羅運環據此認爲，負芻、昌平君非"哀王庶兄"，而是"襄王庶子""考烈王弟"。他從史源學角度指出，"《春申君列傳》有關考烈王無子的内容，來源於《戰國策·楚策四》，并非司馬遷向壁虛構"，并認爲：

> 從古文字學的角度來看，這個問題并不難解決。主要是因爲哀與襄、兄與子古字形體相近而致誤……如此，則負芻、昌平君非"哀王庶兄"，而是"襄王（即頃襄王）庶子"。[2]

前引駱科强文也認爲，昌平君非哀王庶兄，而應該是楚考烈王的庶兄或庶弟，也就是楚哀王的叔輩。

那麽，按照上述學者的意見，相關世系應排列如下：

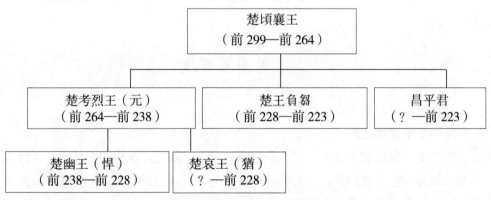

根據《史記》記載，楚頃襄王敗後以太子爲質、向秦昭王求和，《史記·楚世家》記載，"頃襄王二十七年（前272，秦昭王三十五年），復與秦平，而入太子爲質於秦。楚使左徒侍太子於秦"。後楚頃襄王病重，而秦不肯放太子歸楚，

① 錢穆：《春申君見殺考》，《先秦諸子繫年考辨》，商務印書館，2015年，第566—569頁。
·② 羅運環：《楚國八百年》，武漢大學出版社，1992年，第386—387頁。

春申君認爲：

> 秦之留太子也，欲以求利也。今太子力未能有以利秦也，歇憂之甚。
> 而陽文君子二人在中，王若卒大命，太子不在，陽文君必立爲後，太
> 子不得奉宗廟矣。不如亡秦，與使者俱出；臣請止，以死當之。

也見於《史記·春申君列傳》“黃歇受約歸楚，楚使歇與太子完入質于秦，秦留之數年”，於是春申君策劃自身留秦、而讓楚太子歸國。

同時，從楚頃襄王質子於秦的事件來看，由此或可推測昌平君也可能爲楚頃襄王之子，是和其時的楚太子元（即後來的楚考烈王）等一起出質於秦的群公子之一，其後太子元在春申君的謀劃下歸楚，而昌平君等則仍爲質於秦；并且可能由於這次的逃歸事件，爲了保住自己的個人性命，所以此後不得不效忠於秦、爲秦出力。

從一些因素來考慮，如從關於楚考烈王的後人問題謠言來看，是兒子詆毀父親的可能性大（即負芻爲楚考烈王子），還是弟弟詆毀哥哥的可能性爲大（即負芻爲楚考烈王弟），筆者根據以上考慮及前列相關討論，認爲負芻爲“楚頃襄王子、楚考烈王弟”的可能性更大，由此則昌平君的身份，也應當爲楚考烈王的庶弟，而非楚考烈王之子。

總結本部分討論，昌平君的身份應爲楚頃襄王子、楚考烈王弟，和秦“丞相啓”并非一人。

二、昌平君事迹

從相關文獻記載來看，其事迹主要如下：

（一）平嫪毐之亂

《史記·秦始皇本紀》：“（秦王政九年）王知之，令相國、昌平君、昌文君發卒攻毐。”《索隱》：“昌平君，楚之公子，立以爲相，後徙於郢，項燕立爲荊王，史失其名。昌文君名亦不知也。”

關於本句斷句，有“令相國昌平君、昌文君攻毐”，[1] “令相國、昌平君、昌文君攻毐”等不同意見。[2] 早期意見多贊同前一種斷讀，如認爲呂不韋與嫪毐

---

① 高敏：《讀〈史記〉〈漢書〉札記七題》，《中華文史論叢》2008 年第 4 期，第 75—76 頁。
② 田餘慶：《説張楚——關於“亡秦必楚”問題的探討》，《秦漢魏晋史探微（重訂本）》，中華書局，2004 年，第 1—29 頁。

關係密切，秦始皇不可能讓呂不韋去攻擊嫪毐，故此處相國不可能爲呂不韋。[①]
又如郭沫若曾認爲"相國昌平君"是"相國呂不韋"的誤寫。[②]

此後則有較多學者贊同後一種斷讀，如胡正明認爲秦王政十年以前丞相爲呂不韋，故九年平叛嫪毐之亂時候的相國不可能爲昌平君。[③]田餘慶則否定郭沫若相關意見，指出司馬貞《索隱》中昌平君"立以爲相"是誤讀，認爲昌平君未曾爲左相。[④]近來也有學者認爲，秦的相邦（國）僅設一人，丞相可爲一人或兩人，由此可確定《秦始皇本紀》上述"相國"即呂不韋。[⑤]按，同時目前還發現有《九年相邦呂不韋戈》，[⑥]據此本文亦認爲《秦始皇本紀》"令相國、昌平君、昌文君攻毐"的斷讀較爲合理，昌平君并非秦王政九年時的相國。

不過也要注意到，在贊同"令相國、昌平君、昌文君攻毐"斷讀的學者里面，具體認識也有一些不同，如：黃盛璋認爲呂不韋、昌平君、昌文君三人皆是丞相（相國）；陳治國認爲祇有呂不韋一人爲相國，認爲不存在"三丞相"；李開元認爲相國爲呂不韋，昌平君可能任御史大夫等職，後接替呂不韋任丞相。從上述學者來看，他們在關於昌平君是否爲相的問題上，存在不同意見，而這又和前引《史記索隱》"昌平君，楚之公子，立以爲相"的記載相關聯。

按，從文本分析來看，黃盛璋認爲三人皆爲丞相的思路，應當是據《史記·秦始皇本紀》"（秦王政九年）王知之，令相國、昌平君、昌文君發卒攻毐"而來，但如前所述，本條材料實際無法反映昌平君爲相國，故黃先生的意見還缺乏證據。李開元則根據兩方面的思路，推斷昌平君在接任呂不韋丞相職務前，曾擔任御史大夫，秦漢時期詔書的接受次序，一般是御史大夫緊承丞相之後；秦王政十年呂不韋免相後，昌平君接替呂不韋出任丞相。按，這種推斷似乎也還缺乏有力依據，因爲《史記·秦始皇本紀》"（秦王政九年）王知之，令相國、昌平君、昌文君發卒攻毐"所記載的是一次軍事行動，與詔書接受次序是不同的範疇，因此根據詔書接受次序中的御史大夫在丞相之後，來推斷《史記·秦始皇本紀》中上述昌

---

①〔清〕孫楷著，楊善群校補：《秦會要》，上海古籍出版社，2004年，第298頁。

②郭沫若：《呂不韋與秦王政批判》，《十批判書》，人民出版社，1982年，第397頁。

③胡正明：《"丞相啓"即昌平君説商榷》，《文物》1988年第2期。

④田餘慶：《説張楚——關於"亡秦必楚"問題的探討》，《秦漢魏晋史探微（重訂本）》，中華書局，2004年，第1—29頁。

⑤賀靚豔、楊嶷鋒：《秦丞相新證——兼析"令相國昌平君昌文君發卒攻毐"的句讀》，《商丘師範學院學報》2014年第1期。

⑥黃家祥：《四川青川縣出土九年呂不韋戈考》，《文物》1992年第11期。

平君的職務爲御史大夫，似乎并不嚴密。認爲在秦王政十年昌平君由御史大夫接任吕不韋丞相職務，也是缺乏證據的推論。加上《史記索隱》"昌平君，楚之公子，立以爲相"的記載，本有疑惑，① 因此目前似乎尚無昌平君爲秦相的有力證據。

此前有學者曾認爲，昌平君于秦王政十年出任丞相，一直到秦王政二十一年被罷免，遷徙到郢陳，在任十二年；其間於秦王政十七年"是時，左丞相爲隗狀，啓與狀監造銅戈于郤陽"，上述意見現在看來似乎都還尚待證明了。

（二）徙郢

文獻有秦王政二十一年（前226）昌平君遷徙至郢的記載，《史記·秦始皇本紀》

> （秦始皇）二十一年，王賁攻荆……新鄭反，昌平君徙於郢。②

對於昌平君徙郢的背景，似乎要考慮到當時的戰事。從《秦始皇本紀》來看，秦國在此前後的相關軍事行動，如秦王政十七年（前230）滅韓，"十七年，内史騰攻韓，得韓王安，盡納其地，以其地爲郡，命曰潁川"，由此開啓了統一六國的進程。秦王政二十年至二十一年（前227—前226）間，主要軍事行動在於北方的王翦、辛勝征燕，秦最終"遂破燕太子軍，取燕薊城，得太子丹之首"而取得大勝。同時秦王政二十一年王賁在南方攻打楚國，此後二十二年（前225）王賁率軍北上滅魏。二十三年（前224）又命王翦率軍南下攻楚，"取陳以南至平輿，虜荆王，秦王游至郢陳"。其後戰事又有所波動，楚人繼續反抗，"荆將項燕立昌平君爲荆王，反秦於淮南。二十四年，王翦、蒙武攻荆，破荆軍，昌平君死，項燕遂自殺"。

關於昌平君徙郢的原因，田餘慶曾推測秦將亡國之君的韓王安，和事秦的楚昌平君安置在秦、韓、楚三國的接壤地區，目的是向這一帶的韓人、楚人表示寬容。③ 而李開元認爲昌平君"可能附和了王翦的意見，對於攻楚持慎重的態度，因而得罪了秦王，遭到了類似的處罰"。④ 按，從上列秦國戰事來看，當時主要軍事力量似在用於北方征伐燕國，而此時在南方的戰事似乎處於次要戰略地位。此前秦王政十七年（前230）已經滅韓，睡虎地秦簡又記載秦王政二十年（前227）"韓王居□山"，二十一年（前226）此時韓國故地新鄭反，應當是對南下攻楚的這支秦軍造成了威脅，因此從軍事部署的角度考慮，此時"昌平君徙於郢"之目的，

---

① 田餘慶：《説張楚——關於"亡秦必楚"問題的探討》，《秦漢魏晋史探微（重訂本）》，中華書局，2004年，第1—29頁。

② "荆"原誤作"薊"，一般據《六國表》《王翦列傳》"王賁擊楚"改。

③ 田餘慶：《説張楚——關於"亡秦必楚"問題的探討》，《秦漢魏晋史探微（重訂本）》，中華書局，2004年，第1—29頁。

④ 李開元：《末代楚王史迹鈎沉——補〈史記〉昌平君列傳》，《史學集刊》2010年第1期。

應當和加强秦國攻楚的軍事力量有關，直接原因則似乎與韓移民在新鄭的叛亂有關，似乎還不宜理解爲受到懲罰而遷徙。

（三）反秦

對於昌平君是否反秦，根據對材料的不同理解，有不同看法。《史記·秦始皇本紀》：

> 二十三年，秦王復召王翦，强起之，使將擊荆。取陳以南至平輿，虜荆王。秦王游，至郢陳。荆將項燕立昌平君爲荆王，反秦於淮南。
>
> 二十四年，王翦、蒙武攻荆，破荆軍，昌平君死，項燕遂自殺。

此處明確記載昌平君於秦王政二十三年（前224）反秦，後死於次年。

而另一方面，依據睡虎地秦簡《編年記》"韓王死，昌平君居其處，有死□屬"的資料，或認爲昌平君并未反秦。在最初的釋文中，本句爲"昌平君居其處，有死□屈"，[①]其後"屈"改釋爲"屬"，[②]這一改釋得到肯定。但"死"後一字較爲模糊，陸續有學者認爲"死"下一字似是"甲""士""爲"，[③]由此"有死□屬"的解讀，有兩種思路：

（1）讀作"又死"，由此似乎説明韓王、昌平君先後不久在同地死去，即昌平君死於秦王政二十一年（前226），由此可以否定《史記》所載此後昌平君反秦的相關記載，也即昌平君并未反秦。如近期晏昌貴根據"有（又）死爲屬"的最新釋文，認爲簡文反映"蓋因韓王徙於郢後，又有謀反行爲，而昌平君爲之聚謀，因而相繼被處死"，并由此推測"昌平君很可能死於秦王政二十一年，并没有反秦淮南事"。[④]

（2）讀"有死"，并根據"死"後擬字的不同，或釋"有死甲屬（囑）"，意爲"有敢死之甲士監視昌平君"；或釋"有死士屬"，意爲"有敢死之士跟隨"，認爲睡虎地秦簡《編年記》支持昌平君反秦的記載。

上述兩種思路之一的問題在於，如果認爲睡虎地秦簡反映昌平君死于秦王政二十一年（前226），則就無法解釋《史記》中此年之後所載的昌平君相關事迹了；思路之二的問題則在於將"死"後一字擬補爲"甲""士"等還不大可靠。按，

① 雲夢秦墓竹簡整理小組：《雲夢秦簡釋文（一）》，《文物》1976年第6期。

② 睡虎地秦墓竹簡整理小組：《睡虎地秦墓竹簡》，文物出版社，1978年，第7頁。

③ 楊寬：《戰國史料編年輯證》，上海人民出版社，2019年，第1142頁；李開元：《末代楚王史迹鈎沉——補〈史記〉昌平君列傳》，《史學集刊》2010年第1期；陳偉主編：《秦簡牘合集（壹·上）》，武漢大學出版社，2014年，第27頁。

④ 晏昌貴：《秦簡牘地理研究》，武漢大學出版社，2017年，第104頁。

根據筆者對於睡虎地秦簡的本條材料之理解來看，睡虎地秦簡《編年記》"廿一年，韓王死。昌平君居其處，有死爲屬"後半句，從語法角度而言可能省略助詞"者"字，應理解成"有死者爲屬"，或"爲屬有死者"，意思是説"爲韓王所屬的人中有死者"，或"爲昌平君所屬的人中有死者"，本條材料并不説明昌平君的卒年爲秦王政二十一年（前226）。因此，本文認爲昌平君反秦應當還是有其事的。

1. 反秦原因

《史記·六國年表》記載，秦王政二十一年（前226）"王賁擊楚"，睡虎地秦簡又記載同年"昌平君徙於郢"；秦王政二十三年（前224）又命王翦率軍南下攻楚，"取陳以南至平輿，虜荆王，秦王游至郢陳。"其後戰事又有所波動，楚人繼續反抗，《六國年表》載"荆將項燕立昌平君爲荆王，反秦於淮南。二十四年（前223），王翦、蒙武攻荆，破荆軍，昌平君死，項燕遂自殺"。從公元前226年昌平君率徙至郢，到公元前224年反秦入楚，昌平君的這一巨大轉變，似乎其原因目前還不得而知，不過可能和其心態變化有關（參後文論述）。

2. 項燕死年與負芻被虜時間

項燕死年與負芻被虜時間，也和昌平君事迹有緊密聯繫。不過文獻記載有一些差異。

首先，項燕死亡的時間，一種記載爲秦王政二十三年，如《蒙恬列傳》：

> 始皇二十三年，蒙武爲秦裨將軍，與王翦攻楚，大破之，殺項燕。
> 二十四年，蒙武攻楚，虜楚王。

另外一種記載爲秦王政二十四年，《秦始皇本紀》：

> 二十三年，秦王復召王翦，强起之，使將擊荆。取除以南至平輿，虜荆王。秦王游至郢陳，荆將項燕立昌平君爲荆王，反秦於淮南。
> 二十四年，王翦、蒙武攻荆，破荆軍，昌平君死，項燕遂自殺。

關於文中的"郢陳"，一般認爲是一地，即河南淮陽，但也有認爲"郢陳"是兩個平行的地名，相關文本應斷讀爲"秦王游至郢、陳"，不應把"郢陳"等同于"陳"。①

梁玉繩則認爲秦王政二十三年項燕已死，其後擁立昌平君是其他楚將借項燕之名行事。并認爲《秦始皇本紀》相關事件年代應當如下：

> 二十三年，秦王重復召王剪，强起之，使將擊荆，取陳以南至平輿，

---

① 辛德勇：《讀中華書局征求意見本〈史記〉偶識》，《經學文獻研究集刊》第12輯，上海書店出版社，2014年，第395—397頁。

殺項燕。秦王游至郢陳。荆將立昌平君爲荆王，反秦於江南。二十四年，王翦、蒙武攻荆，破荆軍，虜荆王。昌平君遂自殺。[1]

一些學者大體贊同梁玉繩的上述事件年代，和項燕卒于秦王政二十三年（前224）之推定。[2] 而另外一些學者則認爲項燕卒于秦王政二十四年（前223），如李開元認爲項燕於秦王政二十三年（前224）立昌平君爲楚王；前引駱科强文認爲秦王政二十三年（前224）項燕在昌文君被虜而死後，立昌平君爲荆王，繼續反秦於淮南，此後于秦王政二十四年兵敗自殺。筆者以爲，從後文來看，《秦始皇本紀》將"虜荆王"的年代誤前一年，但并沒有證據表明要將"殺項燕"與"虜荆王"的年代互換，從而提前爲公元前223年。由此，關於項燕的卒年問題，筆者仍取公元前223年之說。

其次，楚王負芻被虜時間，前引《秦始皇本紀》記載於秦王政二十三年（前224），更多文獻記載爲秦王政二十四年（前223），如前引《蒙恬列傳》"二十四年，蒙武攻楚，虜楚王"，又如《史記·楚世家》"王負芻五年，秦將王翦、蒙武遂破楚國，虜荆王負芻，滅楚名爲郡云"，《王翦列傳》"（秦王政二十三年）秦因乘勝略定荆地城邑，歲餘，虜荆王負芻，竟平荆地爲郡縣"，《六國年表》"（秦王政二十四年）王翦、蒙武破楚，虜其王負芻""（負芻五年）秦虜王負芻。秦滅楚"。

按，如果考慮當時的地理位置，楚王負芻所在的壽春，距離"除以南至平輿"尚有一定距離，不大可能被俘。[3] 因此《秦始皇本紀》所載前224年"取除以南至平輿，虜荆王"之事，應當有誤。綜合考慮，關於楚王負芻被俘的時間，似仍以公元前223年爲宜。

3. 昌平君被擁立時間

上文考訂項燕卒和楚王負芻被俘，均在公元前223年。而前引《史記》諸材料提到，秦王政二十三年（前224）昌平君被立爲荆王；又《史記索隱》"昌平君，楚之公子，立以爲相，後徙于郢，項燕立爲荆王，史失其名"，都說明昌平君曾被立爲楚王。值得注意的是，當時楚王負芻（前228—前223年在位）尚在，

① 梁玉繩：《史記志疑》，中華書局，1981年，第176頁。
② 田餘慶：《説張楚——關於"亡秦必楚"問題的探討》，《秦漢魏晋史探微（重訂本）》，中華書局，2004年，第1—29頁。
③ 馬雍：《讀雲夢秦簡〈編年記〉書後》，《雲夢秦簡研究》，中華書局，1981年，第34—35頁，後收入《西域史地文物叢考》，文物出版社，1990年，第248頁。

由此則昌平君被立爲荆王之後，此時則似乎同時有兩位楚王存在了。

按，關於昌平君被擁立，及其與負芻在位時間的關係，有如下幾種看法：

（1）認爲秦王政二十三年被虜的"荆王"是昌文君，因睡虎地秦簡《編年記》"廿三年，攻荆，□□守陽死。四月，昌文君死"與《秦始皇本紀》"二十三年，秦王復召王翦，强起之，使將擊荆。取除以南至平輿，虜荆王"，兩處記載或可有聯繫，從而"昌文君"即荆王。① 但問題是，從睡虎地秦簡的材料來看，昌文君應當爲秦國人，故不大可能爲《秦始皇本紀》中的楚人之"荆王"。

（2）認爲秦王政二十三年昌平君被擁立，但負芻仍然在位。秦王政二十四年昌平君死，負芻被虜。

（3）認爲如果負芻在位，則昌平君就無法被擁立。據《秦始皇本紀》所載秦王政二十三年，王翦大舉攻楚，取楚淮北地區，荆王被俘的記載，及《索隱》"荆王，負芻也"，則秦王政二十三年楚王負芻被虜，此後昌平君纔被擁立繼續反秦。按，如前所述，《秦始皇本紀》這條材料是唯一一條反映秦王政二十三年楚王負芻被虜的材料，更多材料支持秦王政二十四年荆王負芻被俘虜，并且本條材料本身也存在問題，由此關於楚王負芻被俘之年，本文從秦王政二十四年説。

根據劉向《列女傳·孽嬖傳》：

> 後有考烈王遺腹子猶立，是爲哀王。考烈王弟公子負芻之徒，聞知幽王非考烈王子，疑哀王，乃襲殺哀王及太后，盡滅李園之家，而立負芻爲王。

楚王負芻係從楚考烈王子楚哀王（？—前 228）、楚幽王（悍，前 238—前 228 年在位）處，獲得王位，而同爲楚考烈王之弟的昌平君此時被立爲楚君，似乎有和楚王負芻"二王并立"、互相支援之意。

4. 昌平君反秦地點

至於昌平君反秦區域，《史記·白起王翦列傳》：

> 荆數挑戰而秦不出，乃引而東。翦因舉兵追之，令壯士擊，大破荆軍。至蘄（今安徽省宿縣）南，殺其將軍項燕，荆兵遂敗走。秦因乘勝略定荆地城邑。歲余，虜荆王負芻，竟平荆地爲郡縣。

又《史記·秦始皇本紀》記載：

> 二十三年，秦王復召王翦，强起之，使將擊荆。取陳以南至平

---

① 駱科强：《昌平君和昌文君事迹辨析及其身份推測》，《喀什師範學院學報》2009 年第 1 期。

興，虜荆王。秦王游至郢陳。荆將項燕立昌平君爲荆王，反秦於淮南。

二十四年，王翦、蒙武攻荆，破荆軍，昌平君死，項燕遂自殺。

《集解》引徐廣"淮一作江"，即"反秦於江南"。梁玉繩《史記志疑》贊同"江南"。徐少華則依據古文獻中的淮水古亦長江，認爲從地理看"淮南"之説更爲合理，[1]本文也贊同"淮南"之説。

此外，還有學者認爲昌平君應當反秦於淮北，而非《史記》所載之"淮南"，[2]李開元也認爲"楚將項燕立昌平君爲楚王，反秦於淮北。事在秦王政二十三年"，并沿用黄盛璋、楊寬意見，認爲"昌平君反秦於郢陳，郢陳陷落後，撤退回到楚國，與項燕一道繼續抗秦。郢陳在淮北，昌平君與項燕之死地蘄縣也在淮北，由此看來，昌平君與項燕反秦的主要活動地區，當爲淮北"。

對於上述意見，辛德勇認爲不大可從，[3]筆者亦認爲"淮北説"存在不足，如《秦始皇本紀》所載，秦王政二十三年"秦王游至郢陳"，表明經過征戰後秦已占領此地，那麼此時昌平君就不可能繼續活動於此了，因此這也是"荆將項燕立昌平君爲荆王，反秦於淮南"的背景之所在了。因此，認爲昌平君反秦於淮北的意見，不僅要刪改《史記》原文，同時也不大符合相關事件的進程，由此似乎不大可能成立。

至於具體地點，如果贊同是"江南"，則多將其與湖北荆州地區之郢相聯繫；而如果認爲是"淮南"，則多將其和豫東、皖西北等地相聯繫。從《史記·秦始皇本紀》的上列文本來看，筆者認爲以"淮南"之説爲優。

據《史記·秦始皇本紀》記載：

二十一年，王賁攻（薊）[荆]。乃益發卒詣王翦軍，遂破燕太子軍，取燕薊城，得太子丹之首。燕王東收遼東而王之。王翦謝病老歸。新鄭反。

昌平君徙於郢。

又睡虎地秦簡《編年記》：

廿年……韓王居□山。

廿一年，韓王死。昌平君居其處，有死□屬。

結合上述資料來看，昌平君所遷徙之郢，和韓王所居之"□山"比較接近。如近期辛德勇前引文認爲，昌平君是從咸陽押解到楚國舊都郢城而關押，表明其

---

① 徐少華：《周代南土歷史地理與文化》，武漢大學出版社，1994年，第366頁。

② 黄盛璋：《雲夢秦墓出土的兩封家信與歷史地理問題》，《歷史地理論集》，人民出版社，1982年，第546—548頁；楊寬：《戰國史料編年輯證》，上海人民出版社，2019年，第1256頁。

③ 辛德勇：《雲夢睡虎地秦人簡牘與李信、王翦南滅荆楚的地理進程》，《舊史輿地文編》，第195頁。

身份已由楚國到秦的質子，轉換成了與韓王同等地位的俘虜，而移關押韓王的"□山"也在江陵附近秦南郡郢城的附近。

關於上述材料中的兩個地點，歷來有較大爭議：

（1）睡虎地秦簡《編年記》中的"韓王居□山"，馬非百認爲可能就是湖北宜昌的西山，[①]黃盛璋認爲在新鄭附近，[②]馬雍等認爲其地應當在昌平君所遷徙之郢陳（河南淮陽，距淮南不遠）附近。[③]

（2）關於昌平君所處之"郢"，有不同意見。此前大體分爲"湖北説"與"河南説"二類，其中"湖北説"包括"南郢"（湖北江陵東北）、[④]"鄢郢"（湖北宜城楚皇城）[⑤]等意見。"河南説"此前主要認爲在"郢陳/陳郢"（河南淮陽）。[⑥]近來"河南説"又有新的意見出現，根據新公布的西漢胡家草場"歲紀"簡1538有如下記載：

> 十六年，始爲麗邑，作麗山。初書年。破韓，得其王，王入吳房。

這條材料正好可與前述睡虎地秦簡《編年記》中的"韓王居□山"相聯繫，《編年記》中的"□山"與胡家草場"歲紀"簡中的"吳房"應比較接近。而"吳房"地名較爲常見，位於河南郾城南，故此結合上述材料可以推斷，昌平君所遷徙之郢，應當與河南有關，應當在河南郾城附近，[⑦]本文亦從此説。

而由這一推論，又可以聯繫到此前有爭議的秦李信所攻楚之"鄢郢"所載的問題。《史記·白起王翦列傳》記載秦王政二十二年李信伐楚：

> 遂使李信及蒙恬（武）將二十萬南伐荆。王翦言不用，因謝病，歸老于頻陽。李信攻平輿，蒙恬（武）攻寢，大破荆軍。信又攻鄢郢，破之，於是引兵而西，與蒙恬（武）會城父。荆人因隨之，三日三夜不頓舍，大破李信軍，入兩壁，殺七都尉，秦軍走。

上述秦王政二十五年李信伐楚路綫，歷來有較多爭議。如黃盛璋、楊寬都認

---

①馬非百：《雲夢秦簡中所見的歷史新證舉例》，《鄭州大學學報（社會科學版）》1978年第2期。

②黃盛璋：《雲夢秦簡辨正》，《考古學報》1979年第1期，收入《歷史地理與考古論叢》，齊魯書社，1982年，第1—46頁。

③馬雍：《讀雲夢秦簡〈編年記〉書後》，《雲夢秦簡研究》，中華書局，1981年，第34—35頁。

④何浩：《昌平君及其反秦的幾個問題》，《武漢師範學院學報（哲學社會科學版）》1984年第4期。

⑤韓連琪：《睡虎地秦簡〈編年記〉考證》，《中華文史論叢》1981年第1期，第127—148頁。

⑥田餘慶：《説張楚——關於"亡秦必楚"問題的探討》，《秦漢魏晉史探微（重訂本）》，中華書局，2004年，第1—29頁。

⑦陳明：《李信的攻"鄢郢"即昌平君所徙之"郢"》，《中國歷史地理論叢》2021年第2期。

爲"城父"在安徽亳縣東南，^①由此認爲《史記》原文"引兵而西"中的"西"，應爲"東"之訛。不過黄先生認爲"鄢郢"是"陳郢"之訛；而楊先生認爲"鄢郢"指楚國故都鄢與郢，并非河南陳地。但從兩位先生意見來看，即對原始文獻有所删改，同時相關進軍路綫也比較迂曲，故筆者以爲不大可從。

上述地名"平輿"（河南平輿北）、"寢"（安徽臨泉），一般無疑義。關於其中的地名"城父"，《索隱》"在汝南，即應鄉"，《正義》"言引兵而會城父，則是汝州郟城縣東父城者也"，據此田餘慶認爲，"據《正義》，此'城父'當是'父城'之訛誤，在秦潁川郡"，并定鄢郢爲陳郢。一般也認爲"城父"似應爲潁川郡之"城父"（河南寶豐、襄城間），而非沛郡之"城父"（安徽亳縣東南），^②如果定爲安徽之城父，就與原文中"引兵而西"的記載相矛盾了。

根據辛德勇的意見，秦滅楚之戰是先在"平輿"（河南平輿北）、"寢"（安徽臨泉）等作戰，此後秦軍一路南下，由河南至安徽而攻破壽春楚郢都（鄢郢），此後再"引兵而西"，"與蒙恬會城父"，重返淮水北岸，待先攻拔北岸其他楚國疆土之後，再重下淮水南岸，消滅殘存的楚軍。對於上述意見，已有學者提出疑問，認爲"城父位置以及李信、蒙武會師城父的理由仍需商榷"，"李信、蒙武相會于城父是爲了拔除楚國在淮北的城邑，也有值得商榷之處"。^③筆者亦認爲，上述路綫構擬似稍顯迂曲，其中的核心觀點即"鄢郢"爲壽春，似乎存在疑問。

至於"鄢郢"所在，歷來有一些爭議：

（1）關於其斷讀，是否該斷讀爲"鄢、郢"？吳良寶根據郊"（鄢）郢達鐸"、清華簡《楚居》所載楚獻惠王自"棲濡徙居鄢郢，鄢郢徙居邯鄲"等資料，"鄢郢"應當爲一個地名，^④本文也贊同此說。

（2）關於"鄢郢"具體所在，此前曾有如下意見：

湖北說。具體地點則有湖北宜城東南鄢城、湖北宜城市東南的都、"鄢、都二城""荆州紀郢和别都鄢郢"等不同意見。但從《史記》原文來看，"鄢郢"應當在"城父"之東，地在河南境内，因此上述將"鄢郢"定在湖北的意見，并不可從。

① 黄盛璋：《雲夢秦墓出土的兩封家信與歷史地理問題》，《歷史地理論集》，人民出版社，1982年，第546—547頁；楊寬：《戰國史料編年輯證》，上海人民出版社，2019年，第1255頁。

② 晏昌貴：《秦簡牘地理研究》，武漢大學出版社，2017年，第95頁。

③ 李瀚：《試論李信南滅楚國的行軍路綫》，《陝西歷史博物館館刊》第23輯，三秦出版社，2016年，第30頁。

④ 吳良寶：《戰國楚簡地名輯證》，武漢大學出版社，2010年，第51頁。

安徽説。近期辛德勇認爲 "鄢郢" 是 "荆郢" 之訛，[①] 其地即楚都壽春。李信進攻鄢郢，"應是擊潰甚至衹是打跑防守郢都壽春的武裝力量，并沒有殲滅楚軍，更沒有虜獲包括楚王在内的上層人物"。其後儘管昌平君於前 226 年開始被關押在楚國舊都郢，但 "至遲已經在楚王負芻被俘的秦王政二十三年之後，設法逃離那里，來到淮水南岸的楚國境内，因而纔會被楚將項燕立爲新的國王，來組織楚人反擊秦軍"。

對於辛先生 "鄢郢" 爲 "荆郢" 之訛、即壽春的意見，目前有一些學者贊同。[②] 但也有學者提出疑問，如晏昌貴認爲如此一來，則 "但他同樣要面臨 '北向' 城父而不是 '西向' 城父的問題。何況 '荆郢' 晚出，早期無聞"。[③]

河南説。比如 "鄢郢" 爲 "鄢陵" 和 "郢陳"（即 "陳郢"），按從原文來看，此處確應爲一地，故不應分爲二；梁玉繩認爲是衍文，"信又攻鄢郢，破之" 七字也是衍文，[④] 按此係删改原文，也無確證；或認爲 "鄢陵" 之誤，[⑤] 或認爲 "陳郢" 之訛，[⑥] 但均缺乏文字角度方面的證據。同時田餘慶也指出認爲是 "陳郢" 之訛的觀點，存在疑問。

此外，近來清華簡《楚居》中也記載有 "鄢郢"，整理者認爲在湖北宜城；趙平安認爲《楚居》"爲郢" 在今湖北宜城的鄢郢；而《楚居》中的 "鄢（偃）郢" 即《史記·伍子胥列傳》中 "楚之邊邑鄢"，在今河南鄢城縣南五里。[⑦] 牛鵬濤等也有相同意見。[⑧] 本文也認爲《楚居》"鄢郢" 在河南較爲合適。

綜合上述材料來看，如果定秦李信所攻楚之 "鄢（偃）郢" 在今河南鄢城南附近，[⑨] 則相關戰事所途經的 "平輿"（河南平輿北）、"寢"（安徽臨泉）、"城父"（河南寶豐、襄城間）等路綫，就較爲合理了，因此本文贊同李信所攻之 "鄢（偃）郢" 在河南鄢城的意見。

關於李信 "引兵而西"、與蒙武城父相會的原因，田餘慶認爲是由於昌平君在李信軍隊後方起事，從而使得李信和蒙武兩支南下的軍隊，不得不掉頭往西，

---

① 辛德勇：《雲夢睡虎地秦人簡牘與李信、王翦南滅荆楚的地理進程》，《舊史輿地文編》，第 179 頁。
② 李瀚：《試論李信南滅楚國的行軍路綫》，《陝西歷史博物館館刊》第 23 輯，第 30 頁。
③ 晏昌貴：《秦簡牘地理研究》，武漢大學出版社，2017 年，第 95 頁。
④ 梁玉繩：《史記志疑》，中華書局，1981 年，第 176 頁。
⑤ 〔宋〕司馬光著，〔元〕胡三省音注：《資治通鑑》，中華書局，2013 年，第 233 頁。
⑥ 黃盛璋：《雲夢秦簡辨正》，《歷史地理與考古論叢》，第 1—46 頁。
⑦ 趙平安：《〈楚居〉"爲郢" 考》，《中國史研究》2012 年第 4 期。
⑧ 牛鵬濤：《〈史記·白起王翦列傳〉李信 "攻鄢郢" 考》，《江漢考古》2017 年第 2 期。
⑨ 陳明：《李信的攻 "鄢郢" 即昌平君所徙之 "郢"》，《中國歷史地理論叢》2021 年第 2 期。

進行平叛。辛德勇則對於“昌平君在後方起事”説提出疑問,認爲昌平君并未反秦,是李信在攻破楚壽春後,“引兵而西”而重返淮水北岸“與蒙恬會城父”,以徹底穩定淮北局勢,此後再至淮南而消滅其餘楚軍。而晏昌貴則認爲李信引兵西攻的原因,目前還不少説清楚,“其中或有史籍失載的謎團,有待進一步考察”。[1]按,對於否定昌平君起事和李信回軍西進之間聯繫的意見,近來也有學者認爲,“雖然田餘慶先生對於這場戰役中相關地點的認識不足,但我們不能輕易地將背後的政治關係簡單化”。[2]而如前所述,既然李信被徙於鄢郢,則李信“引兵而西”的原因,應當確和昌平君在其軍後的起事有關。

由此,這就讓我們想到一個問題,公元前226年的時候昌平君遷徙到河南郾城附近的“鄢郢”,而公元前225年秦李信又攻擊“鄢(偃)郢”,是否意味着在昌平君遷至於“鄢郢”之後,就開始叛秦入楚了?

《史記》等文獻記載,秦王政二十三年昌平君被立爲荆王,一般把這當成是昌平君反秦的起點,但從本文的上述梳理來看,似乎其實在兩年之前的公元前226年,昌平君就已經背秦入楚了,否則公元前225年李信攻擊鄢郢的軍事行動似乎就不好解釋了。至於昌平君在徙郢之後背秦的原因,目前還不得確切而知,但他自從作爲質子入秦以後,就多年爲秦效力;在公元前226年被徙至遠離秦關中地區的“鄢(偃)郢”,自己本爲楚人的身份意識又重新顯現,尤其是在秦國猛烈攻楚的背景之下,挽救楚國危難的想法也就很快萌發,可能從而最終做出了背秦救楚的選擇。

另外,睡虎地秦牘提到“黑夫等直佐淮陽,攻反城久,傷未可智(知)也”,此事一般繫於秦王政二十四年。[3]其中的“淮陽”,一般認爲即陳,[4]而辛德勇認爲是秦淮陽郡;其中的“反城”,或認爲是郢陳(淮陽),[5]而辛德勇認爲即昌平君等所守的楚壽春。近來曹旅寧對“反城”爲壽春説進行辨析,而仍主張淮陽説,[6]本文從之。

關於其中的“淮陽”是否爲秦淮陽郡,論者所據的依據之一,是出土秦封泥

① 晏昌貴:《秦簡牘地理研究》,武漢大學出版社,2017年,第96頁。
② 李瀚:《試論李信南滅楚國的行軍路綫》,《陝西歷史博物館館刊》第23輯,第30頁。
③ 辛德勇:《雲夢睡虎地秦人簡牘與李信、王翦南滅荆楚的地理進程》,《舊史輿地文編》,第196頁。
④ 楊寬:《戰國史料編年輯證》,上海人民出版社,2019年,第1168頁。
⑤ 李開元:《秦謎——重新發現秦始皇》,上海人民出版社,2020年,第187頁。
⑥ 曹旅寧:《新出嶽麓秦簡和睡虎地秦人木牘家書考釋》,《簡帛研究二〇一八·秋冬卷》,廣西師範大學出版社,2019年,第127頁。

見有“淮陽弩丞”，這理應是秦淮陽郡所設“弩丞”，從而可以推知《史記·陳涉世家》之所謂“陳郡”，本應名爲淮陽郡。對於上述認爲“淮陽”即秦“淮陽郡”的意見，晏昌貴已有辨析，一方面依據“淮陽發弩”“淮陽弩丞”應爲淮陽縣職官、淮陽在秦時代設郡目前尚無直接證據的意見，[1]同時認爲如果秦設有淮陽郡，應當也是在秦王政二十四年滅楚局勢穩定之後，而在秦王政二十四年二月戰事緊迫的時候似乎還難以設郡，故此淮陽仍應當爲一作城邑（即陳城）。[2]因此，睡虎地木牘的上述資料，反映的正是其時秦、楚在淮北的征戰。

（四）昌平君卒年

昌平君卒年爭議，主要集中在是秦王政二十一年還是秦王政二十四年兩種意見。

第一，從文獻記載來看，有關於昌平君亡於秦王政二十四年的記載，如《史記·秦始皇本紀》：

（秦王政）二十四年，王翦、蒙武攻荊，破荊軍，昌平君死，項燕遂自殺。

據此一些學者贊同昌平君卒於前223年。[3]

第二，睡虎地秦簡《編年記》簡28記載：

廿一年韓王死，昌平君居其處，有死□屬。

一些學者根據對這條材料的理解，認爲昌平君死於秦王政二十一年。如黃盛璋據此認爲，秦始皇二十一年昌平君已死，他并非楚公子，也不可能在此後被擁立；此後應當是由昌文君繼續反秦，《史記·秦始皇本紀》等文獻所見“昌平君”反秦是“昌文君”的誤記。[4]

馬非百認爲，根據上述秦王政二十一年“昌平君又死於□山”的第一手資料，説明昌平君在秦王政二十一年就已經繼韓王安之後，在“□山”的監獄里死去了。[5]

高敏曾釋本簡爲“又死國屈”，認爲“顯然是指昌平君死”。[6]又認爲秦、楚二國各有一個昌平君，其中秦國昌平君于秦王政九年平定嫪毐之亂，其後於秦王政二十一年徙於郢、不久死於本地。而楚昌平君爲秦王政二十三年由項燕所立，

① 王偉：《秦璽印封泥職官地理研究》，中國社會科學出版社，2014年，第358頁。
② 晏昌貴：《秦簡牘地理研究》，武漢大學出版社，2017年，第113頁。
③ 何浩：《楚滅國研究》，武漢出版社，2019年，第348頁。
④ 黃盛璋：《雲夢秦簡〈編年記〉初步研究》，《考古學報》1977年第1期。
⑤ 馬非百：《雲夢秦簡中所見的歷史新證舉例》，《鄭州大學學報》1978年第2期。
⑥ 高敏：《秦簡〈年記〉與〈史記〉》，《雲夢秦簡初探》，河南人民出版社，1979年，第140—141頁。

秦王政二十四年被殺。①

上述昌平君死於公元前 226 年的説法，影響較大，爲一些學者所引用。②

但問題是，睡虎地秦簡《編年記》"廿一年韓王死，昌平君居其處，有死□屬"這條材料，能否即反映昌平君死于秦王政二十一年，或者説有一位昌平君死于秦王政二十一年？筆者以爲，從睡虎地秦簡《編年記》原文來看，尚不能實證上述觀點，此前也有很多學者指出這個問題，如韓連琪曾認爲：

> 唯昌平君乃死于秦王政二十四年，見《始皇本紀》。《編年記》之
> 書於是年者，蓋以韓王安與昌平君于國亡後皆死於反秦，又先後俱居於
> 郢，且死于郢，故連類言之，非必謂昌平君死於是年也。③

這是從簡文體例方面進行分析，對昌平君死于秦王政二十一年觀點進行辨析，可備一説。此外，田餘慶也認爲，睡虎地本條材料并不能反映昌平君死于秦王政二十一年。④

如同上列諸位學者所指出，如果認爲昌平君死于秦王政二十一年，則《史記·秦始皇本紀》中的相關記載和文本，需要改動處頗多，如此後"立昌平君爲荆王"等記載該如何理解，也有很大困難。據此認爲昌平君死于秦王政二十一年的學者認爲，此後實際上被立的是昌文君，或是項燕假借昌平君的名義來號召，據此所謂睡虎地秦簡《編年記》中秦王政二十一年昌平君已死的資料，《史記·秦始皇本紀》所載二十三年、二十四年之"昌平君"乃"昌文君"之訛。可見如果認爲昌平君死於秦王政二十一年，則牽一髮而動全身，《史記》等文獻的很多原始記載，都要被加以改動。但對於這些改動本身，持昌平君死于秦王政二十一年意見的學者，則自然此後的事情不能參加，故此後的"昌平君"要改爲"昌文君"，但并沒有相關的直接文獻證據。而反對昌平君死於秦王政二十一年意見的學者，則從要大量改動相關文獻出發，由這一疑問來質疑昌平君死於秦王政二十一年的可行性。

目前已經可以對其中的若干觀點進行一些分析，如從上述梳理可看出，高敏認爲同時存在秦昌平君（卒於前 226 年）、楚昌平君（卒於前 223 年）的依據，是釋睡虎地秦簡本條材料爲"又死國屈"，現在看來這一釋文是存在問題的，所

---

① 高敏：《"秦、楚二國各有一個昌平君"説》，《史學月刊》2008 年第 1 期，收入《魏晋南北朝史料、札記及書評集》，人民出版社，2019 年，第 243—247 頁。

② 張正明：《楚史》，湖北教育出版社，1995 年，第 367 頁。

③ 韓連琪：《睡虎地秦簡〈編年記〉考證》，《中華文史論叢》1981 年第 1 期，收入《先秦兩漢史論叢》，齊魯書社，1986 年，第 322—357 頁。

④ 田餘慶：《説張楚——關於"亡秦必楚"問題的探討》，《秦漢魏晋史探微（重訂本）》，第 1—29 頁。

謂 "國" "屈" 都是誤釋，由此建立在此基礎上的解讀自然也就存疑了。

另外，也有學者對簡文作出不同理解，從而否定昌平君死于秦王政二十一年説，如李開元將 "有（又）死□屬" 讀爲 "有死士屬"，理解成 "有死士跟隨"。其將 "死" 後一字 "▆（下文簡稱爲 A）" 擬補爲 "士"，①雖未必可靠，但也是反對 "昌平君死于秦王政二十一年説"。

整體來看，上述反對昌平君死于秦王政二十一年説的學者，多從歷史事件進程的合理性角度否定其可能性，筆者以爲還是很有説服力的，但不足在於未能對 "有死□屬" 文本有更多的解釋，因而討論還待深入和完善。

實際從本簡的釋讀歷程來看，在文字辨識方面前後也有變化。在 1976 年本簡最初的釋文中，本句爲 "昌平君居其處，有死□屈"，②其後 1978 年《睡虎地秦墓竹簡》中將 "▆" 由此前的 "屈" 改釋爲 "屬"。③自此開始儘管有一些學者仍然采用釋 "屈" 之説，④但釋 "屬" 之説逐漸流行，并成爲通行觀點。如有論者讀成 "昌平君居其處，有死□，屬"，⑤儘管斷讀意見不同，但采用了釋 "屬" 的意見。

同時，儘管至 1990 年版《睡虎地秦墓竹簡》中仍然對簡文 "死" 下一字 "A" 存疑待釋，⑥但此前此後均陸續有學者就此 "A" 進行擬補，如前引 1979 年黃盛璋文認爲，" '死' 下一字雖不清，但左從邑，'□阝屬' 必爲地名"。2001 年楊寬認爲本字可能是 "甲" 或者 "士"，⑦此後 2010 年李開元前引文采用釋 "士" 之説并就相關材料進行新的解讀。另外 2009 年有學者將其擬補爲 "郢"。⑧ " '□阝屬' " 爲地名之説，此前已經有學者進行辨析，并不可信。至於將 "死" 下一字 "A" 擬補爲 "甲" "士" "郢" 等，從目前的材料來看，也都明顯與字形不符。

據此，根據對本條材料的不同理解，在其反映昌平君卒年的問題方面，就有截然相反的兩種理解：

（1）讀作 "又死"，由此似乎説明韓王、昌平君先後不久在同地死去，即

---

① 李開元：《末代楚王史迹鈎沉——補〈史記〉昌平君列傳》，《史學集刊》2010 年第 1 期。
② 雲夢秦墓竹簡整理小組：《雲夢秦簡釋文（一）》，《文物》1976 年第 6 期。
③ 睡虎地秦墓竹簡整理小組：《睡虎地秦墓竹簡》，文物出版社，1978 年，第 7 頁。
④ 鄭良樹：《讀雲夢〈大事記〉札記》，《竹簡帛書論文集》，中華書局，1982 年，第 305 頁。
⑤《雲夢竹簡〈秦記〉》，日知編并序：《古代中國紀年》，東北師範大學出版社，1993 年，第 852 頁。
⑥ 睡虎地秦墓竹簡整理小組：《睡虎地秦墓竹簡》，文物出版社，1990 年，第 149 頁。
⑦ 楊寬：《戰國史料編年輯證》，上海人民出版社，2001 年，第 1142 頁。
⑧ 駱科强：《昌平君和昌文君事迹辨析及其身份推測》，《喀什師範學院學報》2009 年第 1 期。

昌平君死于秦王政二十一年。

（2）讀"有死"，并根據"死"後擬字的不同，認爲本條材料説明昌平君并不卒于秦王政二十一年，如前引楊寬意見釋"有死甲屬（囑）"，并理解爲"有敢死之甲士監視昌平君"之意；而李開元前引文釋"有死士屬"，認爲意爲"有敢死之士跟隨"。

但由上述討論可見，這些意見所據釋文，都存在一些不精確處，從而影響了結論的可靠性。值得注意的是，2014年陳偉等著《秦簡牘合集》認爲，"A"字應釋"爲"。①2015年陳侃理對照《編年記》簡文"爲安陸令史"中的"爲"，也把A釋成"爲"。②根據這一新釋文，對於昌平君的卒年也就有不同的意見。如前引陳侃理文認爲，改釋"爲"後，簡文"有死爲屬"難以連讀，由此本句讀法不得不改爲如下：

廿一年，韓王死。昌平君居其處，有（又）死，爲屬。

認爲本句是説秦王政二十一年昌平君死，而睡虎地秦墓墓主"喜"則成爲南郡屬史。同時又指出，雖然可據此簡文推斷昌平君死于秦王政二十一年，但如此一來又和《史記·秦始皇本紀》等所載秦王政二十三年"荆將項燕立昌平君爲荆王"，直接相矛盾了。不過，陳先生雖指出這一問題，但并未就昌平君的卒年作進一步討論。

目前也有學者就此做進一步研究，如晏昌貴根據"有（又）死爲屬"的最新釋文，認爲簡文反映"蓋因韓王徙於郢後，又有謀反行爲，而昌平君爲之聚謀，因而相繼被處死"，并由此推測"昌平君很可能死於秦王政二十一年，并没有反秦淮南事"。③由此認爲《史記》關於昌平君的相關記載，需要根據睡虎地秦簡《編年記》進行校正。

通過上述梳理來看，關於昌平君是否卒於公元前226年的爭論，問題關鍵在於睡虎地秦簡《編年記》簡文"廿一年韓王死，昌平君居其處，有死A屬"的理解，而其要緊處在於如下：

"有死□屬"應當斷讀爲"有死，A屬"，還是四字連讀？持昌平君卒於公元前226年意見的學者，似乎多斷讀爲"有死，A屬"，認爲"有死""A屬"之間没有聯繫，是兩個不同的事件；而否定昌平君卒於公元前226年的學者，多連讀爲"有死A屬"，認爲記載的是一個事件。

---

① 陳偉主編：《秦簡牘合集（壹·上）》，武漢大學出版社，2014年，第27頁。
② 陳侃理：《睡虎地秦簡〈編年記〉中"喜"的宦歷》，《國學學刊》2015年第4期。
③ 晏昌貴：《秦簡牘地理研究》，武漢大學出版社，2017年，第104頁。

"有""死""爲屬"應當如何理解？

根據已有的文字釋讀成果來看，"A"釋"爲"是目前最有説服力的一種意見。那麼這段簡文該如何理解？

按，筆者以爲此處仍應當連讀爲"有死爲屬"，其中具體應如下：

（1）"有"，持昌平君卒於公元前226年意見的學者，多讀爲"又"。①但如果讀成"又死"，則如前引田餘慶文所指出，"訓有爲又，以爲'有死□屬'的死者就是昌平君。這當然是很難斷定的……此説如果能夠成立，那麼《史記》須要改動之文就不止一處了……用這樣的方法尋找證據，從而擅改《史記》文字以成己説，看來是不適宜的"，也就是説，儘管從文本角度而言存在讀"有"爲"又"的可能性，但從真實歷史事件的角度而言，却缺乏可能性。

（2）"爲屬"，黃盛璋認爲，"前面記韓王死，所以'又死'必然指昌平君死，'死'下一字雖不清，但左從邑，□阝屬必爲地名"。②此外，如前引韓連琪文認爲，"屬，連續也，謂昌平君繼韓王安又死於其處也"，認爲"屬"是繼續的意思；前引楊寬文讀"屬"爲"囑"意爲監督；也有觀點認爲，楚公子在秦國的很多，但要受到秦人監督，"爲屬"含義可能與上述有關；③前引2009年駱科强文認爲"□阝屬"就是"郢屬"，指南郡郢城楚人；"有死"非"又死"，"有死□阝屬"指的是由於昌平君和昌文君合謀進擊南郡，秦軍殺了郢城的許多楚人。因此以此斷定昌平君死於這一年就失去根據。而前引2015年陳侃理文認爲"爲屬"是指喜擔任南郡屬吏。前引晏昌貴書中認爲是"臣屬""同伙"之意。

（3）至於全句的理解，依據《編年記》文本：

（秦王政）十七年，攻韓。

（秦王政）十八年，攻趙。正月，恢生。

（秦王政）十九年，□□□□南郡備敬（警）。

（秦王政）廿年，七月甲寅，嫗終。韓王居□山。

（秦王政）廿一年，韓王死。昌平君居其處，有死□屬。

（秦王政）廿二年，攻魏梁（梁）。

秦王政廿三年，興，攻荆，□□守陽□死。四月，昌文君死。

---

① 黃盛璋：《雲夢秦簡辨正》，《歷史地理與考古論叢》，第1—46頁；于琨奇：《秦始皇評傳》，南京大學出版社，2002年，第50頁。

② 黃盛璋：《雲夢秦簡辨正》，《歷史地理與考古論叢》，第1—46頁。

③ 郭守信：《秦始皇本傳》，遼寧古籍出版社，1996年，第165頁。

《秦簡牘合集（一）》的作者認爲 "有死□屬" 中 "死" 下一字似是 "爲"。①"有死□（爲）屬" 的行爲主體，可能和韓王，或者昌平君有關，如此則可能有如下兩種思路：

①西周金文中常有某人 "死司王家" 的記載，如《望簋》"宰佣父右（佑）望，入門，立中廷，北向，王乎史年册命望：死（屍）司畢王家，賜女赤雍芾、鑾，用事"，其中的 "死" 一般讀爲 "屍"，意思爲 "主"，和 "司" 的意義接近，《吕氏春秋・察今》"夫不敢議法者，衆庶也；以死守者，有司也；因時變法者，賢主也"，《吕氏春秋・任數》"人主以好暴示能，以好唱自奮，人臣以不争持位，以聽從取容，是君代有司爲有司也，是臣得後隨以進其業"，《荀子・强國篇第十六》"應侯問孫卿子曰：'入秦何見？' 孫卿子曰：'……入境，觀其風俗，其百姓朴，其聲樂不流汙，其服不佻，甚畏有司而順，古之民也'"。根據上述 "死""屍""司" 之間的聯繫，由此 "有（又）死□（爲）屬" 或即 "有司□（爲）屬"，意思也就是説秦王政二十一年昌平君在韓王安死後居於其地，原來爲韓王所屬的那些官吏，又轉屬於昌平君。

②古漢語中常見有省略 "者" 的用例，如《漢書・高帝紀》"沛令共誅令，擇可立立之"。② 同時，睡虎地秦簡中也有一些從語義上看可加 "者"，但未加的情況，如《法律答問》"捕亡，亡人操錢，捕得取錢"。③ 從《編年記》本處簡文來看，筆者以爲此 "有死" 可能也是省略 "者" 的情況。

同時，睡虎地秦簡中也有一些倒裝的情況，如《語書》"志千里使有籍書之" 當爲 "使有籍書之以志千里" 之倒，《法律答問》"將盜械囚刑罪以上" 當爲 "將刑罪以上盜械囚" 之倒。④另外嶽麓秦簡《三十四年質日》簡25/J31 "庚申江陵公歸"，可能爲 "公歸江陵" 之倒。⑤

睡虎地秦簡中有 "死者" 的用例，如《日書》甲種 "冬三月，毋起北鄉（向）室。有以者大凶，必有死者"。同時，文獻所見 "屬" 有表示 "同屬""屬衆" 的用法，如《左傳》哀公十一年 "不屬者，非魯人也"，杜預注 "屬，臣屬也"，及《周禮・春官・典祀》"則帥其屬而修除"，鄭玄注 "屬，其屬胥徒也"。那麼根據秦簡中

① 陳偉主編：《秦簡牘合集〔壹〕》（上册），武漢大學出版社，2014年，第27頁。
② 楊樹達：《高等國文法》，東方出版社，2013年，第93頁。
③ 魏德勝：《〈睡虎地秦墓竹簡〉語法研究》，首都師範大學出版社，2000年，第268頁。
④ 夏利亞：《睡虎地秦簡文字集釋》，上海交通大學出版社，2019年，第82、266頁。
⑤ 王輝：《一粟居讀簡記（四）》，《嬴秦西垂文化——甘肅秦文化研究會首屆學術研討會論文集》，甘肅人民出版社，2013年，第186頁。

的上述語法現象，則《編年記》簡文"廿一年，韓王死。昌平君居其處，有死爲屬"中的"有死爲屬"，可能理解成"有死者爲屬"，或者"爲屬有死者"，其具體含義有兩種，意思是説"爲韓王所屬的人中有死者"，或"爲昌平君所屬的人中有死者"。

另外，《史記·秦始皇本紀》：

　　（秦王政）二十一年王賁攻荆……新鄭反，昌平君徙於郢。①

結合《秦始皇本紀》、睡虎地秦簡《編年記》本條記載來看，此時昌平君的身份，仍然是秦國的一員，昌平君遷徙的原因可能和韓國的軍事反抗行動有關，但目前還看不到反映此時昌平君與韓聯合反秦的證據，這種可能性也是不大符合其時昌平君身份的，推測昌平君是韓王同伙的意見可能還缺乏確證。由此"有（又）死爲屬"并不能讀成"（昌平君）又死，爲屬"，進而理解成"昌平君又死了，因爲他是韓王的同伙"。從邏輯的角度和相關事件進程角度來看，昌平君這次遷徙的原因，可能和秦國對本地反抗的鎮撫有關，其後在本地又和殘餘的部分韓國反抗力量發生軍事對抗，雙方各有死傷，"有死爲屬"的具體物件，應當指的就是當時秦、韓雙方的一些部衆，不論"有死"的是韓王的部下，亦或是屬於昌平君的部下，其可能性都要比昌平君本人更爲可能。故此本文認爲，將"有（又）死爲屬"讀成"（昌平君）又死，爲屬"，并理解成因爲昌平君是韓王的同伙、也死於公元前226年的意見，尚缺説服力。

就目前的資料而言，似乎還無法落實《編年記》"有死爲屬"的具體含義。不過，從材料的年代角度來看，本文仍偏向於第二種理解方式，由此按照上述理解，則睡虎地秦簡《編年記》"有死爲屬"簡文，并不能反映昌平君死於秦王政二十一年，相反卻説明昌平君的卒年應當在秦王政二十一年之後了。從簡文的記載來看，似乎反映秦王政二十年韓王遷於"□山"後，曾經帶領部衆發動過反秦戰事，其後被秦國攻滅。次年韓王死，秦派昌平君入駐其地，昌平君隨後似乎爲了示衆懲罰，又殺掉了一些韓王的部衆；或者是説有一些昌平君的部衆，在平叛中死去。

上述結合睡虎地秦簡《編年記》"廿一年，韓王死。昌平君居其處，有死A屬"第一階段討論中，從邏輯和歷史進程角度對昌平君死於秦王政二十一年説的相關否定意見；又結合第二階段在文本上新釋"A"爲"爲"等的新進展，就此進行梳理和討論，（1）在釋"A"爲"爲"前，諸多據睡虎地秦簡《編年記》"廿

————————————

① "荆"原誤作"蓟"，一般據《六國年表》《王翦列傳》"王賁擊楚"改。

一年，韓王死。昌平君居其處，有死 A 屬”認爲昌平君死于秦王政二十一年的意見，在文本上具有可行性，但在邏輯和歷史事件進程角度上存在較多疑問。（2）“A”釋“爲”較可信，但本句不應斷讀爲“有（又）死，爲屬”，并理解成秦王政二十一年昌平君死、喜成爲南郡屬吏；或者説反映因爲昌平君是叛亂的韓王同伙、由此也被牽連而死於公元前 226 年；而可能應理解成“有死者爲屬”，或“爲屬有死者”，既省略了“者”字，也是倒裝，意思是説“爲韓王所屬的人中有死者”，或者“爲昌平君所屬的人中有死者”。據此，目前據睡虎地秦簡《編年記》“廿一年，韓王死。昌平君居其處，有死爲屬”的解讀，來推斷昌平君死于秦王政二十一年的相關意見，都還缺乏説服力。由此，本條材料反映的是秦王政二十一年昌平君平叛之事；至於昌平君的卒年，還應繫爲前引《史記·秦始皇本紀》所載的秦王政二十四年。

三、小結

至此，關於昌平君的相關事迹，前文已經一一加以考訂。李開元曾列表統計昌平君從秦王政九年“發卒攻毐”，到秦王政二十四年反秦而死的相關歷程，[①] 而結合本文的討論也能做一份簡表，現列表對比如下。

從昌平君的生命歷程來看其是楚頃襄王子、楚考烈王弟，應當生於熊元（即後來的楚考烈王）爲質於秦前，如前引辛德勇認爲昌平君可能在楚考烈王元年“納州於秦以平”時，被送入秦國去做人質的意見，[②] 而不大可能爲熊元之子、在熊元至秦後纔出生的。

那麼，假設昌平君在公元前 272 年爲質於秦的時候約 25 歲，則其大約生於公元前 297 年左右；到公元前 223 年兵敗而亡，卒年約 74 左右。從 25 歲左右（公元前 272）由楚國的陳郢出發而爲質至秦，此時距公元前 278 年秦攻下楚之郢都纔短短 6 年；到公元前 226 年（大約 71 歲）徙鄢郢而離開秦的腹心區，也就是説昌平君在秦國停留了大約半個世紀之後，纔能再次離秦腹心區。而此時他將要去的地方，和半個世紀離開以前的楚國出發地，已有很大不同。

田餘慶前文曾推測，“昌平君居守郢陳既是爲了看管亡國的韓王，又是爲了

① 李開元：《末代楚王史迹鈎沉——補〈史記〉昌平君列傳》，《史學集刊》2010 年第 1 期。
② 辛德勇：《雲夢睡虎地秦人簡牘與李信、王翦南滅荆楚的地理進程》，《舊史興地文編》，第 196 頁。

時間		事迹	
		李開元	本文
秦昭襄王	三十五年（前272）		在春申君護送下，和其時楚太子元（即後來的楚考烈王）等爲質子於秦
	三十六年（前271）	昌平君生	
	四十四年（前263）		楚頃襄王病重，春申君設計讓楚太子元（楚考烈王）歸楚，昌平君仍留秦
秦王政	九年（前238）	與呂不韋、昌文君一同平定嫪毐之亂，時任御史大夫一職	與呂不韋、昌文君一同平定嫪毐之亂
	十年（前237）	呂不韋坐嫪毐免相，昌平君、昌文君受牽連降職，對始皇心生怨念 / 昌平君繼任秦國丞相	
	十七年（前230）	據《十七年丞相啓狀戈》，本年昌平君爲丞相	
	十至二十一年（前237—前226）	與楚反秦勢力暗中聯繫，預謀反秦	
	二十一年（前226）	新鄭反，韓王安死，昌平君受牽連，被徙于鄢郢	徙於鄢郢（河南鄢城南），開始反秦，并與秦李信交戰
	二十三年（前224）	反秦于鄢郢，項燕立昌文君爲王，昌文君與項燕皆死，昌平君南撤至江南，荊將借項燕之名擁立昌平君，繼續反秦	被立爲荊王，繼續反秦
	二十四年（前223）	兵敗而死	兵敗而死

綏撫難安易動的楚人。昌平君能起這種雙重作用，主要是由於他所具有的特殊身份，同時也由於秦王相信他的忠誠"，這一推測有其合理性。但人的心境往往會受到環境的影響，從而發生一些改變。出於何種考慮而導致昌平君做出了背秦向楚這一巨大的選擇和轉變，目前尚無法知曉。

　　同時，借由對昌平君行年的梳理，對於秦滅楚之戰的進程，也能有一些新的認識。在秦王政二十二年秦將李信伐楚的過程中，昌平君在其後方叛秦，從而導致李信在平輿戰勝楚軍之後，不得不回師攻打其西部的鄢郢（河南鄢城南）之楚軍，這支楚軍很有可能即由昌平君所率，之後其餘楚軍繼續追擊李信軍隊，并最終打敗李信所率的這支秦軍，從而阻止了李信軍隊南下攻壽春。可見昌平君在鄢郢起事，對於秦軍事攻勢造成一定威脅。

鑒於李信在攻楚軍事行動上的失敗，次年秦國及時更換統帥，由老將王翦再次出發攻楚，此後在秦軍的軍事行動較爲順利，很快"取陳以南至平輿"，同年昌平君被立爲荆王，并於淮南繼續反秦。次年秦繼續攻楚，昌平君最終兵敗而自殺。從上述事件來看，公元前226年昌平君在鄢郢的反秦起事，打敗了部分秦軍，客觀上延緩了秦滅楚之戰的進程，但限於當時的實力對比，最終還是無法挽救楚國滅亡的命運。

附記：

本文是2018年國家社科基金青年項目"清華簡與商周軍事地理研究"（18CZS006）的階段性成果。

作者簡介：熊賢品，男，1986年生，現任蘇州大學社會學院歷史系副教授，主要研究先秦史。

沅陵虎溪山漢簡所見戰國秦漢之際歷史事件探微

——以建信君爲中心

高如月　張朝陽（上海交通大學，上海 200240）

内容摘要：學界多認爲虎溪山漢墓出土的《閻昭》是《日書》，筆者認爲其是陰陽家的文獻，或爲《漢書·藝文志》中收録的《猛子閻昭》。《閻昭》中記載的很多歷史事件可以和《史記》相印證，保留了許多比較可信的歷史信息，尤其爲研究趙相建信君提供了珍貴的史料。傳世文獻中關於建信君“合縱”“連橫”的立場記載多有矛盾，通過對《閻昭》的考察可知，建信君的政治立場應該是連橫親秦而非合縱抗秦。在他主政期間，曾利用自己的權位推行了一些損趙益秦的政策，對戰國後期的歷史走勢産生了一定的影響。

關鍵詞：建信君；虎溪山漢簡；《閻昭》；戰國；連橫

　　虎溪山1號漢墓位於湖南省沅陵縣城關鎮西，年代爲西漢早期，墓主吳陽，爲西漢長沙國第二代長沙王吳臣之子。墓中除了兵器、樂器等物品外，還隨葬了一批竹簡，主要包括《計簿》《閻昭》和《食方》等。其中，《閻昭》被發掘者定性爲《日書》。通過對文獻的梳理和對其藴含思想的分析，筆者認爲將《閻昭》歸爲陰陽家的文獻更爲妥當。此外，《閻昭》部分地記録有戰國末到西漢初的一些歷史事件，可以佐證或補充傳世文獻，具有很高的研究價值和意義，尤其是有關建信君的部分。傳世文獻中對建信君“合縱”“連橫”的立場和對待秦國的態度記載多有抵牾，學界普遍認爲其主張是合縱抗秦，《閻昭》却記載他在擔任趙相國期間曾多次前往秦國，透露出其親秦的立場和主張。本文將先對《閻昭》的文獻性質進行判斷，然後集中研究《閻昭》中所見的歷史事件——以活躍于戰國末期的建信君爲中心，結合傳世文獻，進一步認識戰國末期的歷史情況。

一、《閣昭》的性質

《閣昭》，發掘者將其歸爲《日書》，并指出"其有別於已出《日書》簡的特點是爲證明其推演的正確而引入秦末漢初的一些歷史事件"。[①]這個觀察很有見地，但筆者以爲應該更準確地定性爲陰陽家文獻。《日書》類文獻在秦漢墓葬中多見，是古代日者選擇時日、占斷吉凶的實用手册。從《日書》的書寫形態和表現内容看，不同時代的《日書》彼此之間的差别很小。它們都是根據自然的時間節律來安排人世間的生活，關注的内容都是日常生活中衣食居行、生老病死諸方面。發現《日書》的墓葬也多爲中下層庶民、士人和低級官吏，可以説，《日書》反映的是基層日常生活實態。[②]

以《睡虎地秦簡》中的《日書》爲例，它的主要内容包括：選擇時日，如何時出行、見官、裁衣、修建房屋、嫁取、生子等；選擇位置，如房屋布局，井、倉、門等應該安排在什麽地方；還有遇到鬼怪該怎麽應付、做噩夢應該怎麽辦等。此外，《日書》還將一日分成了十二個時辰，記載了楚國使用的月份名，并將其與秦國各月名稱加以對照。[③]再如《放馬灘秦簡日書》，整理者將其分爲甲種和乙種。甲種内容較爲常見，與《睡虎地秦簡日書》類似，多可對讀；乙種内容龐雜，涉及了天文、曆譜、五行、蓍龜、雜占、形法等，還有少量的兵書、方技的内容。[④]這些《日書》都是操作性的文本，祇告訴人們趨吉避凶的結論，不會給出依據。但是相比之下，《閣昭》有兩點明顯的不同。

（一）明確闡明五行相勝説，具有一定的理論化特色

　　金勝木，木勝土，土勝水，水勝火，火勝金，衡平力鈞則能相勝，

衡不平力鈞則不能。[⑤]

這其中牽扯到了金勝木、木勝土、土勝水的五行相勝思想，以此教人們順應時勢。不僅如此，《閣昭》還指出順勢而爲的必要性：

　　閣昭曰：舉事能謹順春秋冬夏之時，舉木水金火之與而周還之，萬

物皆與歲乃大育，年繼益神民不疾役，强國可以廣地，弱國可以柳强，

① 郭偉民、張春龍：《沅陵虎溪山一號漢墓發掘簡報》，《文物》2003年第1期。

② 參見晏昌貴《簡帛數術與歷史地理論集》，商務印書館，2010年，第1—3頁。

③ 睡虎地秦墓竹簡整理小組編：《睡虎地秦墓竹簡》，文物出版社，1990年，第179—255頁。

④ 武漢大學簡帛研究中心、甘肅簡牘博物館、四川省文物考古研究院編：《秦簡牘合集》，武漢大學出版社，2016年，第7頁、第33頁。

⑤ 湖南省文物考古研究所編著：《沅陵虎溪山一號漢墓（上）》，文物出版社，2020年，第123頁。

適故常以良日支干相宜而順四時舉事，其國日益。①
這種理論性使得《閻昭》超出了一般的操作層面，而具有一定的諸子學派特點，其蘊含的思想與陰陽家極爲相似。司馬談在《論六家要旨》中言：“嘗竊觀陰陽之術，大祥而衆忌諱，使人拘而多所畏；然其序四時之大順，不可失也……夫陰陽四時、八位、十二度、二十四節各有教令，順之者昌，逆之者不死則亡，未必然也，故曰‘使人拘而多畏’。夫春生夏長，秋收冬藏，此天道之大經也，弗順則無以爲天下綱紀，故曰‘四時之大順，不可失也’。”②《漢書·藝文志》記載：“陰陽家者流，蓋出於羲和之官，敬順昊天，歷象日月星辰，敬授民時，此其所長也。及拘者爲之，則牽於禁忌，泥於小數，舍人事而任鬼神。”③從這兩篇文獻來看，陰陽家有以下幾個特點：敬順昊天、順應四時、依循天體運行規律、重禁忌、拘泥於數術、廢人事而重視鬼神。這些特點在《閻昭》中大都有所體現。

前文已經提及，《閻昭》明確提出要順四時舉事，“所謂順四時者，用春甲乙、夏丙丁、秋庚辛、冬壬癸。”④這和《禮記·月令》《吕氏春秋》十二紀的記載類似，後兩者將春夏秋冬每個季節都分爲“孟、仲、季”三種，并配以對應的天干：春季“其日甲乙”，夏季“其日丙丁”，秋季“其日庚辛”，冬季“其日壬癸”。⑤高誘曰：“甲乙，木日也”“丙丁，火日也”“庚辛，金日也”“壬癸，水日”；⑥四季中，春屬木、夏屬火、秋屬金、冬屬水，所以春甲乙、夏丙丁、秋庚辛、冬壬癸就是五行各歸其位，也就是“順四時”。⑦

不僅如此，《閻昭》將一年劃分爲十二個月，指出天罡等星宿的運行規律，

---

① 湖南省文物考古研究所編著：《沅陵虎溪山一號漢墓（上）》，文物出版社，2020年，第123頁。
② 《史記》卷一三〇《太史公自序》，中華書局，1959年，第3289—3290頁。
③ 《史記》卷三〇《楚世家》，中華書局，1959年，第1734—1735頁。
④ 湖南省文物考古研究所編著：《沅陵虎溪山一號漢墓（上）》，文物出版社，2020年，第123頁。
⑤〔清〕孫希旦：《禮記集解》卷一五、一六、一七《月令》，中華書局，1989年，第400—403頁、439頁、465頁、484頁。
⑥〔清〕孫希旦：《禮記集解》卷一五、一六、一七《月令》，中華書局，1989年，第403頁、439頁、465頁、484頁。
⑦ 早在《管子·四時》就將四季與五行相配，《春秋繁露·五行對》明確指出：“木名春，火名夏，金名秋，水名冬。”值得注意的是，《吕氏春秋》與《禮記·月令》中的土并不主時，僅附于季夏之末，言：“中央土：其日戊己。”現存《閻昭》殘簡衹在解釋“困日”時提到：“困日者，春戊己”，沒有將土與四季相配。直到董仲舒時將土的地位提高，認爲其是五行中最重要的，并以季夏配之：“水爲冬，金爲秋，土爲季夏，木爲春”，“土者，五行最貴者也”。引文引自黎翔鳳撰《管子校注》卷一四《四時》，中華書局，2018年，第931—948頁；蘇輿《春秋繁露義證》卷一〇《五行對》，中華書局，2018年，第306—308頁；許維遹《吕氏春秋集釋》卷六《季夏紀》，中華書局，2017年，第133頁；〔清〕孫希旦《禮記集解》卷一六《月令》，中華書局，1989年，第460—461頁。

這也和《禮記·月令》《呂氏春秋》相似。試舉一例：

> 二月，天罡在卯，當而築者，方偏君地武上旬在巳，中旬在午，下旬在未，方少子天文在酉，方長子地槃上旬在亥中。①

> 地槃上旬在乙，中旬在午，下旬在未，方少子可以垣東〔方〕東南辰巳，西北戌亥之分。②

不同之處在於，《閻昭》描述的是天罡所對應的地支的位置，③《禮記》和《呂氏春秋》描述的是太陽運行的位置以及中星在昏時、旦時所在的位置，所參照的物件是二十八宿：④

> 孟春之月，日在營室，昏參中，旦尾中。（《禮記·月令》）⑤

> 孟春之月：日在營室，昏參中，旦尾中。（《呂氏春秋·正月紀》）⑥

《閻昭》中還有許多"牽於禁忌"的內容，同時反映出其拘泥於數術的特點：

> 年忌　凡人生年所忌，七歲、十六歲、廿五歲、卅四歲、卌三歲、五十二歲、六十一歲，此皆生年忌，不可以舉大事以取婦。⑦

> ·諸以甲辰、丙辰殺人者，必死。此天之生人日也，不可以殺。⑧

最後是陰陽五行觀念。陰陽五行學說是陰陽家思想的重要內容，除了前文所提到的，《閻昭》還有其他與五行相關的內容：

> 閻氏五生，木生火，火生土，土生金，金生水，水生木。⑨

> 己卯·己卯日加子，舉事不成。土勝其水└加丑，成，有小喜。木辱其金，木勝其土，土勝其水，而薄大憂└加寅卯不成。⑩

（二）與《日書》明顯不同的是，《閻昭》常用歷史事件佐證自己說法的正確性

> 陳勝反攻秦，以七月壬申發西伐，此正當西方，實不當有功。陳

---

① 湖南省文物考古研究所編著：《沅陵虎溪山一號漢墓（上）》，文物出版社，2020年，第126頁。

② 同①。

③ 天罡即北斗星，也指北斗七星的柄。《抱朴子·雜應》曰："又思作七星北斗，以魁覆其頭，以罡指前。"參見王明《抱朴子內篇校釋》卷一五《雜應》，中華書局，2018年，第275頁。

④ "中者，星之見於南方午位者也……而正南之位，東西去日出入之度必皆當其中，故星之見於此者謂之中星。"引自〔清〕孫希旦《禮記集解》卷一五《月令》，中華書局，1989年，第400頁。

⑤ 〔清〕孫希旦：《禮記集解》卷一五《月令》，中華書局，1989年，第400頁。

⑥ 許維遹：《呂氏春秋集釋》卷一《正月紀》，中華書局，2017年，第5頁。

⑦ 湖南省文物考古研究所編著：《沅陵虎溪山一號漢墓（上）》，文物出版社，2020年，第123頁。

⑧⑨ 同⑦。

⑩ 湖南省文物考古研究所編著：《沅陵虎溪山一號漢墓（上）》，文物出版社，2020年，第138頁。

勝。①

此條簡文記錄陳勝起義之事。對照《史記·陳涉世家》記載：

> 二世元年七月，發閭左適戍漁陽，九百人屯大澤鄉。陳勝、吳廣皆
> 次當行，爲屯長……陳涉乃立爲王，號爲張楚。當此時，諸郡縣苦秦吏者，
> 皆刑其長吏，殺之以應陳涉。乃以吳叔爲假王，監諸將以西擊滎陽。②

兩種文獻在史實記錄上没有太大出入，《閻昭》關於起義時間的記載甚至比《史記》更爲具體。不同之處在于，《閻昭》將陳勝失敗的原因歸結于没有順時行事，在不當的時間發起反攻，最終導致失敗。《閻昭》以此爲例，再次强調了順應時勢的必要性。

這樣的記録并非偶然，除了陳勝事外，《閻昭》還記録了秦末的其他事件：

> 降人康（坑）秦人黽池└當重有禍，不得制天下。③

這里雖未明確指出是何事，但根據"坑秦人"推測，應是巨鹿之戰後項羽坑殺秦降軍之事。《史記》記載：

> 楚軍夜擊坑秦卒二十余萬人新安城南。④

《閻昭》所記坑殺地點是黽池，與傳世文獻的記載略有出入。《漢書·地理志》記載，黽池、新安是弘農郡下屬的兩個相鄰縣，⑤至今仍然比鄰。《澠池縣志》言："漢新安故城在今澠池縣城東5公里塔泥村一帶。"⑥《新安縣志》亦言新安縣"故治在澠池縣塔泥和義馬市千秋鄉石河村一帶。"⑦查新安與澠池的歷史沿革發現，兩地範圍常有變動，二者又相鄰，或爲同一地點在不同時期的歸屬不同導致了《閻昭》與《史記》記載的不同。《閻昭》此處提及此事，更多是爲了表達項羽坑殺秦軍一事不妥，"當重有禍"，不能統治天下。

這種以史爲例的做法類似諸子百家辯論之術。諸子游説諸侯時常常以歷史人物或事件爲論據，增强自己主張的説服力。由於《漢書·藝文志》所列陰陽家文獻幾乎失傳，祇能通過其他文獻來佐證。《墨子》以堯、舜、湯、周武王和周成王爲例，指出"堯舜有茅茨者，且以爲禮，且以爲樂"，從成湯到周成王，樂愈

---

① 湖南省文物考古研究所編著：《沅陵虎溪山一號漢墓（上）》，文物出版社，2020年，第141頁。
② 《史記》卷四八《陳涉世家》，中華書局，1959年，第1950—1953頁。
③ 湖南省文物考古研究所編著：《沅陵虎溪山一號漢墓（上）》，文物出版社，2020年，第142頁。
④ 《史記》卷七《項羽本紀》，中華書局，1959年，第310頁。
⑤ 《漢書》卷二八上《地理志上》，中華書局，1962年，第1548—1549頁。
⑥ 澠池縣志編纂委員會編：《澠池縣志》，漢語大詞典出版社，1991年，第38頁。
⑦ 林志冠主編：《新安縣志》，河南人民出版社，1989年，第64頁。

來愈繁，但"周成王之治天下也，不若武王。武王之治天下也，不若成湯。成湯之治天下也，不若堯舜"，得出"樂非所以治天下也"的道理。[1]董仲舒在《春秋繁露·五行相勝》論述自己觀點時以齊桓伐楚安中國、孔子爲魯司寇時"季孫自消"、楚司馬誅司徒得臣及太公與營蕩關於治國之要的對話爲例，證明五行相勝的正確性。[2]

從以上兩點來看，《閻昭》與《日書》有較大差別，反而同時具備陰陽家的思想和諸子文獻的特征。至於閻昭其人，傳世文獻中没有相關記載。晏昌貴認爲，"《漢書·藝文志》數術略'五行類'著録《猛子閻昭》二十五卷，《玉海》卷五《漢五行三十一家》云：'猛子閻昭，蓋爲五行之學者也。'簡文閻昭或即閻昭。"[3]李學勤、劉樂賢持相同看法。[4]筆者贊同這一觀點，"閻""閻"二字寫法近似，因而致誤。《漢書·藝文志》在《諸子略》收録陰陽家文獻，又另立《數術略》，指出陰陽家和數術者同出一源："數術者，皆明堂羲和史卜之職也。史官之廢久矣，其書既不能具，雖有其書而無其人。"[5]前人對此早有研究，陳振孫言："自司馬氏論九流，其後劉歆《七略》、班固《藝文志》，皆著陰陽家。而'天文''曆譜''五行''卜筮''形法'之屬，别爲《數術略》。"[6]余嘉錫直接指出陰陽家與數術"同出於羲和之官，而數術獨爲一略者，固因一言其理，一明其數，亦由數術之書過多……"[7]認爲二者是理和數（術）的區别。李零則以大、小陰陽家來説明二者的關係，認爲"司馬談所描述的陰陽家是其家學，以天文曆算之學爲本，并雜糅了各種日者之術（占驗時日之術），可稱之爲'大陰陽家'。而鄒衍案往舊造説，深觀陰陽消息而作怪迂之變，是取材於前者，可稱爲'小陰陽家'。《漢志》的陰陽家分爲兩類，凡自成一家言如鄒衍之書者，多歸入《諸子略》'陰陽家'，而'雖有其書而無其人'的實用書籍則歸入《數術略》'五行類'，可見是屬於同一來源。陰陽家主要是以談天道爲主，根源是數術之學，這種學問對宇宙本體是有一整套看法的"。[8]

---

① 〔清〕孫怡讓：《墨子閒詁》卷一《三辯》，中華書局，2021年，第34—36頁。
② 蘇輿：《春秋繁露義證》卷一三《五行相勝》，中華書局，2018年，第360—364頁。
③ 晏昌貴：《簡帛數術與歷史地理論集》，商務印書館，2010年，第99頁。
④ 劉樂賢：《虎溪山漢簡〈閻氏五勝〉及相關問題》，《文物》，2003年第7期。
⑤ 《漢書》卷三〇《藝文志》，中華書局，1962年，第1775頁。
⑥ 〔宋〕陳振孫：《直齋書録解題》，上海古籍出版社，1987年，第369頁。
⑦ 余嘉錫：《目録學發微》，巴蜀書社，1991年，第132頁。
⑧ 李零：《中國方術考》，東方出版社，2000年，第16頁。

　　總的來説，陰陽家和數術者同出一源，二者關係密切；但同時，陰陽家和作爲數術的五行類有所區別，前者是一家之言，以理論爲主，後者多爲實用類書籍，以具體操作（術）爲主。由此觀之，將《閹昭》歸爲陰陽家文獻是合理的。

　　值得一提的是，《閹昭》中有關歷史事件的記載并不是隨意杜撰出來的，比起其他諸子文獻以時代相去甚遠的先王事迹爲證，《閹昭》更多選用的是年代距離較近的歷史事件，顯得更加可信。除了上文的舉例外，還有關於巨鹿之戰的記載：

　　　　楚將項籍救趙。①

　　　　攻秦巨鹿下，章邯降，項籍以八月西略秦□。②

這兩條記録的是巨鹿之戰及章邯投降之事。對照《史記·項羽本紀》記載：

　　　　章邯已破項梁軍，則以爲楚地兵不足憂，乃渡河擊趙，大破之……

　　　懷王恐，從盱台之彭城，并項羽、吕臣軍自將之……乃遣當陽君、蒲將

　　　軍將卒二萬渡河，救巨鹿……章邯使人見項羽，欲約……項羽乃立章邯

　　　爲雍王，置楚軍中……行略定秦地。③

簡文的記載雖不如《史記》完整詳盡，但在具體事件的記録上没有太大區別，可以相互印證。

　　以歷史事件證明自己理論合理性的做法在先秦諸子中十分常見，但《閹昭》比諸子更有理由忠於史實：諸子喜歡大談特談久遠的上古賢君名臣事迹，而《閹昭》則以"當代史"來佐證自己的主張。《閹昭》所提到的事件均爲戰國末到西漢初之事，而這批簡的下葬時間大約在漢文帝時期，④前後相隔最多百餘年，若造偽很容易被識破，反而消弱自身主張的説服力。

　　基於對《閹昭》史料可靠性的認識，下文將圍繞簡文所記載的一位重要歷史人物——建信君，進行深入探討。

---

① 湖南省文物考古研究所編著：《沅陵虎溪山一號漢墓（上）》，文物出版社，2020年，第141頁。
② 同①。
③《史記》卷七《項羽本紀》，中華書局，1959年，第304—310頁。
④ 虎溪山1號漢墓的主人吳陽爲西漢長沙國第二代長沙王成王吳臣之子，《史記·惠景間侯者年表》記載："高后元年十一月壬申，頃侯吳陽元年。""孝文後二年，頃侯福元年。"由此可知，吳陽去世時正值孝文帝在位期間，下葬時間應相去未遠。參考《史記》卷一九《惠景間侯者年表》，中華書局，1959年，第985頁；湖南省文物考古研究所編著《沅陵虎溪山一號漢墓（上）》，文物出版社，2020年，第154頁。

二、《閻昭》中所見建信君事

建信君對戰國後期的歷史走向產生過重要的影響，但傳世文獻對他記載不多，僅見于《戰國策》中《謂皮相國》等十篇文獻。這些記載大體可以分爲兩類：一類是他人對建信君的勸諫或政治謀劃，另一類是他人勸誡趙王不要重用建信君。這些記載均反映出建信君在趙國的地位很高，深得趙王寵幸。但有關建信君的政治立場，即主張連橫親秦還是合縱抗秦，《戰國策》的記載存在些自相矛盾的地方。筆者將先明確建信君主政的時期，結合《閻昭》的材料，再對其立場進行分析。

（一）建信君的主政年代

根據文獻記載推測，建信君大致與楚春申君、秦文信侯同時期主政。《戰國策·趙策一》言："謂皮相國曰：'……建信、春申從，則無功而惡秦……故兩君者，擇有功之無功爲知哉？'"[①] 這裏提到"建信、春申從"。《戰國策·趙策三》又記載："建信君曰：'文信侯之於僕也，甚無禮。秦使人來仕，僕官之丞相，爵五大夫……'"[②] 可知，建信君與文信侯同時期分別主政趙國和秦國。因此，通過考察春申君和文信侯主政的時代，大致可以推測建信君的主政時期。

春申君在楚爲令尹是考烈王時期（前262—前238年），《史記·楚世家》記載："秋，頃襄王卒，太子熊元代立，是爲考烈王。考烈王以左徒爲令尹，封以吳，號春申君……二十五年，考烈王卒，子幽王悍立。李園殺春申君。"[③] 而吕不韋受封文信侯是在秦莊襄王元年（前250）一直到秦王政十年（前237）被罷黜，《史記》云："莊襄王元年，以吕不韋爲丞相，封爲文信侯，食河南雒陽十萬户。"[④] 與楚考烈、秦莊襄王、秦王政大體同時期的趙王有兩種可能：孝成王（前265—前245年在位）和悼襄王。具體是哪一位趙王，傳世文獻并沒有明説。趙國兵器銘文上有關於建信君的記載，可以幫助我們判斷建信君所處的年代：[⑤]

　　18028 元年相邦建信君鈹

【銘文釋文】元年，相邦建邨（信）君，邦右庫樂，鍛工師吳□，冶瘅。

① 〔漢〕劉向集録，范祥雍箋證：《戰國策箋證》卷一八《趙策一》，上海古籍出版社，2018年，第1000頁。

② 〔漢〕劉向集録，范祥雍箋證：《戰國策箋證》卷二〇《趙策三》，上海古籍出版社，2018年，第1161頁。

③《史記》卷四〇《楚世家》，中華書局，1959年，第1735—1736頁。

④《史記》卷八五《吕不韋列傳》，中華書局，1959年，第2509頁。

⑤ 銘文釋文參考張建宇《三晋紀年兵器的整理與相關問題研究》，吉林大學碩士學位論文，2018年。

執劑。

18029 三年相邦建信君鈹

【銘文釋文】三年，相邦建邨（信）君，邦左庫工師塚旅，冶魁。執劑。

洛都。

18031 四年相邦建信君鈹

【銘文釋文】四年，相邦建邨（信）君，邦右庫韓段，工師吳□，冶息。

執劑

18033 六年相邦建信君鈹

【銘文釋文】六年，相邦建邨（信）君，邦右庫工師杌□，冶尹□韓。

執劑。

18038 八年相邦建信君鈹

【銘文釋文】八年，相邦建邨（信）君，邦左庫工師巷段，冶尹出。

執劑。

18039 八年相邦建信君鈹

【銘文釋文】八年，相邦建邨（信）君，邦左庫工師巷段，冶尹魁。

執劑。

根據銘文可知，建信君在元年、三年、四年、六年、八年擔任趙國的相國（邦）。據此，李學勤認爲建信君爲相邦當在趙悼襄王時期，"八年相邦建信君鈹銘……邦左庫的冶尹即冶工之長名明，與六年相邦司空馬鈹相同。後者既在趙王遷六年，前者的八年祇能在悼襄王時，即公元前 237 年。這證明建信君是悼襄王的幸臣，不會早到孝成王"。[①] 李先生的判斷無疑是準確的。

（二）"合縱"還是"連橫"

判斷出建信君的主政年代有助於進一步認識建信君的政治主張。目前學界多將建信君歸爲合縱抗秦派。安井衡云："建信君、涉孟，蓋皆相國之讎而主縱者也。"[②] 楊寬言："趙孝成王聽從幸臣建信君主謀與楚、魏合縱抗秦……"[③] 范祥

---

① 李學勤、鄭紹宗：《論河北近年出土的戰國有銘青銅器》，中國古文字研究會、四川大學歷史系古文字研究室編《古文字研究》第 7 輯，中華書局，1982 年，第 123—138 頁。

② 〔漢〕劉向集錄，范祥雍箋證：《戰國策箋證》卷一八《趙策一》，上海古籍出版社，2018 年，第 1001 頁。

③ 楊寬：《戰國史》，上海人民出版社，2003 年，第 425 頁。

雍言，建信君“後又主横者，或屈於秦至强兵與文信之勢歟？”^①認爲即使後面建信君轉合縱爲連横，也是形勢所迫，并非其本身的立場。《閹昭》的發現爲學界提供了新的寶貴材料，使我們可以理清這一問題。《閹昭》有五處明確提到建信君：

1. □蘇□回燕國以甲子∟建信君問白父曰：不拔燕以□^②

這裏的“拔”當理解爲攻占的意思。^③“白父”其人不見於傳世文獻，應是有一定才德或社會地位的人，類似謀士。^④簡文説某人在甲子日回燕國，又説建信君詢問白父拔燕（攻占燕）之事。

2. □問公孫勝曰：子期建信君不當。公孫勝對曰，此討^⑤

《説文》云：“期，會也。”^⑥這條記録的是公孫勝與某人的對話，内容是圍繞公孫勝與建信君的約定或會面是否合適、恰當。

3. 建信君曰□河間樂^⑦

此條簡文殘損嚴重，識别不出更多有效信息。

4. 武=始=有善反□□□君去二日，復反至邯鄲∟建信君不以公孫

　勝期^⑧

這里的武始可能指武始縣。《史記》記載，武始本爲韓地，秦昭襄王十三年“向壽伐韓，取武始”，^⑨此後歸屬于秦。簡文前半段大概記録的是某人到武始去了兩天，然後又回到邯鄲的事。後半段又出現了建信君與公孫勝的約定，或許可以與第二條聯繫起來，大概是説建信君没有遵守和公孫勝的約定。

以上幾條簡文記載没有太大的問題，最引起筆者好奇心的是下面這一則資料：

---

①〔漢〕劉向集録，范祥雍箋證：《戰國策箋證》卷二〇《趙策三》，上海古籍出版社，2018年，第1166頁。

②湖南省文物考古研究所編著：《沅陵虎溪山一號漢墓（上）》，文物出版社，2020年，第141頁。

③如《新序》言：“戰勝而不得其賞，拔城而不得其封。”參見石光瑛《新序校釋》卷一〇《善謀下》，中華書局，2017年版，第1299頁。

④除了簡四八九外，還有以下兩處提到白父：

　　□白父曰和□

　　□白父□□公孫勝對

古時“父”可作爲對老年男子的尊稱，如“伯父”“叔父”；亦可與“甫”通，作爲對有才德的男子的美稱，例如《詩·大雅·大明》云：“維師尚父，時維鷹揚。”

⑤湖南省文物考古研究所編著：《沅陵虎溪山一號漢墓（上）》，文物出版社，2020年，第141頁。

⑥〔漢〕許慎著，〔清〕段玉裁注：《説文解字注》卷七《月部》，中華書局，2020年，第217頁。

⑦湖南省文物考古研究所編著：《沅陵虎溪山一號漢墓（上）》，文物出版社，2020年，第142頁。

⑧同⑦。

⑨《史記》卷五《秦本紀》，中華書局，1959年，第212頁。

　　　5. 趙相國建信君復西之秦，公孫勝復令以□□□□□①

　　這里稱呼建信君爲"相國"，表明他是趙國的主政人。②"復西之秦"説明他曾不止一次到秦國去。簡文後半段公孫勝"復令……"的具體内容已不可考，根據前後文來看，這不是公孫勝第一次有此舉動。此處的公孫勝不見於傳世文獻，但應該是建信君門客或謀士一類的人物。③這條記録最令筆者好奇的是，身爲趙相的建信君爲何多次去往秦國？

　　戰國時期各國的相國到他國出使的情況并不罕見，通常都是帶有一定的政治任務，比較常見的有游説結盟、領兵作戰，如秦國爲了拉攏齊國并稱爲帝，派遣秦相魏冉到齊國致送"東帝"稱號；④邯鄲之圍時，"楚使春申君將兵赴救趙，魏信陵君亦矯奪晋鄙軍往救趙"；⑤還有一種比較特殊的是到他國吊唁，如秦昭襄王去世後，"韓王衰経入吊祠，諸侯皆使其將相來吊祠，視喪事"。⑥總的來説，按當時的慣例，派人出使他國都是爲了交好而不是交惡。倘若親自前去是爲了向其他盟友表明與秦國斷交的决心，建信君冒險去秦國一次即可，去兩次不太符合常理，更何況他當時并非趙國無足輕重之人。作爲趙國的相邦，他多次奔赴秦國大概率是爲了同秦交好。同時，分析《戰國策》中有關建信君對秦國態度的記載，也可佐證這一觀點。相關文獻一共有四篇，羅列如下：

　　1.《苦成常謂建信君》

　　該篇所記事件的背景是吕不韋想要攻打趙的河間之地。苦成常勸諫建信君放弃河間之地，以免得罪秦國："從而有功乎，何患不得收河間？從而無功乎，收

---

①湖南省文物考古研究所編著：《沅陵虎溪山一號漢墓（上）》，文物出版社，2020年，第142頁。
②從出土的銅器銘文來看，相國都稱相邦，而傳世文獻和《閻昭》則稱爲相國，可能是爲了避劉邦諱而改的。
③《閻昭》中公孫勝多次出現。除以上引文外，還有以下：
　　□白父□□公孫勝對
　　何如 ∟公孫勝對曰：□□反其□以□者四□
　　□胃去蓬尺，公孫勝對曰：於天地立午者，頭已與未肩也。肩去頭尺，故曰加已□
　　辛得木器皆當制傷，王曰：其傷安在？公孫勝曰：去蓬尺□□
　　□□□□封以楊□，公孫勝曰：昌武君失□
先秦時期，"公孫"可以指諸侯之孫。《儀禮·喪服》記載："諸侯之子稱公子……公子之子稱公孫。"如此一來，所謂的公孫勝可能是平原君趙勝。但是趙勝於趙孝成王十五年就去世了，而建信君是趙悼襄王時期的相國（詳見下文討論），即建信君活躍時趙勝早已去世多年，故此處的"公孫勝"不可能是趙勝。
④《史記·田敬仲完世家》："齊王曰：'嘻，善，子來！秦使魏冉致帝，子以爲何如？'"引自《史記》卷四六《田敬仲完世家》，中華書局，1959年，第1898頁。
⑤《史記》卷七六《平原君虞卿列傳》，中華書局，1959年，第2368頁。
⑥《史記》卷五《秦本紀》，中華書局，1959年，第219頁。

河間何益也？"①他建議建信君"唯釋虛僞疾"。鮑彪曰："謂合從之國，虛僞難信，君獨釋而不合，則文信侯猶且知之也。上言天下合從，獨以趙惡秦，故此言文信侯知趙之不合，猶可以免攻也。"②《戰國策》没有説建信君是否接納了這個建議，但從《史記·樗里子甘茂列傳》的記載中可以窺見此事的綫索。

> 始皇召見，使甘羅於趙。趙襄王郊迎甘羅。甘羅説趙王曰："王聞燕太子丹入質秦歟？"曰："聞之。"曰："聞張唐相燕歟？"曰："聞之。""燕太子丹入秦者，燕不欺秦也。張唐相燕者，秦不欺燕也。燕、秦不相欺者，伐趙，危矣。燕、秦不相欺無异故，欲攻趙而廣河間。王不如齎臣五城以廣河間，請歸燕太子，與强趙攻弱燕。"趙王立自割五城以廣河間。③

甘羅出使趙國，向趙王陳述秦燕聯盟後趙國的危險處境，勸説趙王主動將河間五城割讓於秦。趙王接受了甘羅的建議，放弃了河間的五座城池。而甘羅此次使趙，是受到了吕不韋的舉薦，④一定程度上代表了吕不韋的主張。可以推測，《戰國策》所記《苦成常謂建信君》或是在甘羅使趙期間發生的。從結果來看，趙國最後放弃了河間的五座城池，那建信君應當是接受了苦成常的建議，贊同趙王將城池贈與秦國。

2.《謂皮相國》

這篇是他人對皮相國的勸諫之辭，其中明確闡述了建信君的主張變化及原因：

> 以趙之弱而據之建信君，涉孟之讎然者何也？以從爲有功也。齊不從，建信君知從之無功。建信者安能以無功惡秦哉？不能以無功惡秦，則且出兵助秦攻魏，以楚、趙分齊，則是强畢矣。建信、春申從，則無功而惡秦。秦分齊，齊亡魏，則有功而善秦。故兩君者，擇有功之無功爲知哉？⑤

最開始，建信君想要合縱攻秦。但齊國不參與合縱，建信君認爲如此一來合縱便

---

①〔漢〕劉向集録，范祥雍箋證：《戰國策箋證》卷二〇《趙策三》，上海古籍出版社，2018年，第1159頁。

②同①。

③《史記》卷七一《樗里子甘茂列傳》，中華書局，1959年，第2320頁。

④《史記》記載："文信侯乃入言之於始皇曰：'昔甘茂之孫甘羅，年少耳，然名家之子孫，諸侯皆聞之。今者張唐欲稱疾不肯行，甘羅説而行之。今願先報趙，請許遣之。'始皇召見，使甘羅於趙。"引自《史記》卷七一《樗里子甘茂列傳》，中華書局，1959年，第2320頁。

⑤〔漢〕劉向集録，范祥雍箋證：《戰國策箋證》卷一八《趙策一》，上海古籍出版社，2018年，第1000頁。

不能成功，不想因此再得罪秦國。於是他立刻放弃合縱，轉而與秦合作，出兵助秦攻魏，"以楚、趙分齊"，不僅親善了秦國，還達到了"分齊亡魏"的效果，于趙有功。

3.《希寫見建信君》

本篇則記載了建信君與吕不韋之間的微妙關係：

> 建信君曰："文信侯之於僕也，甚無禮。秦使人來仕，僕官之丞相，爵五大夫。文信侯之於僕也，甚矣其無禮也。"①

此處建信君抱怨文信侯吕不韋對自己無禮，自己將秦國派來的人安置爲丞相，授予高爵，言下之意是自己派到秦國的人不受重用。戰國時期各諸侯國在他國置相，是一種邦交聯絡和邦交鬥争的手段。一般而言，派人到其他國家爲相的目的是爲了監視和操控該國，或者鞏固兩國聯盟，以便爲本國謀利；他國接受對方派來的人爲相要麼是迫于强國的威壓，要麼也是爲了鞏固聯盟。趙武靈王時就曾爲了不讓秦、齊兩國聯合起來對付自己，采用"結秦連宋之交"的策略，派遣樓緩入秦爲相、仇郝入宋爲相。②但從建信君的語氣來看，將秦國派來的人"僕官之丞相，爵五大夫"是他自己的主動行爲。雖然他公開抱怨不對等的待遇，却無意中反映出他與文信侯關係匪淺。

4.《秦攻趙鼓鐸之音聞於北堂》

這一篇文獻的記載暗示建信君的身份是存疑的：

> 秦攻趙，鼓鐸之音聞於北堂。希卑曰："夫秦之攻趙，不宜急如此。此召兵也。必有大臣欲衡者耳。王欲知其人，旦日贊群臣而訪之，先言橫者，則其人也。"建信君果先言橫。③

希卑認爲秦急切攻趙是因爲有内應，而内應之人必然主張連橫。最後一句"建信君果先言橫"，表明建信君跳出來主張連橫是意料之中的事，可見當時建信君已經引起趙國部分君臣的懷疑，希卑的測試更是讓他直接暴露了出來。

綜合《戰國策》中的記載，建信君一方面曾有合縱的表態，但却不經意間流

---

① 〔漢〕劉向集録，范祥雍箋證：《戰國策箋證》卷二〇《趙策三》，上海古籍出版社，2018年，第1161頁。

② 《戰國策·魏敗楚於陘山》言："魏敗楚於陘山，禽唐明。楚王懼，令昭應奉太子以委于薛公。主父欲敗之，乃結秦連楚、宋之交，令仇郝相宋，樓緩相秦。楚王禽趙、宋、魏之和卒敗。"引自〔漢〕劉向集録，范祥雍箋證《戰國策箋證》卷二一《趙策四》，上海古籍出版社，2018年，第1228頁。

③ 〔漢〕劉向集録，范祥雍箋證：《戰國策箋證》卷二〇《趙策三》，上海古籍出版社，2018年，第1164頁。

露出親秦的立場。自相矛盾背後的真相是什麼？《閻昭》中建信君"復西之秦"的記錄解開了我們的困惑——這四個字揭示了建信君多次親赴秦廷、不爲傳世文獻所記載的史實。這種頻繁互動，生動地體現了他和秦廷的密切關係。如果説他搞連橫活動，應該是可信的。

此外，《閻昭》還透露出建信君與損趙益秦的伐燕國策有關。前文已經提及，甘羅曾勸説趙悼襄王放弃河間五城同秦國示好，用攻打燕國的方式擴張領土。但他此行最重要的目的，是推進秦國攻趙的計劃：

> 秦使張唐往相燕，欲與燕共伐趙以廣河間之地。張唐謂文信侯曰："臣嘗爲秦昭王伐趙，趙怨臣，曰：'得唐者與百里之地。'今之燕必經趙，臣不可以行。"文信侯不快，未有以强也。甘羅曰："君侯何不快之甚也？"文信侯曰："吾令剛成君蔡澤事燕三年，燕太子丹已入質矣，吾自請張卿相燕而不肯行。"甘羅曰："臣請行之。"①

爲了能使張唐順利相燕，從而使秦國能够與燕國合作，共同攻打趙國，甘羅自請到趙國勸説趙王。他向趙王陳述利弊，不僅使趙王同意讓燕太子途徑趙國歸燕，還將河間五城拱手相讓。在這之後，趙國攻下燕國三十座城，分給了秦國近一半。這次出使也爲之後秦趙"合作"打下了基礎。公元前238年，趙悼襄王入朝於秦，秦王置酒咸陽接待，曰："燕無道，吾使趙有之"，②慫恿趙攻打和自己唇亡齒寒的燕國。悼襄王對秦王的話深信不疑，繼續派兵攻打燕國。然而秦衹是以此爲誘餌，等燕派使者入秦求救，再以救燕的名義攻取趙地。③

《史記》沒有提到建信君同趙國這一短視的國策有關係，④但根據前文的推測以及《閻昭》所記錄的建信君向白父詢問攻燕的言論：

> □蒹□回燕國以甲子∟建信君問白父曰：不拔燕以□⑤

我們有理由懷疑，建信君也是主張攻燕的。《史記·趙世家》記載，趙悼襄王二

①《史記》卷七一《樗里子甘茂列傳》，中華書局，1959年，第2319頁。

②趙悼襄王是否入朝於秦史書中沒有明確記錄，《史記·秦始皇本紀》記載："十年，齊、趙來置酒"，這與《田敬仲完世家》所記"二十八年。王入朝秦，秦王政置酒咸陽"當是一事。這麼來看，趙悼襄王曾經和齊王一起入朝於秦的可能性極大。結合前文及《戰國策》的記載來看，秦趙兩國很有可能之前就達成過某種約定，趙王纔會放心到秦國去，并且之後還屢次向燕國發動戰争。引文參見《史記》卷六《秦本紀》、卷四六《田敬仲完世家》，中華書局，1959年，第227頁、第1902頁；〔漢〕劉向集録，范祥雍箋證《戰國策箋證》卷三一《燕策三》，上海古籍出版社，2018年，第1785頁。

③參見楊寬《戰國史》，上海人民出版社，2003年，第428頁。

④事實上，《史記》沒有關於建信君的任何記載。

⑤湖南省文物考古研究所編著：《沅陵虎溪山一號漢墓（上）》，文物出版社，2020年，第141頁。

年、三年和九年，趙國都曾派兵攻打燕國。①此時建信君位高權重，如果他不同意，趙王也很難一意孤行。連年對燕戰爭極大地消耗了趙的國力，使秦國有機可乘。趙悼襄王九年攻燕時，秦軍趁虛而入，攻打并領了鄴。②

《閻昭》的記載撥開了傳世文獻的迷霧，向我們展示了建信君親秦的真面目。考慮到秦有收買諸侯國權臣爲己服務的策略，這一真相也就不難理解了。史載子楚於趙爲質時，吕不韋就曾“以五百金與子楚，爲進用”，③在趙國廣泛結交權貴，經營關係網絡。子楚爲質時正值趙孝成王在位，而當時建信君是被孝成王偏寵的“幼艾”。④吕不韋具有獨特鋭利的政治眼光，應該不會忽視極具政治潛力的建信君。再者，秦王政的生母曾是吕不韋的姬妾，也是“趙豪家女”，在子楚歸秦後很長一段時間依舊生活在趙國。如果説吕不韋曾授意她在趙國經營，籠絡的人物裏包括建信君是很可能的。雖然這些僅僅是猜測，但無論如何，從已有的材料來看建信君親秦是毋庸置疑的，之前許多研究認爲建信君主張合縱抗秦是偏頗的。

三、結論

虎溪山 1 號漢墓出土的《閻昭》非常珍貴。整體而言，這批文獻應該屬於陰陽家流傳的文本，其中記載的很多歷史事件可以和《史記》相印證，保留了很多比較可信的歷史信息。這批文獻爲我們研究戰國秦漢之際的歷史，尤其是對戰國

---

① 《史記·趙世家》記載：“（悼襄王）二年，李牧將，攻燕，拔武遂、方城……三年，龐煖將，攻燕，禽其將劇辛……九年，趙攻燕，取貍、陽城。”引自《史記》卷四三《趙世家》，中華書局，1959 年，第 1830—1831 頁。

② 《趙世家》記載：“（悼襄王）九年，趙攻燕，取貍、陽城。兵未罷，秦攻鄴，拔之。”引自《史記》卷四三《趙世家》，中華書局，1959 年，第 1831 頁。

③ 《史記》卷八五《吕不韋列傳》，中華書局，1959 年，第 2507 頁。

④ 《史記·吕不韋列傳》記載：“秦昭王五十年，使王齮圍邯鄲，急，趙欲殺子楚。子楚與吕不韋謀，行六百斤予守者吏，得脱，亡赴秦軍，遂以得歸。”這里記載的是著名的“邯鄲之圍”，發生於趙孝成王在位期間。至於建信君是趙孝成王偏寵的“幼艾”，則見於《戰國策·趙策三》中，魏牟對趙王説：“爲冠而敗之，奚虧於王之國？而王必待工而後乃使之。今爲天下之工，或非也，社稷爲虛戾，先王不血食，而王不以予工，乃與幼艾。且王之先帝，駕犀首而驂馬服，以與秦角逐。秦當時適其鋒。今王憧憧，乃輦建信以與強秦角逐，臣恐秦折王之椅也。”結合前後文語境可知，魏牟口中的“幼艾”即爲建信君。另外，此處的“犀首”指公孫衍，《史記》記載，陳軫過梁見公孫衍時曾説：“田需約諸侯從親，楚王疑之，未信也。公謂於王曰：‘臣與燕、趙之王有故……’”則公孫衍或曾仕趙亦未可知。“馬服”是指趙奢，《史記》言趙惠文王二十九年，“秦、韓相攻，而圍閼與。趙使趙奢將，擊秦，大破秦軍閼與下，賜號爲馬服君”。由此觀之，《戰國策》所説的先王應是趙惠文王，魏牟所見的趙王爲孝成王。參考文獻引自《史記》卷八五，中華書局，1959 年，第 2509 頁；〔漢〕劉向集録，范祥雍箋證：《戰國策箋證》卷二〇《趙策三》，上海古籍出版社，2018 年，第 1150 頁。

後期歷史進程産生重要影響的歷史人物——趙相建信君——提供了珍貴的史料，爲解決傳世文獻中所記建信君"合縱""連橫"立場的矛盾提供了新的材料。通過對《閻昭》的考察可知，建信君在擔任趙相國期間曾多次前往秦國，與秦的關係較爲密切，他的政治立場應該是連橫親秦而非合縱抗秦。更有甚者，他在主政趙國時期，利用自己的權位推行了一些損趙益秦的政策，例如伐燕，對戰國後期的歷史走勢産生了一定的影響。管中窺豹，《閻昭》這批資料的史料價值值得我們進一步挖掘。

作者簡介：高如月，女，1999 年生，上海交通大學人文學院歷史系碩士研究生。

張朝陽，男，1975 年生，歷史學博士，上海交通大學人文學院歷史系教授，主要研究秦漢史、出土文獻。

西北漢簡所見官府轉運問題探討

沈　剛

（吉林大學古籍研究所，長春130012）

内容摘要：西北漢簡記述的轉運人口主要有戍邊的吏卒、傭人等。吏卒負責運茭是因爲伐茭時間集中。同時也有少量載至的記載。糧食運輸包括農官系統供給候望系統，以及塞防系統内的轉運。訾家向官府繳納傭費，由官府雇傭傭人運輸，類似取庸代戍制度。訾家所擔負轉運部分的數量，占邊地轉運比例并不大。傭人是職業雇傭勞動者，其轉運活動是官府轉運的重要補充。糧食轉運首先量出爲入，確定需要收入糧食的總量；接收方派遣吏員帶領傭人轉運；接收糧食後也要記錄在案。因口糧消耗量有一定限度，且糧食可以陸續供給，因此糧食轉運規模不宜估計過高。傭值雖然總量很高，但人工成本所占比例不大。因此訾家和謫吏等多出現在糧食長途轉運中，這樣官府可以將糧食運輸的高成本轉嫁出去。

關鍵詞：漢簡；轉運；傭人；訾家

西漢中後期，漢朝占領河西地區，設置郡縣，同時也建立起嚴密的烽燧候望系統。在這套軍政系統下，人數衆多的屯戍吏卒被部署於幾道狹長的烽燧防綫。爲保障邊地防綫的後勤供給，需要將各種財物及時轉運至戍所，這也是邊塞系統運作的物質基礎。因此，對於西北漢簡中轉運的資料，也一直爲學界所關注，以此爲對象做了專門研究；[①]另有成果在討論交通、後勤供給問題時也有涉及。[②]關隘是物資、人員流動的節點之一，因而《肩水金關漢簡》的公布，又提供了更多

[①] 主要成果有：張俊民對運輸者身份、運輸量、運費等邊郡轉運的基本問題做了總結，見張俊民《從漢簡談漢代西北邊郡運輸的幾個問題》，《中國社會經濟史研究》1996年第3期；李建雄從轉運簿書出發，分爲民對官的外部輸入和官對官的内部調配兩種途徑，并探討了轉運流程，見李建雄《漢代西北邊塞糧食轉運簿書研究》，《農業考古》2019年第3期。

[②] 例如，勞榦：《論漢代之陸運與水運》，《"中研院"歷史語言研究所集刊》第16輯，1948年；王子今：《秦漢長城與北邊交通》，《歷史研究》1988年第6期；范香立：《試析漢代河西戍邊軍隊的糧草供給問題》，《淮北煤炭師範學院學報》2009年第6期等，對此均有所涉及。

漢代西北轉運資料。本文在前人研究的基礎上，結合這些新資料，從官府運輸承擔者、轉運規模與管理、邊地運輸成本等幾個方面來觀察漢代西北邊地的轉運問題。

一、烽燧系統間的轉運者

西北漢簡中記述的轉運人口，主要有戍邊的吏卒、傭人等。他們身份不同，所擔負的運輸職能也不相同。

邊塞烽燧吏卒的主要工作是屯戍候望，報警禦敵。有時也會被抽調集中從事其他勞動，其中也包括轉運。作爲官府吏卒，他們主要爲官府運輸，轉運物資有一定的特殊性。具體説來有以下幾種：

一是運茭。茭是邊地重要的戰略物資，主要用作牲畜飼料。漢簡中關於運茭的材料有：

並守司馬章兼行丞事謂過所縣道遣守城尉許永迎茭卒延城

73EJF3:167①

謂弟二十三餅庭候長往事載大農茭部千束　　　　　EPF22:381②

䐁得騎士千秋張輔　載茭百束 ☑　　　　　73EJT23:373③

從這幾條材料看，所涉官員多參與運茭。簡73EJF3:167守城尉是邊塞都尉府的官員，"迎茭"至少説明他負責管理運茭工作。簡EPF22:381"大農茭"，指居延邊塞戍卒集體勞作所伐茭草爲大司農所屬農都尉和田官部門管理使用。④候長是基層吏員，"往事載"即前往負責轉運大司農茭。73EJT23:373出現的騎士，身份雖然不是"吏"，但亦不可以士卒視之。《漢書·食貨志》："非吏比者、三老、北邊騎士，軺車一算，商賈人軺車二算。"⑤而且從西北漢簡看，身份也的確有特殊性。⑥作爲底層吏員，他們有時需要親自運送茭草。在敦煌漢簡中，有一枚

---

① 甘肅簡牘博物館、甘肅省文物考古研究所、甘肅省博物館、中國文化遺產研究院古文獻研究室、中國社會科學院簡帛研究中心：《肩水金關漢簡（伍）》（下冊），中西書局，2016年，第15頁。

② 張德芳：《居延新簡集釋（七）》，甘肅文化出版社，2016年，第516頁。

③ 甘肅簡牘保護研究中心、甘肅省文物考古研究所、甘肅省博物館、中國文化遺產研究院古文獻研究室、中國社會科學院簡帛研究中心：《肩水金關漢簡（貳）》（下冊），中西書局，2012年，第85頁。

④ 張德芳：《居延新簡集釋（七）》，甘肅文化出版社，2016年，第516頁。

⑤《漢書》卷二四下《食貨志下》，中華書局，1962年，第1166頁。

⑥ 沈剛：《西北漢簡所見騎士簡二題》，中國文化遺產研究院編《出土文獻研究》第11輯，中西書局，2012年，第229—238頁。

簡可以作爲旁證：

　　十二月甲辰官告千秋隧長記到　轉車過車

　　令載十束葦爲期有教　　　　　　　　　　　　　　一二三六 A

　　千秋隧長故行　　　　　　　　　　　　　　　　　一二三六 B①

隧長根據指示運送一部分葦，數量不多，應是自行運載。官吏運茭還有一種因讁
而運茭：

　　　　［坐擅］去署適載郭東茭卅四石致殄北隧□　　　　　　　　61.8②

　　　俱南隧長范譚　坐留出入檄適爲驛馬運鉼庭茭卅石致止害隧

　　　　　　　　　　　　　　　　　　　　　　　　　　　EPT59:72③

　　　　　坐發省卒部五人會月十三失期　毋狀今適載三泉茭

　　　　二十石致誠北

　　第十候長傅育

　　　　　　隧給驛馬會月二十五日畢　　　　　EPT59:59④

讁即官吏因某種過失受到懲罰，自然是親自運輸。同時也可以看出，底層官吏以
運載茭草替代讁罰，反映了物資轉運在邊地的重要位置。與官吏負責或親自運輸
茭草相比，戍卒則是運輸茭草的主要力量。

　　　［三］人稟　□人□

　　二人載茭　廿一人作内□上□□　　·三人作六丈□□　·劇作
七十二人

　　　　　　□百九丈二尺積萬九千六百五十［五］尺

　　　　　·人功九百卅九人　　　　　　　　　　513.50⑤

　　金城卒爰陽載茭二百廿□束

　　塞虜卒處宜載茭二百卌束少　　　　　　　　86EDT34:8⑥

簡 513.50 從殘餘部分看，是記錄戍卒各類工作用工量的分類統計，載茭即是其一，
說明這是戍卒的日常勤務。86EDT34:8 出於地灣，這大約是肩水金關下屬部燧的

---

① 甘肅省文物考古研究所編：《敦煌漢簡》（下冊），中華書局，1991 年，第 266 頁。
② 簡牘整理小組：《居延漢簡（壹）》，"中研院"歷史語言研究所，2014 年，第 193 頁。
③ 肖從禮：《居延新簡集釋（五）》，甘肅文化出版社，2016 年，第 263 頁。
④ 肖從禮：《居延新簡集釋（五）》，甘肅文化出版社，2016 年，第 258 頁。
⑤ 簡牘整理小組：《居延漢簡（肆）》，"中研院"歷史語言研究所，2017 年，第 180 頁。
⑥ 甘肅簡牘博物館、甘肅省文物考古研究所、出土文獻與中國古代文明研究協同創新中心中國人民大
學分中心：《地灣漢簡》，中西書局，2017 年，第 133 頁。

戍卒運出茭草。這些都反映出和官吏相比，戍卒是茭草運輸的日常承擔者。這主要基於兩點原因：一是伐茭時間集中。西北漢簡中有關伐茭時間的簡牘如下：

終古隧卒王晏言隧長房五月廿日貸晏錢百七月十日藉白

單衣一領積十五日歸七月五日藉晏胡韋一直二百五十七月十日使晏伐

茭七百束又從卒利親貸韋二件晏其夜從毋傷隧戶出見卒王音＝不告

吏　　　　　　　　　　　　　　　　　　　　　　　　EPT40:6A①

☑六月旦省伐茭赤岸☑　　　　　　　　　　　　　EPT40:53②

伐茭千石積吞遠置　　　　　　　　　　　　　　　EPT48:60A③

鴻嘉元年六月省卒伐茭積作簿　　　　　　　　　　EPT50:138④

府……告居延甲渠鄣候言主驛馬不侵候長業城北候長宏☑

　　　　　　　　　　　　　　　　　　　　　　　　EPF22:477A

居延以吞遠置茭千束貸甲渠草盛伐茭償畢已言有　　　EPF22:477B

將軍令　所吞遠置茭言會六月廿五日・又言償置茭會七月廿日建武六

年二月☑　　　　　　　　　　　　　　　　　　　EPF22:477C

□□□驛馬伐茭所三千束毋出七月晦　　　　　　　EPF22:477D⑤

安世燧卒　二十八日作　二十九日作　八月晦日作　九月旦伐茭　月二

日伐茭

尹咸　　　三十五束　三十五束　　三十五束　三十五束　二十五束

　　　　　　　　　　　　　　　　　　　　　　　　505.24⑥

從上述簡看，伐茭主要集中在六月初到九月初，這一段時間正是茭草成熟的時期，如簡EPF:477B所言“草盛伐茭”。也正因爲時間集中，所以需要集中大批戍卒伐茭。簡EPT50:138“六月省卒伐茭積作簿”，⑦就是明證。在一段時間內集中伐取茭草，自然也需要集中相應的人力運輸。這依靠分散的傭人是無法勝任的，因而需要戍卒承擔。

---

① 楊眉：《居延新簡集釋（二）》，甘肅文化出版社，2016年，第281頁。
② 楊眉：《居延新簡集釋（二）》，甘肅文化出版社，2016年，第298頁。
③ 楊眉：《居延新簡集釋（二）》，甘肅文化出版社，2016年，第443頁。
④ 楊眉：《居延新簡集釋（二）》，甘肅文化出版社，2016年，第511頁。
⑤ 張德芳：《居延新簡集釋（七）》，甘肅文化出版社，2016年，第536頁。
⑥ 簡牘整理小組：《居延漢簡（肆）》，“中研院”歷史語言研究所，2017年，第150頁。
⑦ 類似的還有55.14省卒伐茭簿，具體參與伐茭的省卒有168.21的例子：“定作卅人伐茭千五百束率人五十束與此三千八百束。”

第二點原因是這些數量龐大的茭草堆積在幾個地點，也需要靠戍卒這種成建制、規模化的勞動力資源。

其三千五百卌石三鈞

二千三百卌六石積三燋亭

三月餘茭草一千九百六十八石三鈞十斤　千石積高沙亭部

千七百八石積陷陳亭部

千六百八十七石積箕山亭部　178.7①

這枚簡出土地點在甲渠候官，因此這是該候官幾處茭草堆放處。記錄時間是三月份，恰好處於兩次伐茭時間之間。可以推想，如果在茭草剛收割完畢時，數量會更多：

●右鉼庭亭部茭八積五千五百卅六石二鈞

∣積茭四百一十石鴻嘉四年伐 ∫

∣積茭……　　　　　　　　　　　　　　　　　　　EPT65:382②

"鴻嘉四年伐"，後面有鈎校符號"∫"，這或許是伐完茭草，校驗完後堆積的總量。在敦煌漢簡中，有茭草數量單位換算關係的簡：

受步廣卒九人自因平望卒

平望伐茭千五百石　四章以上√卌束爲一石率日 ☒

千五百石奇九十六石、運積蒙　　　　　一一五一③

二十束爲一石，EPT65:382"八積共有五千五百三十六石二鈞"，則鉼庭亭部共有十一萬多束。如果以前揭86EDT34:8卒載茭平均230束爲每車載重的標準，則每個亭部需陳放481車，178.7甲渠候官有五個亭部存放茭草，加上這裏的鉼庭亭部，則共需2886車。從六月旦到九月旦爲伐茭期，共118天，則每天需要24車運送所伐茭草。如果考慮到伐茭地到存放地之間的距離以及往返等因素，由此運輸時間可能要超過一天。因而所需車的數量要遠多於24車。另外下面這枚簡也可以證明這一點：

出茭萬九百廿束　元始三年七月庚寅鉼庭士吏［欽］付守茭卒蘇臨

周［幸］　　　　　　　　　　　　　　　　　　　　　291.12A④

---

① 簡牘整理小組：《居延漢簡（貳）》，"中研院"歷史語言研究所，2015年，第193頁。
② 張德芳、韓華：《居延新簡集釋（六）》，甘肅文化出版社，2016年，第315頁。
③ 張德芳：《敦煌馬圈灣漢簡集釋》，甘肅文化出版社，2013年，第660頁。
④ 簡牘整理小組：《居延漢簡（叁）》，"中研院"歷史語言研究所，2016年，第241頁。

鉼庭部一次支出茭 10920 束，合 40 多車。這樣集中大規模的運輸，靠零散的僦人無法勝任。因此在省作，即集中省卒伐茭的同時，可能也需要集中戍卒統一運載。

二是載堊。堊在漢代是用來塗飾烽燧房屋墻壁。即今之生石灰。[①] 漢簡中關於載堊的簡有如下幾支：

> 燧給□堰廿石致官載居延鹽廿石致吞遠隧倉☑　　　　2000ES9SF4:21[②]
>
> □載堰廿石☑　　　　2000ES9SF4:42[③]
>
> 第廿五燧長張奉世　六月癸未受檄載以己丑到堰得　十五石
>
> 173.10+173.23[④]
>
> 八月　候長輔言傳遣第卅八隧長韓青背歸取牛車堰載　　　☑　184.15[⑤]

簡 173.10+173.23、184.15 明確提到讓隧長負責載堊。簡 2000ES9SF4:21 雖然缺失主語，但是從 "致官"，即送達候官看，應該是甲渠候官下屬的部燧，載堊者亦爲候長、隧長等。從裝載的數量看，衹有 15 或 20 石。粉刷墻壁需要少量石灰，臨時爲之，故一般由隧長運輸，不必使用專門的運載人。

三是運輸糧食。同錢、茭、堊相比，糧食是供給邊地最基本的物資，須臾不可耽擱，因此一定要按時保障糧食的運輸。官府是糧食流轉的主體，其運輸糧食包括幾種情況。首先從農官系統供應候望系統：

> 當轉糜麥八十石輸甲渠候郭
>
> 右農後長毋害官　已轉糜八十石
>
> 畢　　　　　　　　　　　　　　　　　　　EPT51:191[⑥]

漢代在邊地除了候望系統外，還設置了屯田的農官。右農後長是管理屯田的農部官職。[⑦] 他們負責向甲渠候官轉運的糧食，應該是來自軍屯所得。另有下簡：

> 入粟小石十☑　始元三年七月甲午朔甲午第二亭長舒受代田倉監都
>
> 丞臨　　　　　　　　　　　　　　　　　534.3A[⑧]

在地灣漢簡中，也有兩枚底層戍吏轉送糧食的記錄，如：

① 劉釗：《漢簡 "堊" 字小考》，《文史》2012 年第 4 輯。

② 孫家洲：《額濟納漢簡釋文校本》，文物出版社，2007 年，第 88 頁。

③ 孫家洲：《額濟納漢簡釋文校本》，文物出版社，2007 年，第 93 頁。

④ 簡牘整理小組：《居延漢簡（貳）》，"中研院" 歷史語言研究所，2015 年，第 176 頁。

⑤ 簡牘整理小組：《居延漢簡（貳）》，"中研院" 歷史語言研究所，2015 年，第 212 頁。

⑥ 李迎春：《居延新簡集釋（三）》，甘肅文化出版社，2006 年，第 239 頁。

⑦ 朱紹侯：《兩漢屯田制研究》，《史學月刊》2012 年第 10 期。

⑧ 簡牘整理小組：《居延漢簡（肆）》，"中研院" 歷史語言研究所，2017 年，第 205 頁。

　　　　　　　　　廿五石官

收降隧長徐良　　　就三兩入

　　　　　　□六石尉　　　　　　　　　　　　　　86EDT1:4①

　　駁南亭長孫章　就三兩　入七十五石　周宣載　畢　86EDT1:6+12②

這裏雖然沒有明言運輸物品，但從 75 石、25 石數量看，是糧食的標準荷載數量。“就三輛”雖然未必是隧長和亭長親自駕車，但至少說明他們是責任人。也就是說，在收入口糧中，也有一部分爲候望系統自行運輸。此外，邊地的口糧需要按照候官、部、隧層級發放。邊塞烽燧分布是呈現鏈狀排列，所以先由候官倉運到部倉，然後各烽燧從部中領取。如果數量較多，亦需要轉運，如：“郭卒趙詡迎粟囊他十二月癸□”（73EJF3:36）③，這枚簡出土地是肩水金關，郭偉濤認爲，肩水候常駐此辦公，這裏甚至可以視爲肩水候“官”的一部分。④ 大約因此稱爲郭卒。在兩個候官之間，不應是個人的日常口糧，可能是規模稍大的糧食轉運。

　　除了上述大宗運輸外，塞防系統內少量臨時的轉運也由內部吏卒自行解決。如錢、積薪等：

　　　　□當　取迎五月六月司御錢三□　□

　　　　□□□ 卅以將軍行塞置不□　□　　　　　　73EJT24:81⑤

　　　載積薪卒五人省作候官二人受閣　二人稟廿三隧　　EPT53:44⑥

邊塞吏卒能夠擔負轉運的職能，一方面，底層的隧長、候長等通常自有車牛，所以能夠親自運輸：

　　　甲渠言謹驗問尉史張詡隧長張宗

　　　訾産詡宗各有大車一兩用牛各一頭餘以便相取□　□　　EPF22:657⑦

　　　民百廿六人　凡百卅二人　　牛車百一十四兩·其廿六兩塞吏家車　□

---

　　①甘肅簡牘博物館、甘肅省文物考古研究所、出土文獻與中國古代文明研究協同創新中心中國人民大學分中心：《地灣漢簡》，中西書局，2017 年，第 99 頁。

　　②同①。

　　③甘肅簡牘博物館、甘肅省文物考古研究所、甘肅省博物館、中國文化遺產研究院古文獻研究室、中國社會科學院簡帛研究中心：《肩水金關漢簡（伍）》（下冊），中西書局，2016 年，第 6 頁。

　　④郭偉濤：《肩水金關漢簡研究》，上海古籍出版社，2019 年，第 98 頁。

　　⑤甘肅簡牘保護研究中心、甘肅省文物考古研究所、甘肅省博物館、中國文化遺產研究院古文獻研究室、中國社會科學院簡帛研究中心：《肩水金關漢簡（貳）》（下冊），中西書局，2012 年，第 143 頁。

　　⑥馬智全：《居延新簡集釋（四）》，甘肅文化出版社，2016 年，第 297 頁。

　　⑦張德芳：《居延新簡集釋（七）》，甘肅文化出版社，2016 年，第 566—567 頁。

其三人卒　　馬十四·其一匹官馬　　牛百廿五·其廿七塞吏家牛☑

73EJT30:58①

第一枚簡説明作爲低級吏員的尉史、隧長都有車牛，第二枚簡反映在邊地吏民中，吏的車輛占有一定的比例。

　　另一方面，邊塞官府也有掌控的車牛。李均明在考察内地戍邊使用的牛車時，認爲"戍卒從家鄉帶來的牛車，赴邊塞後不可能被閑置，而會被充分利用來運輸包括糧食在内的各種物品，但這種運輸通常是短途的，它與專業從事運輸的車隊有本質的區别"。②

二、訾家、僦人與轉運

　　西北漢簡記述與官府轉運相關的簡牘中，還有訾家和僦人，他們以幾近模式化的組合，出現在轉運糧食的簡牘中。如：

出粟大石廿五石　車一兩　始建國二年正月壬辰訾家昌里齊憙就人同里陳豐付吞遠置令史長

EPT59:175③

從這類簡牘字面看，一般認爲是訾家雇傭"就"人轉運糧食。也有學者提出新的解釋：訾家有時是政府與"就"人之間的中間人，於轉手間牟取利潤。④後來于振波根據張家山漢簡《二年律令·徭律》"發傳送，縣官車牛不足，令大夫以下有訾（貲）者，以貲共出車牛及益，令其毋訾（貲）者與共出牛食、約、載具"，認爲訾家具有經濟和政治雙重意義，他們有一定的財産，又無復除賦税徭役特權。他雖然没有進一步談兩者之間的關係，但是從《徭律》這段話看，似乎默認了訾家出車牛、僦人出力的組合模式。⑤從居延漢簡看亦是如此。訾家與僦人的身份性質不是本文關心的重點，我衹討論其在邊塞轉運中的角色。

　　首先看訾家。訾家的籍貫包括但并不限於邊地。籍屬於張掖郡并爲該郡轄區内候官轉運的訾家簡牘如下：

　　① 甘肅簡牘博物館、甘肅省文物考古研究所、甘肅省博物館、中國文化遺産研究院古文獻研究室、中國社會科學院簡帛研究中心：《肩水金關漢簡（叁）》（下册），中西書局，2013年，第109頁。

　　② 李均明：《"車父"簡考辨》，西北師範大學歷史系、甘肅省文物考古研究所編《簡牘學研究》第2輯，甘肅人民出版社，1998年，第101頁。

　　③ 肖從禮：《居延新簡集釋（五）》，甘肅文化出版社，2016年，第298頁。

　　④ 蔡宜静：《漢代居延"就"運探研》，《簡牘學報》第17期，1999年。

　　⑤ 于振波：《簡牘與社會》，湖南大學出版社，2012年，第120頁。

　　☑□粟大石廿五石　始建國二年十月甲寅肩水掌官士吏惲受訾家居

延萬歲里衣戎就人西道里王竟　　　　　　　　　　　73EJF3:101①

這枚簡前面缺失部分，根據同組簡可以補爲"入居延轉車一兩"幾個字，（詳後）

也就是說，居延縣訾家將居延地區的粟轉運到肩水候官轄區。另外，還有一些衹

標注里名而没有標注縣名的訾家，應是因地區相同而省略了縣名。但是還有一些

籍屬於外地的訾家也參與了轉運：

　　訾家常安夏陽里閻尚　車一兩☑

　　　　　　□□□☑　　　　　　　　　　　　　　　73EJT4H:58②

　　入粟大石廿五　車一兩　○　正月癸卯甲渠官掾譚受訾家茂陵東進里

趙君壯就人肩水里郅宗　　　　　　　　　　　　　EPT59:100③

茂陵和常安爲京畿地區，遠離邊郡。并且按照勞榦、于振波等學者的意見，訾家

的財産包括土地、房宅等不動産，④因而他們還是在籍貫所在地，這樣可以方便

户籍所在地的官府征收賦税徭役。而從簡EPT59:100看，僦人是肩水里人，因爲

肩水候官等是以肩水命名的地名，故肩水里也應是邊地。這樣就很難想像相隔玄

遠的趙君壯和郅宗直接發生聯繫。我們推測更可能是訾家趙君壯因爲身份的原因，

向官府繳納了僦費，政府雇傭僦人提供轉運。這種模式類似於西北漢簡中常見的

代戍簡牘，如：戍卒河東郡北屈務里公乘郭賞年廿六，庸同縣横原里公乘閑彭祖

年卅五（EPT51:86）。謝桂華認爲這是取庸代戍制度，雇主與被雇者，必然分居兩地。

雇主居原籍，被雇者則在邊陲。⑤不過，其中訾家、僦人和官府之間具體的支付程序，

目前并不清楚。漢簡中的確也有支付僦人僦費的記載：

　　出錢四千七百一十四　賦就人表是萬歲里吴成三兩半已入八十五石

　　　　　　　　　　　　　少二石八斗三升 刀 505.15⑥

---

　　①甘肅簡牘博物館、甘肅省文物考古研究所、甘肅省博物館、中國文化遺産研究院古文獻研究室、中
國社會科學院簡帛研究中心：《肩水金關漢簡（伍）》（下册），中西書局，2016年，第10頁。

　　②甘肅簡牘博物館、甘肅省文物考古研究所、甘肅省博物館、中國文化遺産研究院古文獻研究室、中
國社會科學院簡帛研究中心：《肩水金關漢簡（伍）》（下册），中西書局，2016年，第49頁。

　　③肖從禮：《居延新簡集釋（五）》，甘肅文化出版社，2016年，第272頁。

　　④勞榦：《居延漢簡考證·算貲》，《居延漢簡·考釋之部》，"中研院"歷史語言研究所，1997年，
第11頁；于振波：《漢代的家貲與訾家》，《簡帛研究二○○四》，廣西師範大學出版社，2006年，第
306—316頁。

　　⑤謝桂華：《漢簡和漢代的取庸代戍制度》，《漢晋簡牘論叢》，廣西師範大學出版社，2014年，第
157頁。

　　⑥簡牘整理小組：《居延漢簡（肆）》，"中研院"歷史語言研究所，2017年，第149頁。

一種意見認爲，僦人是以己車受雇於人。① 王子今認爲，僦人將車。② 訾家籍貫複雜，是否由其直接提供車馬，不好一概而論，或非定制。有一條旁證：

河南緱師西信里蘇解怒 車一兩爲麤得騎士利成里留安國鄭載肩水

倉麥小石冊五石輸居延

弓一矢□二劍一　　　　　　　　　　73EJT21:21③

簡中的蘇解怒和留安國鄭雖然不是僦人和訾家，但是考慮到騎士身份類似官吏，在特定情況下也有轉運的義務，則蘇解怒身份和僦人相當，過肩水金關時，運載麥的車登記在他名下。

不過，訾家所擔負轉運部分的數量，在邊地轉運比例可能并不大。一方面，如上所言，部燧系統多類物資的轉運是依靠塞防吏卒自行解決，另一方面，訾家也祇是衆多轉運者身份之一種，另外還有適吏等：

所受適吏訾家部吏卒所輸穀車兩　　　　　　　　EPF22:364④

吏及訾家所載☑　　　　　　　　　　　　　　　EPT7:17⑤

按簡 EPF22:364 所言，訾家祇是力役承擔者之一，與謫吏、部吏卒并列。并且從我們檢索到訾家轉運的簡文看，訾家也祇限於轉運穀物，由此可見，訾家轉運在整個西北塞防的轉運體系中祇起到補充作用。

漢簡中的僦人，從字面理解是受雇於他人的車夫，⑥ 薛英群更進一步認爲他們分爲直接來自於民間的車夫和戍卒短時間的充就取直。⑦ 雖然上述簡牘中，僦人多和訾家聯繫在一起，但這一時期二者之間的關係，并非是因爲有訾和無訾形成的互爲補充的組合，僦人還是一種職業的雇傭勞動者。一方面，如張俊民所言，他們受雇於他人或政府。⑧ 另一方面，僦人雖多數來源於本地，但是也有非本地者。如：

① 中國簡牘集成編輯委員會：《中國簡牘集成（八）》，敦煌文藝出版社，2001年，第120頁。

② 王子今：《秦漢交通考古》，中國社會科學出版社，2015年，第256—259頁。

③ 甘肅簡牘保護研究中心、甘肅省文物考古研究所、甘肅省博物館、中國文化遺產研究院古文獻研究室、中國社會科學院簡帛研究中心：《肩水金關漢簡（貳）》（下冊），中西書局，2012年，第11頁。

④ 張德芳：《居延新簡集釋（七）》，甘肅文化出版社，2016年，第513頁。

⑤ 孫占宇：《居延新簡集釋（一）》，甘肅文化出版社，2016年，第408頁。

⑥ 金少英：《漢簡臆談及其他》，內部，1978年，第68—87頁；張俊民：《從漢簡談漢代西北邊郡運輸的幾個問題》，《中國社會經濟史研究》1996年第3期；李天虹：《居延漢簡簿籍分類研究》，科學出版社，2003年，第42頁。

⑦ 薛英群：《居延漢簡通論》，甘肅教育出版社，1991年，第358頁。

⑧ 張俊民：《從漢簡談漢代西北邊郡運輸的幾個問題》，《中國社會經濟史研究》1996年第3期。

　　　　此家累重焦賢　車一兩　載粟大石廿五石就人文德清陽里楊賞年卅

用牛二　　　　　　肩水　　　　　　　　　　　　　　73EJT23:622①

文德爲敦煌所改易地名，肩水屬張掖郡，僦人楊賞在張掖跨郡運輸，當是一種職業運輸者。我們也很容易聯想到“候粟君責寇恩事”簡册，寇恩爲潁川昆陽市南里人，作爲客民以轉運爲生。僦人跨郡轉運的例子還有：

　　　　僦人塡戎樂里下造王尚年三十三丿　作者同縣下造杜歆年二十丿　大

車一兩丿

　　　用牛二頭丿　　　　　　　　　　　　　　73EJF3:139②

　　　　僦人塡戎樂里下造張翕年二十五丿　　　　大車一兩丿☑

　　　　　　　　　　　　　　　　用牛二頭丿　73EJF3:368③

這兩枚出土於肩水金關，但記録的是塡戎（天水郡）僦人，説明這些來自於不同地區的僦人活躍在西北邊塞。

　　他們未在本地著籍，以出賣勞動力作爲生計，這種轉運不是無償爲國家提供義務。簡505.15也明確提出了“賦就人表是萬歲里”。那麼爲何在這些轉運文書中要書寫僦人的籍貫呢？如果從糧食收支的角度，在收入程序中，僦人是見證人和參與者，僦人籍貫書寫的意義在於確認其身份，如同過關名籍中的身份書寫一樣。

　　僦人是官府轉運的重要補充。在肩水金關漢簡中，有這樣一組簡：

　　　　☑□粟大石廿五石　始建國二年十月甲寅肩水掌官士吏惲受賞家居

延萬歲里衣戎就人西道里王竟　　　　　　　　　73EJF3:101④

　　　　入居延轉車一兩粟大石二十五石　始建國二年十月丁未肩水掌官士

吏惲受賞家廣都里社惲就人平明里□☑　　　　73EJF3:106⑤

　　　　☑兩粟大石二十五石　始建國二年十月戊申肩水掌官士吏惲受適吏

①甘肅簡牘保護研究中心、甘肅省文物考古研究所、甘肅省博物館、中國文化遺産研究院古文獻研究室、中國社會科學院簡帛研究中心：《肩水金關漢簡（貳）》（下册），中西書局，2012年，第100頁。

②甘肅簡牘博物館、甘肅省文物考古研究所、甘肅省博物館、中國文化遺産研究院古文獻研究室、中國社會科學院簡帛研究中心：《肩水金關漢簡（伍）》（下册），中西書局，2016年，第14頁。

③甘肅簡牘博物館、甘肅省文物考古研究所、甘肅省博物館、中國文化遺産研究院古文獻研究室、中國社會科學院簡帛研究中心：《肩水金關漢簡（伍）》（下册），中西書局，2016年，第30頁。

④甘肅簡牘博物館、甘肅省文物考古研究所、甘肅省博物館、中國文化遺産研究院古文獻研究室、中國社會科學院簡帛研究中心：《肩水金關漢簡（伍）》（下册），中西書局，2016年，第10頁。

⑤同④。

李忠就人居延市陽里席便　　　　　　　　　　　　　　73EJF3:107①

　　入居延轉車一兩粟大石二十五石　始建國二年十月丁未肩水掌官士

☑　　　　　　　　　　　　　　　　　　　　　　　　73EJF3:405②

　　入居延轉車一兩粟大石二十五石　始建國二年十月戊申肩水☑

　　　　　　　　　　　　　　　　　　　　　　　　73EJF3:459③

　　☑入居延轉車一兩粟大石二十五石　　始建國二年十月甲寅肩水掌官

士吏惲□□□☑　　　　　　　　　　　　　　　　　73EJF3:192④

　　　　入居延轉車一兩粟☑　　　　　　　　　　73EJF3:474⑤

　　　　入居延轉車一兩粟大☑　　　　　　　　　73EJF3:553⑥

從同一探方出土、内容甚至格式一致，從圖版看，其筆迹也差别不大，所以認爲一個簡册問題不大。吳方浪認爲，掌官士吏是新莽時期特别設置的專掌糧食"入受"的士吏。⑦至少是設置在候官一級的屬吏。而據郭偉濤的考證，雖然臨近的A33是肩水候官所在地，并且糧倉也設置在這個地點。但如前所言肩水候爲了控制金關，常駐A32金關，并且部分文書和事務也在此處理。⑧因此接受來自居延地區的糧食文書在此出土也就説得通了。居延地區調撥過來的糧食，集中在從甲寅、丁未到戊申七八天時間内，這種密集的跨越候官、較長距離轉運，就是通過謫吏、訾家雇傭僦人完成的。

　　在敦煌漢簡中也有一組簡：

　　　　郡倉居耴三年正月癸卯轉兩

　　入　√居耴三年四月壬辰大煎都步昌候史尹欽隧長張博受就人敦煌高昌

①甘肅簡牘博物館、甘肅省文物考古研究所、甘肅省博物館、中國文化遺產研究院古文獻研究室、中國社會科學院簡帛研究中心：《肩水金關漢簡（伍）》（下册），中西書局，2016年，第10頁。

②甘肅簡牘博物館、甘肅省文物考古研究所、甘肅省博物館、中國文化遺產研究院古文獻研究室、中國社會科學院簡帛研究中心：《肩水金關漢簡（伍）》（下册），中西書局，2016年，第32頁。

③甘肅簡牘博物館、甘肅省文物考古研究所、甘肅省博物館、中國文化遺產研究院古文獻研究室、中國社會科學院簡帛研究中心：《肩水金關漢簡（伍）》（下册），中西書局，2016年，第35頁。

④甘肅簡牘博物館、甘肅省文物考古研究所、甘肅省博物館、中國文化遺產研究院古文獻研究室、中國社會科學院簡帛研究中心：《肩水金關漢簡（伍）》（下册），中西書局，2016年，第18頁。

⑤甘肅簡牘博物館、甘肅省文物考古研究所、甘肅省博物館、中國文化遺產研究院古文獻研究室、中國社會科學院簡帛研究中心：《肩水金關漢簡（伍）》（下册），中西書局，2016年，第35頁。

⑥甘肅簡牘博物館、甘肅省文物考古研究所、甘肅省博物館、中國文化遺產研究院古文獻研究室、中國社會科學院簡帛研究中心：《肩水金關漢簡（伍）》（下册），中西書局，2016年，第39頁。

⑦吳方浪：《簡牘所見"專職"士吏與漢代邊郡糧食管理（續）》，《中國農史》2020年第4期。

⑧郭偉濤：《肩水金關漢簡研究》，上海古籍出版社，2019年，第98頁。

　　　　里滑護字君房

　　　　粟小石卅一石六斗六升大　　二八二①

　　　　郡倉居聑三年正月癸卯轉一兩半兩

　　入　√居聑三年四月壬辰大煎都步昌候史尹欽隧長張博受就人敦煌利成

　　　　里張賀字少平

　　　　麥小石五十六石二斗五升　二八三②

　　　　郡倉居聑三年正月癸卯轉一兩

　　入　√居聑三年三月戊辰大煎都士吏牛党候史尹欽受就人效谷益壽里鄧

　　　　尊

　　　　麥小石卅七石五斗　二八四③

　　入麥小石十三石五升　√居聑三年三月戊辰大煎都士吏牛党候史尹

　　欽受就人效谷益壽里鄧尊少不滿車兩未券　二八五④

　　　　　　□□居聑三□□□□□□一兩

　　入　√居聑三年三月戊辰大煎都士吏牛党……壽里□□□□

　　　　　　□小石卅一石六斗□升　　二八六⑤

　　按照張德芳的意見，二八二簡至二八六簡是一份糧食入倉的記録。這是從郡倉轉運糧食至大煎都候官倉。這些簡都没有出現類似上一組簡中訾家、謫吏的身份，省略了雇主，應該爲官府雇傭，這些就人都是來源於敦煌郡的屬縣。官府雇傭就人，還有一條材料可以作爲佐證：□□遣就家轉居延名縣爵里年姓各如牒□（73EJC:534），⑥就家就是傭人。"就家轉居延名縣爵里"説明是統一管理派送的。官府使用活躍在邊地的傭人，反映了邊地軍政候望系統需要大量的補給，官府通過雇傭傭人彌補了運力不足的問題。并且從已有傭人轉運的物資看，其參與轉運的物品主要還是糧食。就轉運所有物資整體而言，傭人對官府轉運來説起到的還是補充作用。

---

① 張德芳：《敦煌馬圈灣漢簡集釋》，甘肅文化出版社，2013年，第453頁。
② 同①。
③ 張德芳：《敦煌馬圈灣漢簡集釋》，甘肅文化出版社，2013年，第454頁。
④⑤ 同③。
⑥ 甘肅簡牘博物館、甘肅省文物考古研究所、甘肅省博物館、中國文化遺産研究院古文獻研究室、中國社會科學院簡帛研究中心：《肩水金關漢簡（伍）》（下册），中西書局，2016年，第119頁。

三、糧食轉運的管理、規模與成本

西北邊地既有戍守的吏卒，也有部分隨軍家屬。他們不事生產，需要大量口糧。糧食是西北邊地最基本的戰略物資。從西北漢簡看，大致可以復原出政府官吏轉運糧食的流程：首先量出爲入，確定需要收入糧食的總量：甲渠吞遠隧當受穀五千石 ☑（EPT52:390），[①] "當受" 説明這是規定的數額，轉入的數量以此爲准。其中官府自行轉運的糧食，需要接收方派遣吏員帶領僦人轉運：

始建國二年七月乙丑朔庚午甲渠守塞尉忠將領右部轉移卅井縣索

肩水金關遣就人車兩粟石斗人名如牒書到出入如律 73EJF3:334A ＋

299A ＋ 492A [②]

這是甲渠候官派守塞尉忠帶領僦人等到外地載粟，在肩水金關留存下來的記錄摘要。這也説明在糧食運輸經過重要的關隘要有登記記録，進行過程管理。這也有專門的簿籍： "·神爵元年五月轉車名籍"（73EJT29:103），[③] 其明細形式大概如下：

樂世奉錢車二兩

元康二年十二月 廣地士吏樂世迎奉錢敢言之 府吏與塞外吏家車

73EJT30:17 [④]

在金關出土的簡牘中，還有一枚關於車輛統計殘簡：

☑□百七十五兩輸居延

☑三百卅一兩兩輸橐他　　　　　　　　　　　　　　32.18A

☑六千八百九十四兩輸居延

☑ 卅一兩輸橐他　　　　　　　　　　　　　　　　　32.18B [⑤]

這是從肩水金關經過，到北部的居延和橐他候官，在金關留下的統計記録。B 面 "六千八百" 衹有殘筆，無法確定到千位數之前，但從後面討論的轉運規模看，似乎有些矛盾，存疑。糧食在接收後，也要記録在案：

① 李迎春：《居延新簡集釋（三）》，甘肅文化出版社，2016 年，第 701 頁。

② 甘肅簡牘博物館、甘肅省文物考古研究所、甘肅省博物館、中國文化遺産研究院古文獻研究室、中國社會科學院簡帛研究中心：《肩水金關漢簡（伍）》（下冊），中西書局，2016 年，第 25 頁。

③ 甘肅簡牘博物館、甘肅省文物考古研究所、甘肅省博物館、中國文化遺産研究院古文獻研究室、中國社會科學院簡帛研究中心：《肩水金關漢簡（叁）》（下冊），中西書局，2013 年，第 98 頁。

④ 甘肅簡牘博物館、甘肅省文物考古研究所、甘肅省博物館、中國文化遺産研究院古文獻研究室、中國社會科學院簡帛研究中心：《肩水金關漢簡（叁）》（下冊），中西書局，2013 年，第 105 頁。

⑤ 簡牘整理小組：《居延漢簡（壹）》，"中研院" 歷史語言研究所，2014 年，第 100 頁。

入粟大石百石　車四兩

尉史李宗將　　□□　　　　　　　　　　　　　　　122.6①

該簡出土於甲渠候官，爲尉史帶領的四輛車所入米百石。對運入的糧食登記在案也是情理之中的事情。

雖然邊地糧食運轉屢見於簡牘記載，但是對轉運車輛的規模也不宜估計過高。其一，基本的口糧消耗量有一定限度，比如：

官吏三人

士吏二人

官府調正月盡二月吏卒食三百六十六斛　載穀吏守郵凡五人

郵卒六人

助吏三人　·有餘三十二斛

萬歲盡第十吏卒三十三人

凡五十三人＝六斛用穀三百二十三斛　　　　　　EPF22:451②

這是甲渠候官兩個月内爲候官及部分烽燧調入的糧食，總共調入 366 斛，從人 6 斛看，應爲小斛作爲計算單位，那麼需要大約 10 車運入，若分攤到兩個月，那麼每次轉運規模并不大。

此外，候官系統内人員最爲集中的郵城，李均明推測駐郵人數約 20 餘人。③那麼每個月口糧消耗量爲大石 40–50 石，也就是兩車左右。

在轉運記録的明細中，也是如此：

入粟大石廿五石　車一兩☑　　　　　　　　　　EPT43:177④

入粟大石百石車□兩三☑　　　　　　　　　　　EPT43:178⑤

---

① 簡牘整理小組：《居延漢簡（貳）》，"中研院"歷史語言研究所，2015 年，第 46 頁。

② 張德芳：《居延新簡集釋（七）》，甘肅文化出版社，2016 年，第 528 頁。

在甲渠候官還有一個倉的糧食統計簡：

·永光三年盡建昭元年三月倉月別刺　　　　　　　　142.32A

凡出千八百五十七石三斗一升

·最凡粟二千五百九十石七斗二升少　今餘粟七百卅三石四斗一升少

校見粟得七百五十四石二斗　　　　　　　　　　142.32B

"倉月別刺"是月度統計摘要，永光三年到建昭元年跨度爲三年，如果按照 30 多個月平均，爲 71 石，數量過少。暫存疑。

③ 李均明：《漢代甲渠候官規模考（上）》，《文史》第 34 輯，中華書局，1992 年，第 25—46 頁。

④ 楊眉：《居延新簡集釋（二）》，甘肅文化出版社，2016 年，第 379 頁。

⑤ 同④。

入粟大石廿五石 ☒   EPT43:189①

單次入粟的車數爲個位數。然而在漢簡中，也的確有轉入糧食車次數的統計。數量要遠高於這個規模：②

廣地轉三百廿兩已入三百一兩奇廿二石八斗米糒十八兩奇二石二斗

橐佗轉二百八十兩已入二百七十七兩奇三石六斗米糒二兩廿一石四斗

肩水二百卌兩已入二百卅五兩奇廿一石一斗五升米糒四兩奇三石八

斗五升   73EJT28:102③

這枚簡的出土地是肩水金關，肩水都尉曾一度在此地辦公。簡中廣地、橐他、肩水三個候官隸屬於肩水都尉府。因此這可能是都尉倉一段時間内轉運到下轄候官的統計記録。漢簡中常見按一定的時間區間進行統計匯總：

肩水倉建昭二年六月轉就☐ ☒   73EJD:289A④

·右十一月廿七日迄今月七日受十七兩粟大石四百二十五石

                                       EPT40:12⑤

簡 73EJD:289A 是按月度進行統計轉就的車數量，簡 EPT40:12 雖然不清楚今月爲何月，但按十二月計算，十天之間有十七輛車，那麼單次運輸的車輛也不會太多。另外，糧食可以陸續供給，不需要一次性運齊，這也是一個因素。

在考慮糧食轉運規模時還要考慮其成本。其中最重要的是運費，即僦直，丁邦友曾輯出西北漢簡中的幾個僦直數字，分別爲 287 錢、150 錢、30 錢、300 錢、1374.37 錢、1347 錢、140 錢、1000 錢等。不過因爲没有轉運的天數，荷載量等，甚至没有前後文，因而這些數字無法作爲估算轉運成本的基準數字。⑥目前西北地方轉運比較完整的記述是“候粟君責寇恩事”簡册。我們將其中與轉運相關的部分摘録如下：

……商即出牛一頭黄特齒八歲平賈直六十石與交穀十五石爲穀

---

① 楊眉：《居延新簡集釋（二）》，甘肅文化出版社，2016 年，第 381 頁。

② 也有學者據此認爲，邊郡轉運也有規模頗大者。王子今：《漢簡所見“僦人”與“將車人”》，《歷史研究》1988 年第 6 期；蔡宜静：《漢代居延“就”運探研》，《簡牘學報》第 17 輯，1999 年；李建雄：《漢代西北邊塞糧食轉運簿書研究》，《農業考古》2019 年第 3 期。

③ 甘肅簡牘博物館、甘肅省文物考古研究所、甘肅省博物館、中國文化遺産研究院古文獻研究室、中國社會科學院簡帛研究中心：《肩水金關漢簡（叁）》（下册），中西書局，2013 年，第 87 頁。

④ 甘肅簡牘博物館、甘肅省文物考古研究所、甘肅省博物館、中國文化遺産研究院古文獻研究室、中國社會科學院簡帛研究中心：《肩水金關漢簡（伍）》（下册），中西書局，2016 年，第 76 頁。

⑤ 楊眉：《居延新簡集釋（二）》，甘肅文化出版社，2016 年，第 284 頁。

⑥ 丁邦友、魏曉明編著：《秦漢物價史料匯釋》，中國社會科學出版社，2016 年，第 285—288 頁。

七十五……石皆予粟君 EPF22:22

以當載魚就直時粟君借恩爲就載魚五千頭到鱳得賣直牛一頭谷廿七石約爲粟君賣魚沽出時行錢卌萬時粟君以所得商牛黄特齒八歲谷廿七石予恩顧就直…… EPF22:23

……恩到鱳得賣魚盡錢少因賣黑牛并以錢卅二萬付粟君妻業少八萬恩以大車半槫軸一直萬錢羊韋一枚爲橐 EPF22:24

直三千大笥一合直千一石去盧一直六百𤛓索二枚直千……凡爲穀三石錢萬五千六百 EPF22:25

……又恩子男欽以去年十二月廿日爲粟君捕魚盡今年正月閏月二月，積作三月十日不得賈直時市庸平賈大男日二斗爲穀廿石 EPF22:26

……恩又從鱳得自食爲業將車莝斬來到居延積行道廿余日不計賈直…… EPF22:27[①]

漢代轉運的成本一般包括僦直、車輛損耗、車輛維護、運輸損耗等。在這個案例中，僦直爲折合成穀物 75 石。考慮東漢初年西北邊地物價騰躍，我們還是取正常的穀價作爲物價中介。根據丁邦友所輯西北漢簡中穀價，有 35 錢和 130 錢兩個比較集中的數值，[②] 前者出現語境是在向官府繳納穀物的時候，後者是市場買賣的價格。故我們以後者作爲基準，那麽寇恩的僦直 75 石穀，值 9750 錢。“積行道廿餘日，不計賈直”，那麽這些僦直是單程 20 餘日的價格，平均每天爲 487.5 錢。從“自食爲業將車、莝斬”看，每天 487.5 錢，包括了僦人及牛的消耗。同時有自備大車半槫軸、𤛓索等，這種車輛折舊損耗也是由寇恩個人負責。寇恩要賠償賣魚虧損的錢，説明這種損耗的風險也需要承運者承擔。總體説來，平均每天僦錢雖然數量較多，但這種包乾制下各種損耗均由其負責，特别是這次血本無歸的損失，也是作爲成本分攤到其他轉運過程中。如果單純人工成本，比照寇恩子寇欽捕魚報酬，日二斗，折合每天 26 錢，在其中的比例并不大。

此外，《居延新簡》中還有一枚簡直接提到僦錢：

候長胡霸千二百　俱南隧長王勝之六百　　賈四未還

六月奉錢　候史刑延壽六百　執胡隧李敞六百　　永光五年五月甲辰朔壬申候君付長霸候史延壽

① 張德芳：《居延新簡集釋（七）》，甘肅文化出版社，2016 年，第 426—427 頁。

② 丁邦友、魏曉明編著：《秦漢物價史料匯釋》，中國社會科學出版社，2016 年，第 42 頁。

出四千二百　誠北隧長范勝六百　•凡四千二百　執胡隧長李敞就錢
廿一卩

武彊隧長宋竟六　　EPT51:239[①]

雖然這枚簡中運輸數量不多，并且是官府系統内的短途運輸，但“就錢廿一”對考察當時運費的也是重要參考。

第一部分關於候望烽燧系統内部使用吏卒轉運，其特點多是集中轉運，以及系統内部轉運。這種非盈利性的運輸成本應該包括這樣幾項：（1）車輛折舊。《鹽鐵論·國疾》説：“車不累朞。”如果連續使用，車的使用壽命也就一年。居延漢簡37.35記載牛車的價格是2000錢。簡73EJT21:33A的價格是3000錢。（2）車輛備品的價格。上述簡册中涉及大車半櫖軸10000錢，犂索500錢，如果以穀物作爲中介轉换，正常物價水平下，前者相當於250錢，後者相當於12.5錢。（3）糧食運輸也會有損耗。如“·右凡十二兩輸城官凡屯折耗五十九石三斗”（505.36），[②]平均每輛車爲2.94石，每輛車大約有五分之一的損耗。這没有記載路途遠近，但烽燧之間的短途運輸，其損耗可以降到最少。（4）維護車輛的費用。西北漢簡中有幾條關於膠的記録，王子今認爲膠是制車用。[③]其中價格不等，據丁邦友所輯，從每斤57.82錢到7.5錢。[④]在西北漢簡中也的確有這樣的記録：

永光四年十月盡
▨五年九月戍卒折傷
牛車出入簿　　EPT52:394[⑤]

轉運及車輛製作、維修，也需要一定的人力成本，除了直接轉運的吏卒，也有間接的維護人工，如：戍卒趙國邯鄲上里皮議　車工（73EJT1:19）。[⑥]

使用僦人和吏卒轉運，因其轉運的種類、路途等因素影響，其成本相差很大，李建雄認爲邊郡轉運可以分爲民對官的外部輸入和官對官的内部調配。[⑦]我們推想這樣做的原因，訾家和謫吏等多出現在糧食長途轉運，就可以將糧食運輸的高

① 李迎春：《居延新簡集釋（三）》，甘肅文化出版社，2016年，第479—480頁。
② 簡牘整理小組：《居延漢簡（肆）》，“中研院”歷史語言研究所，2017年，第151頁。
③ 王子今：《額濟納漢簡膠鞮考》，《南方文物》2007年第1期。
④ 丁邦友、魏曉明編著：《秦漢物價史料匯釋》，中國社會科學出版社，2016年，第110頁。
⑤ 李迎春：《居延新簡集釋（三）》，甘肅文化出版社，2016年，第702頁。
⑥ 甘肅簡牘保護研究中心、甘肅省文物考古研究所、甘肅省博物館、中國文化遺産研究院古文獻研究室、中國社會科學院簡帛研究中心：《肩水金關漢簡（壹）》（下册），中西書局，2011年，第2頁。
⑦ 李建雄：《漢代西北邊塞糧食轉運簿書研究》，《農業考古》2019年第3期。

成本轉嫁出去。儘管部隧之間的轉運，有時也會使用僦人補充吏卒轉運的不足，但路途相對較短，成本也不會太高。同時，外部轉運糧食到候官、部、隧，每次規模不大，也與此有關。

附記：

本文爲國家社科基金冷門絕學研究專項學術團隊項目“秦至晋簡牘所見地方行政史料彙編與研究”（20VJXT020）階段性成果。

作者簡介：沈剛，男，1973 年生，吉林大學古籍研究所、“古文字與中華文明傳承發展工程”協同攻關創新平臺教授。

西漢時代上計活動考論

——人、事與"吏徭"

曹天江

（中央民族大學歷史文化學院，北京 100081）

内容摘要：過去学界多以"長吏上計"概括西漢郡縣上計情況，但通過比勘簡牘史料，可知郡縣上計人員的實際職務、秩級參差不齊，在"郡國—朝廷"層級，百石以下的低級別屬吏更多。這一矛盾應從"吏徭"的視角加以探討。西漢邊遠地區往返長安耗時漫長，條件艱苦，故長吏對上計多有畏避，傾向於將此事務托付給下屬。不過，上計吏在長安可能結識丞相屬吏，後者負責安排百石吏的功次升遷，故上計對有心仕進的百石及以下屬吏仍具一定誘惑。對上計這一"吏徭"的不同態度，正顯現出各級官吏的個人能動性與中國古代官僚制社會的互相滲透。

關鍵詞：上計；上計吏；吏徭

自戰國時起，伴隨着中國古代王朝國家的統一與建設，從鄉、縣到郡國，從郡國到朝廷，逐級彙報、考核政情的"上計"事務日益規範化，具有重要的統治意義。然而，對於西漢時代的上計活動，我們過去所知却非常有限，往往祇能根據傳世文獻中留下的隻言片語，以及東漢以後的歷史經驗來推測，且多注重其儀式性的一面。[①]近來簡牘資料大量面世，西漢官府計校事務的具體面貌日益清晰，作爲該事務的一個重要環節，一些上計活動的剪影也從簡牘中浮現，學界有所探

---

①早期有關上計的較重要研究可舉：〔日〕鎌田重雄：《秦漢政治制度の研究》，1943 年初刊，日本學術振興會，1962 年，第 369—412 頁；嚴耕望：《中國地方行政制度史——秦漢地方行政制度》，1961 年初刊，上海古籍出版社，2007 年，第 257—268 頁；〔日〕曾我部静雄：《中国社会経済史の研究》，吉川弘文館，1976 年，第 371—386 頁；葛劍雄：《秦漢的上計和上計吏》，《中華文史論叢》1982 年第 2 期。

討，但尚不充分。①

　　上計不僅是統治者了解地方政情、掌控官僚百姓、維持統治秩序的手段和儀式，也是無數官吏親身參與、前途所繫的一份事務性工作。負責携帶各類文書、物品等前往上級機構的上計吏，在郡縣與朝廷之間也起到重要的溝通作用。可惜的是，漢代《上計律》僅存條目，其中當有關乎上計人選的具體規定，但今日已難詳知其文；②傳世文獻中也幾乎不見西漢地方計吏的姓名事迹，③祇有若干概括性描述。這些描述中，最爲常見的是所謂"郡國上計長吏守丞"的説法，鎌田重雄、嚴耕望等學者即據此鈎沉史料，主張自西漢後期起，由地方長官屬下的長吏奉計，

① 相關研究主要圍繞尹灣漢簡《集簿》展開，較重要的可舉高敏：《〈集簿〉的釋讀、質疑與意義探討——讀尹灣漢簡札記之二》，《史学月刊》1997 年第 5 期；高大倫：《尹灣漢墓木牘〈集簿〉中户口統計資料研究》，《歷史研究》1998 年第 5 期；謝桂華：《尹灣漢墓所見東海郡行政文書考述》，連雲港市博物館、中國文物研究所編《尹灣漢墓簡牘綜論》，科學出版社，1999 年，第 22—45 頁；高恒：《漢代上計制度論考——兼評尹灣漢墓木牘〈集簿〉》（1999 年初刊），收入其著《秦漢簡牘中法制文書輯考》，社會科學文獻出版社，2008 年，第 321—340 頁；〔韓〕李成珪：《虛像的太平：漢帝國之瑞祥與上計的造作——從尹灣簡牘〈集簿〉的分析説起》，《國際簡牘學會會刊》第 4 號，蘭臺出版社，2002 年，第 279—315 頁；袁延勝：《尹灣漢墓木牘〈集簿〉户口統計資料真實性探討》，《秦漢簡牘户籍資料研究》，人民出版社，2018 年，第 235—262 頁。對於本文關注的 YM6D5 兩例 "上邑計" 及天長紀莊漢牘所載賣且上計，亦有一定討論，詳後文。還需指出的是，因東漢時代上計史料豐富，學者在討論西漢時代的上計活動時，往往將東漢的現象前推至西漢，如認爲西漢皇帝亦親自受計，此問題爲侯旭東所廓清，見所撰《丞相、皇帝與郡國計吏：兩漢上計制度變遷探微》（2014 年初刊），收入其著《漢家的日常》，北京師範大學出版社，2022 年，第 314—345 頁。此外，侯旭東關於傳舍、郡邸的研究討論了西漢官吏在徭使途中的食宿活動，兼及上計吏，對本文有重要啓發，見所撰《傳舍使用與漢帝國的日常統治》（2008 年初刊）、《漢代律令與傳舍管理》（2010 年初刊）、《從朝宿之舍到商鋪——漢代郡國邸與六朝邸店考論》（2011 年初刊）、《皇帝的無奈——西漢末年的傳置開支與制度變遷》（2015 年初刊），皆收入所著《漢家的日常》，第 13—245 頁。有關西漢計校事務及其中的上計活動，更詳細的學術史整理可參曹天江《秦漢時代官府計校研究述評》，《中國中古史研究》第 10 輯，中西書局，2023 年，第 210—220 頁。

② 《周禮注疏》卷三二《春官宗伯·典路》鄭注："漢朝《上計律》，陳屬車於庭。"説明漢代的確存在 "上計律" 之文。〔清〕阮元校刻：《十三經注疏（清嘉慶刊本）》，中華書局，2009 年，第 1782 頁。但沈家本、程樹德搜集史籍中與上計有關的語句，盡列於 "上計律" 下，恐怕亦有問題。〔清〕沈家本：《漢律摭遺》卷一八《上計律》，《歷代刑法考》，中華書局，1985 年，第 1709—1717 頁；程樹德：《九朝律考》卷一《漢律考·律名考》，商務印書館，2010 年，第 25—26 頁。

③ 管目所及，西漢時有名字記載的上計吏，僅見兩例，一是嚴助爲會稽太守而請求親自奉計，見《漢書·嚴助傳》（中華書局，1962 年，第 2790 頁）；二是《藝文類聚》卷八三《寶玉部上·銀》引《列異記》，載 "故司隸校尉上黨鮑子都，少時上計掾" 而遭遇的鬼怪報恩故事（上海古籍出版社，1999 年第 2 版，第 1425 頁）。後者又見《太平御覽》卷二五〇《職官部四十八·司隸校尉》、卷八一二《珍寶部十一銀》、卷八九七《獸部九·馬五》，文字各有不同（中華書局，1960 年影印本，第 1180 頁上、3609 頁上、3984 頁上）。但西漢司隸校尉鮑宣本渤海人，後被刑徙居上黨，此故事晚出，恐是後人造作，難作爲實例研究。

縣邑由丞、尉赴郡治，郡國則由郡丞、王國長史赴長安，還會帶一些掾吏隨同。^①
這一"長吏上計"的原則長期爲學界所稱引。

不過，亦有學者據若干簡牘資料指出，當時上計任務的實際擔當者"已逐漸
淪爲普通小吏"，懷疑"原因恐怕與長途旅行的危險與勞頓辛苦分不開，故長吏
逐漸將此事轉嫁給屬吏來完成"。^②筆者亦考證傳世文獻所見"郡國上計長吏守丞"
一語，對照簡牘所見上計史料，認爲"長吏守丞"指以郡丞（及同級別的王國長史）
爲主的長吏群體，這是時人眼中的通例，但在實際執行中發生了一些扭曲變化。^③
然而，問題是這些變化究竟爲何發生？處於不同地位的官吏們面對上計任務時，
各自會有怎樣的顧慮？

爲理解這一問題，一方面，應更全面而綜合地整理當前有關西漢上計人員的
所有資料，分析他們的職務、秩級及其與"長吏上計"原則的齟齬；另一方面，
還當注意到上計屬於一種"吏徭"，^④這一性質深刻影響了時人的活動、心態與選擇。
通過"吏徭"的視角，下潛到西漢上計吏奔波勞碌的現場，探究他們所面臨的困
境與前程，還可更進一步解明基層官場中上計事務的特殊與重要，以及貫穿其中
不容忽視的、多樣能動的個人生涯。

①〔日〕鎌田重雄：《秦漢政治制度の研究》，日本學術振興會，1962年，第390—391頁；嚴耕望：《中國地方行政制度史——秦漢地方行政制度》，上海古籍出版社，2007年，第261—262頁。亦有學者據《漢書·嚴助傳》如淳注，推定此變化從西漢伊始已經發生，見安作璋、熊鐵基《秦漢官制史稿》卜册，齊魯書社，2007年，第135頁。

②侯旭東：《丞相、皇帝與郡國計吏：兩漢上計制度變遷探微》，見其著《漢家的日常》，北京師範大學出版社，2022年，第338頁。

③曹天江：《西漢上計"長吏守丞"考》，《出土文獻語言研究》第5輯，暨南大學出版社，2023年，第186—193頁。

④關於秦漢魏晋時代吏的徭使，可參高敏《試論漢代"吏"的階級地位和歷史演變》，收入其著《秦漢史論集》，中州書畫社，1982年，第226—228頁；唐長孺：《魏晉南北朝時期的吏役》（1988年初刊），收入其著《山居存稿續編》，中華書局，2011年，第133—152頁；〔韓〕金秉駿：《漢代的吏縣》，中國社會科學院"簡帛學國際論壇"論文，北京，2006年；〔日〕廣瀨薰雄：《更徭辨》，收入其著《簡帛研究論集》，上海古籍出版社，2019年，第476—491頁；孫聞博：《秦及漢初"徭"的内涵與組織管理——兼論"月爲更卒"的性質》，《中國經濟史研究》2015年第5期；王彥輝：《秦漢徭戍制度補論——兼與楊振紅、廣瀨薰雄商榷》，《史學月刊》2015年第10期；朱德貴：《〈嶽麓秦簡〉所見"徭"制問題分析——兼論"奴徭"和"吏徭"》，《江西師範大學學報（哲學社會科學版）》2016年第4期；丁盼盼：《秦漢時期吏員徭使考述》，東北師範大學碩士學位論文，2021年。

一、簡牘所見上計吏人員的多樣性

筆者從當前可見的所有簡牘材料中，輯得 14 枚提及上計人員具體信息者，先將其釋文、出處列爲下表，簡文的詳細內容及意義將於後文介紹。

表 1　提及上計人員的簡牘史料一覽①

編號	釋文	出處
	縣—郡國	
1	居延都尉卒史居延平里徐通，大奴宜，長七尺，黑色，髡頭。 十一月丙辰（2）出。 五鳳元年十月丙戌朔辛亥（26），居延守丞安世別上計，移肩水金關：居延都尉卒史居延平里徐通自言繇之隴西還，買鰈得敬老里丁韋君大奴宜。今疎書宜年長物色，書到，出如律令。A 印曰居延丞印。 十一月丙辰，佐其以來。B	73EJT37:522②
2	【甘露】③四年九月乙④巳朔己巳（25），佐壽敢言之：遣守尉史彊上計大守府。案所占用馬一匹，☑ □謁移過所河津關，毋苛留止，如律令。敢言之。 □□巳，居延令、守丞江移過所，如律令。/掾安世、佐壽。A □□□令延印。 □月庚午，尉史彊以來。B	73EJT10:210

<hr>

①　大致依據年代順序排列，唯簡 11、12、13 較難判斷。括號内的阿拉伯數字表示干支對應的日數，劃綫部分爲上計人員信息。除表中所列之外，因尹灣 6 號漢墓出土了《集簿》木牘（YM6D1），及寫有"之長安"及"永始二年十一月十六日"的《贈錢名籍》（YM6D7-8），故學者推測墓主師饒可能曾赴長安爲東海郡上計。參見滕昭宗《尹灣漢墓簡牘概述》，《文物》1996 年第 8 期；高恒《漢代上計制度論考——兼評尹灣漢墓木牘〈集簿〉》，其著《秦漢簡牘中法制文書輯考》，社會科學文獻出版社，2008 年，第 321 頁。不過，筆者以爲，從當前出土計簿類文書與一般常情推論，師饒墓隨葬《集簿》有幾種可能的理由：一、師饒曾親赴上計，提交這份《集簿》；二、師饒曾在郡府中參與或主導《集簿》文書的製作；三、師饒是郡縣臨民長官，隨葬《集簿》是爲了將自己的政績帶入地下世界，以資誇耀。因爲師饒主要擔任東海郡屬吏（詳後），第三種情況的可能性很小，但第二種情況不能忽視，故暫不列入表 1，以俟後考。當然，師饒若確實參與上計，亦可側證本文關於屬吏上計的觀點。

②　本文所引肩水金關漢簡，皆據甘肅簡牘博物館、甘肅省文物考古研究所、甘肅省博物館、中國文化遺産研究院古文獻研究室、中國社會科學院：《肩水金關漢簡》第 1 册、第 4 册，中西書局，2011 年、2015 年。

③　胡永鵬指出，據該簡年序月朔，當爲甘露年，故補。胡永鵬：《西北邊塞漢簡編年》，福建人民出版社，2017 年，第 158 頁。

④　此字原釋作"己"，胡永鵬改釋。胡永鵬：《西北邊塞漢簡編年》，福建人民出版社，2017 年，第 158 頁。

續上表

編號	釋文	出處
3	☑□王嚴（第一欄） 河平二年九月壬子（21）居延庫守丞賀爲傳^① 上計大守府☑（第二欄） 九月☑（第三欄）	73EJT4:99
	郡國—朝廷	
4	贛且伏地再拜請 孺子孟馬足下：贛且賴厚德，到東郡，幸毋恙。贛且行守丞，上計，以十二月壬戌到雒陽，以甲子發。與廣陵長史卿俱。……（後略）	天長紀莊 M19:40–10^②
5	丞相方進、御史臣光昧死言： 明詔哀閔元元，臣方進、御史臣光：往秋郡被霜，冬無大雪，不利宿麥，恐民□☑73EJF1:1 調有餘，給不足，不民所疾苦也，可以便安百姓者，問計長吏守丞條對☑ 臣光奉職無狀，頓首頓首死罪死罪。臣方進、臣光前對問上計弘農大守丞□☑73EJF1:2 郡國九穀最少，可豫稍爲調給，立、輔既言民所疾苦，可以便安☑ 弘農大守丞立、山陽行大守事湖陵□□、上谷行大守事☑73EJF1:4 □作宜可益倍其□□□ ……長假貧民物□□73EJF1:16 令堪對曰：富民多畜田出貸□☑ ……73EJF1:3（後略）	金關漢簡 "永始三年詔書册"^③
6	甘露三年十一月辛巳朔乙巳（25），敦煌大守千秋、長史奉憙、丞破胡謂過所縣河津：遣助府佐楊永視事，上甘露三年計最丞相御史府。乘用馬一匹，當舍傳舍，從者如律令。□月丙辰東。	Ⅱ DXT0213 ②:139^④

① 此字原釋作"轉"，邢義田改釋。邢義田：《〈肩水金關漢簡（壹）〉初讀札記之一》，《簡帛》第 7 輯，上海古籍出版社，2012 年，第 184 頁。

② 天長市文物管理所、天長市博物館：《安徽天長西漢墓發掘簡報》，《文物》2006 年第 11 期；釋文修訂據楊振紅《紀莊漢墓"贛且"書牘的釋讀及相關問題——紀莊漢墓木牘所反映的西漢地方社會研究之一》，《簡帛研究二○○九》，廣西師範大學出版社，2011 年，第 2 頁。

③ 釋文參姚磊《肩水金關漢簡〈永始三年詔書〉校讀》，《中國文字研究》第 24 輯，上海書店出版社，2016 年，第 89—99 頁。

④ 張德芳：《兩漢時期的敦煌太守及其任職時間》，《簡牘學研究》第 5 輯，甘肅人民出版社，2014 年，第 164 頁；張俊民：《懸泉漢簡：社會與制度》，甘肅文化出版社，2021 年，第 15—16 頁。二者釋文小异，張德芳文作"助府佐楊永事"，文意難通，張俊民作"助府佐楊永視事"，從後者；結尾句，張德芳文作"□月丙辰東"，張俊民文作"十一月丙辰東"，但又指出該年十一月并無丙辰日，釋文存在問題，故暫從張德芳釋。

續上表

編號	釋文	出處
7	……朔己未，①敦煌大守千秋、守部候修仁行長史事、丞破胡謂☑ 與守丞俱上永光三年計丞相府。乘用馬二匹，當舍傳舍，從者如 律令。掾光、書佐順。　　二月甲☑	Ⅱ DXT0115 ③:205②
8	河平元年十一月丁未朔③己未（23），敦煌太守賢、守部騎千人 □④行丞事，謂過所：遣守屬董發上計丞相府，當舍傳舍，從者 如律令。四月戊子（24）過西。	Ⅱ DXT0313 ②:1+10⑤
9	陽朔二年十一月丁卯（24），遣行丞事守部候彊奉上陽朔元計最 行在所。以令爲駕乘傳，奏卒史吏所奉上者。（第一欄） 敦煌太守賢、長史譚☑ 以次爲駕如律令。五月□☑（第二欄）	Ⅱ DXT0112 ③:108⑥
10	初元年十一月癸亥朔庚辰（18），⑦敦煌大守千秋、守部千人章 行長史事、丞破胡謂過所河津：遣守卒史……上獄計最□□□， 乘用馬二匹，當舍傳舍，從者如律令。正月癸丑東。	Ⅱ DXT0213 ③:114⑧
11	☑朔庚申，廣至守長冥安守尉長、丞充移縣泉置書曰：意☑ ☑□駕三被具，送上計卒史龐卿、尹騰至淵泉，車☑ A ☑嗇夫雲 B	Ⅱ DXT0216 ②:597⑨

① 據文意，知此是永光三年（前41）或四年（前40）。永光二年十月七日、十二月八日、永光三年二月九日皆爲己未日。

② 張德芳：《兩漢時期的敦煌太守及其任職時間》，《簡牘學研究》第5輯，甘肅人民出版社，2014年，第168頁。

③ 當爲丁酉朔。

④ 張俊民釋作“愛”。張俊民：《懸泉漢簡：社會與制度》，甘肅文化出版社，2021年，第25頁。

⑤ 張德芳：《兩漢時期的敦煌太守及其任職時間》，《簡牘學研究》第5輯，甘肅人民出版社，2014年，第172頁。

⑥ 甘肅簡牘博物館等編：《懸泉漢簡（貳）》，中西書局，2021年，第256、558頁。

⑦ 此處有闕字，張德芳（後引）解爲初元元年。考初元年間，唯有元年十一月癸亥朔，但若如此，後文的“正月癸丑”當在初元二年，該年正月并無癸丑日。疑簡文抄寫或釋讀有誤。

⑧ 釋文據張德芳《兩漢時期的敦煌太守及其任職時間》，《簡牘學研究》第5輯，甘肅人民出版社，2014年，第166頁。“□□□”，張俊民釋作“邊縣□”。張俊民：《懸泉漢簡：社會與制度》，甘肅文化出版社，2021年，第18—19頁。

⑨ 張俊民：《懸泉漢簡：社會與制度》，甘肅文化出版社，2021年，第194頁。

續上表

編號	釋文	出處
12	出粟六升。以食守卒史孫吉，上計丞相府。再食。東。	Ⅱ DXT0216②:627①
13	出粟六升。以食大守卒史李賢，上計廷尉。從者一人。凡二人。人一食，食三升。☑	Ⅱ DXT0111②:186②
其他（邑—邑主）		
14	胸邑丞楊明十月五日上邑計 …… 況其邑左尉宗良九月廿三日守丞上邑計 …… 右十三人繇	尹灣 YM6D5

　　如上，當前可見的簡牘史料共提示了 18 名上計人員的官職、姓名信息，對於彌補傳世文獻缺憾，綜合了解西漢上計情況，具有從無到有的意義。因爲有的資料（如懸泉漢簡）尚衹部分公布，加上當今地不愛寶，簡牘材料仍層出不窮，相信日後還會發現更多簡例。

　　細繹之，簡 1—3 皆出自 A32 遺址，展現的是縣級官府向郡國上計這一層次。簡 1 記錄的是五鳳元年（前 57）十月二十六日，名叫安世的居延守丞赴張掖郡治觻得上計，遇見了居延都尉卒史徐通，徐通稱自己從隴西郡繇使歸來，買了一個名叫宜的大奴，所以拜托安世爲宜開具通關文書，也即簡 1 正面第一行的前半部分。止面第一行后半的"十一月丙辰出"和背面的行書人信息皆别筆所書，字迹相近，應是在該文書送抵肩水塞後添寫。簡 2 由居延縣發出，説明本縣派遣守尉史彊赴太守府上計，要求他所經過的諸關卡給予通行。簡 3 下端殘斷，文字分爲三欄：王嚴不詳何職，他被派去太守府上計，用於通關的"傳"文書由居延庫守丞開出，第三欄的"九月……"當是該文書開具的日期。

　　簡 4—13 則屬於郡國向朝廷上計這一層次，共出現了 13 名上計人員。簡 4 出自天長紀莊漢墓，是"賁且"在上計途中寫給"孺子孟"的一封書信，談及他

----

① 張俊民：《簡牘學論稿：聚沙篇》，甘肅教育出版社，2014 年，第 435 頁。
② 甘肅簡牘博物館等編：《懸泉漢簡（貳）》，中西書局，2021 年，第 206、508 頁。

上計的具體情況，還提到了與他同行的廣陵國長史"卿"。① 簡 5 是一份詔書冊，文多難以贅録，其言丞相翟方進、御史大夫孔光向郡國前來上計的"長吏守丞"詢問國計，"弘農太守丞立、山陽行太守事湖陵□□、上谷行太守事"三人即當時參與問對的三名上計吏，"令堪"亦有可能，袛是前後文難詳，袛能暫時存疑。② 簡 6—13 皆出自懸泉置遺址。其中，簡 6—10 是敦煌郡府發出的文書，稱自己派遣官吏赴丞相府、行在所或廷尉上計，要求途經之處提供食宿接待；簡 11 類似，不過是廣至縣移文懸泉置，稱要將負責上計的兩位郡卒史送至淵泉縣。③ 簡 12、13 則是懸泉置爲經過的上計吏提供食物的出粟記録。④

最後是簡 14，尹灣漢牘出現了兩例"上邑計"，與一般的"縣—郡國—朝廷"上計軌道有別，需作説明。一般認爲，皇太后、皇后、公主所食縣曰邑，地位與縣視同，但邑不僅要向所屬郡國上計，也要派人赴京城向自己的邑主上計；況其、朐邑"上邑計"應指後者。⑤ 廖伯源還沿襲嚴耕望"長吏上計"之説，認爲邑上計於邑主，本應由邑丞執行，袛是因況其丞孔寬未到官，故遣況其左尉臨時加銜"守丞"以上計，這也可解釋簡文將"守丞"寫在日期之後，而不寫作"左尉守丞宗良"的微妙差異。⑥

綜上，將這 14 枚簡所見的西漢上計吏的身份信息條列爲下表：

---

① 簡文詳解可參楊振紅《紀莊漢墓"賁且"書牘的釋讀及相關問題——紀莊漢墓木牘所反映的西漢地方社會研究之一》，《簡帛研究二〇〇九》，廣西師範大學出版社，2011 年，第 1—13 頁；〔日〕廣瀨薰雄《安徽天長紀莊漢墓"賁且"書牘解釋》（2013 年初刊），收入所著《簡帛研究論集》，上海古籍出版社，2019 年，第 178—190 頁。不過，爲何對廣陵國長史僅稱"卿"而不帶姓氏，仍顯蹊蹺，當俟後考。

② 有關該簡冊中上計吏的相關討論，參侯旭東《丞相、皇帝與郡國計吏：兩漢上計制度變遷探微》，《漢家的日常》，北京師範大學出版社，2022 年，第 322—324 頁；曹天江《西漢上計"長吏守丞"考》，《出土文獻語言研究》第 5 輯，暨南大學出版社，2023 年，第 189 頁。

③ 該文書的具體背景缺失，考慮懸泉在廣至以西，淵泉在廣至以東，兩位郡卒史應是赴京上計途中需經過懸泉置，但他們選擇這一路綫，或許還有其他原因。

④ 簡 10、13 提到的"上獄計最""上計廷尉"或許有一定特殊性，張德芳據簡 10 推測獄計文書可能要單獨上呈。參見氏著《兩漢時期的敦煌太守及其任職時間》，《簡牘學研究》第 5 輯，甘肅人民出版社，2014 年，第 166 頁。

⑤ 滕昭宗：《尹灣漢簡所見上邑計》，《中國文物報》1998 年 7 月 8 日第 53 期第 3 版；廖伯源：《〈東海郡下轄長吏不在署、未到官者名籍〉釋證》（2001 年初刊），《簡牘與制度——尹灣漢墓簡牘官文書考證（增訂本）》，廣西師範大學出版社，2005 年，第 198—200、202 頁；鄭威：《簡牘文獻所見漢代的縣級政區"邑"》，《簡帛》第 11 輯，上海古籍出版社，2015 年，第 217—219 頁。

⑥ 廖伯源：《〈東海郡下轄長吏不在署、未到官者名籍〉釋證》，《簡牘與制度——尹灣漢墓簡牘官文書考證（增訂本）》，廣西師範大學出版社，2005 年，第 202 頁。

表2 簡牘所見西漢上計吏信息要覽

時間	所屬機構	上計人員	秩級（或所守官秩級）	出處
縣—郡國				
五鳳元年（前57）	居延縣	守丞安世	（二百—四百石）	73EJT37:522
甘露四年（前50）	居延縣	守尉史彊	（斗食）	73EJT10:210
河平二年（前27）	居延縣	王嚴	/	73EJT4:99
郡國—朝廷				
太初元年（前104）至五鳳三年（前55）之間	廣陵國	長史卿	六百石	天長紀莊 M19:40–10
	臨淮郡	行守丞賁且	（六百石）	
甘露三年（前51）	敦煌郡	助府佐① 楊永	百石以下	DXT0213 ② :139
初元年間（前48—前65）	敦煌郡	守卒史	（百石）	II 90DXT0213 ③ :114
永光三年（前41）	敦煌郡	守丞	（六百石）	DXT0115 ③ :205
河平元年（前28）	敦煌郡	守屬董發	（斗食）	DXT0313 ② :1+10
陽朔元年（前24）	敦煌郡	行丞事守部候② 彊	（六百石）	90DXT0112 ③ :108
永始三年（前14）	弘農郡	太守丞立	六百石	73EJF1:4
	山陽郡	行太守事湖陵□□	/	
	上谷郡	行太守事……	/	

---

① 助府佐或爲一種"助吏"，其職守迄無定論，有協助"代理"與"試用"兩説。前説推測助吏爲協助隧長行使職權的副手，隧長不在署時可代理之，見劉增貴《〈居延漢簡補編〉的一些問題》，"中研院"史語所簡牘整理小組編《居延漢簡補編》，"中研院"史語所，1998年，第37—41頁。又可參邢義田《〈肩水金關漢簡（壹）〉初讀札記之一》，《簡帛》第7輯，上海古籍出版社，2012年，第185—186頁；趙寵亮《居延漢簡所見"助吏"》，張德芳、孫家洲主編《居延敦煌漢簡出土遺址實地考察論文集》，上海古籍出版社，2012年，第185—189頁。"試用"説發自郭俊然，推測助府佐爲處於試用期的佐，見郭俊然《漢官叢考——以實物資料爲中心》，華中師範大學博士學位論文，2013年，第161—162頁。西北漢簡所見"助吏"多是隧長之下的小吏（集釋參沈剛《居延漢簡語詞彙釋》，科學出版社，2008年，第109頁），近年公布的五一廣場簡更多見"助佐"等職，其具體意涵尚有待進一步研究。

② "守部候"可能是漢代屯兵系統中的職位，一曲之長官稱候，曲上有部；該簡字迹潦草，"部"字僅數筆帶過，很難辨識，亦不能排除當釋"守郵候"，屬候望系統的可能。不論取何解讀，這位候彊的秩級當在六百石左右，他既守部，又臨時行郡丞事，代郡丞去上計。

續上表

時間	所屬機構	上計人員	秩級（或所守官秩級）	出處
不詳	敦煌郡	卒史龐卿、尹騰	百石	DXT0216 ② :597
	敦煌郡	守卒史孫吉	（百石）	Ⅱ T0216 ② :627
	敦煌郡	太守卒史李賢	百石	Ⅱ T0111 ② :186
其他（邑—邑主）				
永始四年（前 13）或稍後①	朐邑	丞楊明	三百石②	尹灣漢牘 YM6D5
	況其縣	左尉守丞宗良	二百石（二百石）	

　　根據以上二表，首先，可窺知當時上計隊伍的規模。那麼，表中所列，能否代表本地本年度的全部上計人員？一方面，除官吏外，應當還有僕從、徒隸等隨行。武帝時朱買臣曾"隨上計吏爲卒，將重車至長安"，[3]説明上計隊伍中確需一定數量承擔苦力活的卒夫，否則很難成行。但另一方面，對其中官吏人數不宜高估。從當前的簡牘研究經驗而言，似簡 6—10 那樣由郡長官爲"出公差"人員開具的通行證明，其每一份都應詳載當次公務涉及的所有官吏及事由，迄今尚未發現將同一隊伍中的不同官吏分開書寫的例子。[4]如此，則當時的敦煌郡上計吏即爲 1—2 人。再考慮上計吏的隨從：表 1 諸例中，簡 2、6、7、10 提及他們所乘用的馬匹，皆爲一或兩匹，簡 13 中與卒史李賢一同享受傳食的有"從者一人"，其數都不過三。而簡 12 雖是和簡 13 同類的傳食文書，却沒有提到守卒史孫吉的"從者"。後文將論及，根據《二年律令·傳食律》的規定，傳置可以爲百石卒史的一名隨從人員提供傳食。由此反推，孫吉應是沒有這樣的隨從人員的。而且，即使到了東漢，郡國上計隊伍中的官吏也不算多：光和元年趙壹赴京上計，歸途中"一尉兩計吏"拜訪皇甫規，[5]漢末鄭玄、邴原、彭璆同爲北海國上計吏，[6]都在三人左右。西漢

---

① 滕昭宗：《尹灣漢墓簡牘概述》，《文物》1996 年第 8 期。

② 東海郡官吏秩級皆見木牘 YM6D2（整理者擬名《東海郡吏員簿》）。

③《漢書》卷六四《朱買臣傳》，中華書局，1962 年，第 2791 頁。

④ 詳參郭偉濤《漢代的傳與肩水金關》，《簡帛研究二〇一八·春夏卷》，廣西師範大學出版社，2018 年，第 243—272、尤其是 245—247 頁。這一點承匿名審稿專家與郭偉濤先生提示，謹此致謝。

⑤《後漢書》卷八〇《文苑列傳下》，中華書局，1965 年，第 2633 頁。

⑥《三國志》卷一一《魏書·邴原傳》裴注引《原別傳》，中華書局，1982 年，第 352 頁。

上計吏地位不如東漢時顯赫，願意前往的官吏可能更少，是以簡牘中見到僅由一兩名官吏帶領若干隨從上計，恐怕并非有所省略，而是事實如此。

　　二表也進一步釐清了上計人員的身份信息，從中可知，他們的本職參差多樣，與以往"長吏上計"的認識不完全吻合。在"縣—郡國"層級，資料較少，但已可見到 2 例不是正職長吏，一爲守丞、一爲守尉史。在"郡國—朝廷"層級，上計人員的秩級則可較清晰地分爲兩類：六百石、比六百石或視同這一等級的長吏類，與百石及以下的少吏類，二者的等級差距較爲明顯。由正職的郡丞、國長史奉計的，僅廣陵國和弘農郡 2 例。少吏類中又可分出兩種：一種是"守丞""行守丞""行丞事""行太守事"，以"守""行"之銜兼領郡丞或太守、也即郡長吏的職責；另一種是助府佐、守屬、卒史或守卒史，本身即郡國屬吏，他們不加長吏之銜直接上計朝廷。從有限史料推測，或因前者中的守部候、湖陵縣吏來自郡國的下屬機構，所以，儘管級別可能較後者爲高，但仍必須帶上"郡國吏"的身份纔能代表本郡國上計。

　　基於以上史料，可以認爲，長吏（主要是丞一級）上計的通則在實踐中既發揮着影響，也有所變通。雖然"長吏"一詞包含了縣令、長與郡國守、相，但他們幾乎不會親赴，[①] 縣丞與郡丞、王國長史上計的實例亦不多，大多都由級別更低的屬吏代行。但另一方面，代行此事的其他官吏，又多需要加上"守丞""行丞事"等銜，其職權臨時與丞視同。尹灣漢牘的案例雖較爲特殊，但也支持這一判斷：朐邑邑丞不在署，由邑左尉臨時加上"守丞"之銜以上計。由此，反觀傳世文獻常用"長吏守丞"概括郡國上計人員，雖然其中的守丞當指"郡太守之丞"，[②]但在現實中，亦可能常被理解爲"代理之丞"，影響人們對上計事務的認識。

　　上文梳理了簡牘所見上計吏的具體信息，可見其人選多樣，與前輩學者從傳世文獻勾稽出的"長吏上計"的圖景相比，現實無疑更爲複雜。那麼，當如何理解其背後的成因？地方官吏如何看待上計？長吏是否願意上計，還是更傾向於將上計任務托付給下屬完成？爲解答這些問題，需要引入"吏徭"的視角。

---

① 漢代郡守、國相不能輕易離境，武帝時會稽太守嚴助親自奉計當是特例。詳參侯旭東《傳舍使用與漢帝國的日常統治》，《漢家的日常》，北京師範大學出版社，2022 年，第 31 頁。

②《漢書》卷六四上《朱買臣傳》載朱買臣拜會稽太守後入郡國邸，守邸等人見其印綬而驚駭，"白守丞"，服虔注曰："守邸丞也。"張晏曰："漢舊郡國丞長吏與計吏俱送計也。"顏師古曰："張說是也。謂之守丞者，繫太守而言也。"（中華書局，1962 年，第 2793 頁）亦參曹天江《西漢上計"長吏守丞"考》，《出土文獻語言研究》第 5 輯，暨南大學出版社，2023 年，第 189 頁。

二、從吏徭看上計活動與官吏心態

自戰國至於兩漢，官吏爲執行公務而臨時離開官署、奔波於全國各地，稱爲“吏徭”（或吏之“徭使”），而隨着尹灣漢牘、里耶秦簡等的公布，上計也明確成爲了吏徭的一種。[①] 對於吏徭的性質及吏徭與民徭的關係，學界也有豐富的討論。[②] 應當強調的是，吏徭雖然是官吏受官府驅遣役使而從事的勞動，但又具有臨時性的“差事”性質，與民徭存在一定區别。

這一方面是因爲官吏所承擔的徭使五花八門，不見得都有較穩定的執行方式，也并非都是身體上的“力役”。王勇總結里耶秦簡所見吏徭，包括上計、護送人員或物資、采購、上事、校讎律令、處理刑獄、采礦等；[③] 從里耶秦簡文書、周家臺 30 號秦墓出土《秦始皇三十四年曆譜》等，都可窺見秦代基層小吏外出公幹的情狀。[④] 及至漢代，尹灣漢牘 YM6D5 列出的官吏之“縣”，亦包含輸錢、送戍卒衛士、買賣市物、上計等多種活動。傳世文獻中，送徒、護送軍糧等吏徭亦不絶書。[⑤] 這些吏徭的執行方式與强度往往因事而異，各不相同。另一方面，官吏從事徭使之時，也并未抛弃原本的職務角色，需要的時候，還必須完成本職工作。前引簡 1 中，徐通拜托上計途中的居延守丞安世爲自己辦理證件，這固然屬於居延丞的職責範疇，且安世隨身携帶着居延縣丞的印，其所開具的文書具有正式效力。儘管在外徭使，但安世作爲居延縣守丞的職能并没有被抹除，所以纔可以接

---

① 除前揭研究外，較新成果還可舉侯旭東：《傳舍使用與漢帝國的日常統治》，2008 年初刊，《漢家的日常》，北京師範大學出版社，2022 年，第 33—39 頁；沈剛：《徭使與秦帝國統治》，2019 年初刊，《秦簡所見地方行政制度研究》，中國社會科學出版社，2021 年，第 197—200 頁；王勇：《里耶秦簡所見秦代地方官吏的徭使》，《社會科學》2019 年第 5 期。

② 陳松長：《秦漢時期的縣與縣使》，《湖南大學學報（社會科學版）》2014 年第 4 期；〔日〕廣瀨薫雄：《更徭辨》，《簡帛研究論集》，上海古籍出版社，2019 年，第 486—491 頁；孫聞博：《秦及漢初“徭”的内涵與組織管理——兼論“月爲更卒”的性質》，《中國經濟史研究》2015 年第 5 期；王彦輝：《秦漢徭戍制度補論——兼與楊振紅、廣瀨薫雄商榷》，《史學月刊》2015 年第 10 期；朱德貴：《〈嶽麓秦簡〉所見“徭”制問題分析——兼論“奴徭”和“吏徭”》，《江西師範大學學報（哲學社會科學版）》2016 年第 4 期。

③ 王勇：《里耶秦簡所見秦代地方官吏的徭使》，《社會科學》2019 年第 5 期。

④ 沈剛：《徭使與秦帝國統治：以簡牘資料爲中心的探討》，《秦簡所見地方行政制度研究》，中國社會科學出版社，2021 年，第 187—200 頁；〔日〕籾山明：《里耶秦簡と移動する吏》，《秦漢出土文字史料の研究》，創文社，2015 年，第 127 — 159 頁。

⑤ 如劉邦爲泗水亭長，曾“縣咸陽”而見到秦始皇，又曾“爲縣送徒驪山”；王尊爲護羌將軍轉校尉，曾“護送軍糧委輸”。見《史記》卷八《高祖本紀》，中華書局，1982 年，第 344、347 頁；《漢書》卷七六《王尊傳》，中華書局，1962 年，第 3229 頁。

受徐通的請求而爲他開具文書。

　　總之，史料所見吏繇，有的是根據律令規定定期執行，有的是因應於上級的臨時安排，并不都有固定的期限、額度、對象、範圍等，這就爲前文談到的上計人員多樣性提供了操作上的可能。而且，縣屬吏爲郡上計需帶"行太守事/行丞事"一類郡吏職銜的問題，也可以由吏繇的性質得到解釋。正因上計屬於由官府發遣的吏繇，所以郡國上計朝廷，應由郡府、國相府内部來統籌安排官吏出行，當需要用到下屬的縣、部屬吏時，就要讓他們臨時帶上視同本官府官吏的職銜。①不過，從尹灣漢牘 YM6D5 所示的多種吏繇來看，縣長吏赴郡外（主要是長安）繇使較爲常見，却祇有况其邑左尉爲了上計而臨時帶上"守丞"之銜，其他還有 5 名縣尉，都以本職從事外繇。這説明上計活動與其他的吏繇又有所不同，進一步佐證了"長吏上計"的常例在當時仍有一定影響。

　　常例雖在，變通更多，上節提出的現實與原則之間的矛盾仍需解釋。接下來，將考察西漢上計的行程活動，尤其是"郡國—朝廷"層級的上計，從"吏繇"的視角理解官吏面對其事的心態與選擇，以解答上節提出的現實與通例之間的矛盾，也更進一步探究上計事務在西漢時代的意義。

（一）上計耗時、旅途接待與遠行之苦

　　首先考察上計隊伍往返的耗時。縣赴郡國上計距離較近，史料中也缺乏明確的時間綫索，可暫置不論。郡國上計諸案例中，弘農郡地屬三輔，相對最爲近便，其次則廣陵、臨淮、山陽，最遠則上谷、敦煌，已屬邊地。部分敦煌郡的傳文書還留下了時間記録：簡 6、10 分別記載上計吏在十一月二十五日和十一月十八日獲得傳，但返回日期不明。②簡 7 記載上計吏二月返回懸泉置，而出發日期不明。簡 8 記載上計吏十一月二十三日出發，來年四月二十四日返回懸泉置。簡 9 記載上計吏十一月二十四日出發，五月歸至懸泉置。從更清晰的後二例看來，敦煌郡上計吏在京城和懸泉置之間往返耗時已近乎半年。

　　這一時長也可由計算得出。前述朱買臣隨會稽郡上計吏"爲卒，將重車至長安"，上計隊伍需以重車運送物資，脚程不會很快。張家山漢簡《二年律令·繇律》簡 412 曰："事委輸，傳送重車重負日行五十里，空車七十里，徒行八十

---

①這一點承匿名審稿專家提示，謹此致謝。
②此二簡中，上計人員獲得傳與出發的時間相隔許多天，實有蹊蹺之處，但目前圖版尚未公布，祇能暫付闕疑。

里。”規定了物資“委輸”時車隊行進速度的下限。① 成帝時陳湯談用兵，提到“兵輕行五十里，重行三十里”。② 因此，對西漢後期上計隊伍的行進速度，估取其每日行進五十里當有一定的參考價值。又敦煌郡到長安的距離，懸泉漢簡 V1611 ③:39B 記爲“四千八十”里有餘，張德芳換算爲 1696 公里，“與今日之道里狀況基本吻合”，③ 知其可信。以此數字除以每日五十里的平均行進速度，即 4800÷50=96 日，從懸泉至長安，若依照律令要求行進，大約需 96 日、超過三個月纔能抵達。④ 考慮重車日行五十里的要求不一定强加于上計人員，且上計隊伍在京師還會停留一段時間，總的算來，前引諸簡顯示敦煌郡的上計隊伍自懸泉置出發、再返回懸泉置，耗費近半年，是合情合理的，不能視爲誇張或某年的特例，風塵僕僕，跋山涉水，恐怕年年皆然。

相比之下，天長漢牘記載賁且與廣陵國長史以十二月抵達洛陽，就從容許多。據研究，賁且從臨淮郡治徐縣出發，寫下該書信時已至東郡（郡治濮陽），之後或經黃河水路，以十二月壬戌日至洛陽，兩日後的甲子日再出發西赴長安。⑤ 自洛陽至西安，今日爲 392 公里，以 1 漢里 =415.8 米換算，約爲 943 里，18.86 日即可抵達。賁且在洛陽還停留了兩日纔動身前往長安，他心中對自己的脚程與抵達日期應有所把握。

上計途中，官吏可享用傳舍等官府接待設施，諸簡中郡太守叮囑“當舍傳舍”，謂他們可以住在沿途傳舍，由官府提供飲食；“以次爲駕”，謂官府提供乘用的車馬，每到一地可以更換。對當時的接待規格，學者曾根據睡虎地秦簡、張家山漢簡《傳食律》及懸泉漢簡等資料展開研究。⑥ 從中可見，因公務而使用傳舍的官吏們雖

---

① 本文所引張家山漢簡皆據彭浩、陳偉、〔日〕工藤元男主編《二年律令與奏讞書：張家山二四七號漢墓出土法律文獻釋讀》，上海古籍出版社，2007 年。又《嶽麓秦簡（肆）》所載秦代《徭律》簡 248/1394 記爲“委輸傳送，重車負日行六十里，空車八十里，徒行百里”。陳松長主編：《嶽麓書院藏秦簡（肆）》，上海辭書出版社，2015 年，第 150 頁。漢代要求似略爲寬鬆。關於“重車”詳解，可參〔日〕宮宅潔編《嶽麓書院所藏簡〈秦律令（壹）〉譯注稿》，汲古書院，2023 年，第 263—264 頁。

② 《漢書》卷七〇《陳湯傳》，中華書局，1962 年，第 3023 頁。

③ 胡平生、張德芳：《敦煌懸泉漢簡釋粹》，上海古籍出版社，2001 年，第 59—60 頁。

④ 單純的文書傳送比這種大批人員的成隊行動要快得多。居延出土“元康五年詔書册”從長安到地灣的傳遞時間是 57 天，其中還包括了在丞相府、張掖太守府中抄寫的時間，相關考證見〔韓〕金慶浩《漢代文書行政和傳遞體系——以“元康五年詔書册”爲中心》，《簡帛研究二〇〇六》，廣西師範大學出版社，2008 年，第 184—188 頁。

⑤ 〔日〕廣瀨薰雄：《安徽天長紀莊漢墓“賁且”書牘解釋》，其著《簡帛研究論集》，上海古籍出版社，2019 年，第 186 頁。

⑥ 侯旭東：《漢代律令與傳舍管理》，其著《漢家的日常》，北京師範大學出版社，2022 年，第 115—127 頁。

能享受一定待遇，但在食材的用量、飲食的時間以至隨從、馬匹的食糧等方面，皆有律令限制。《二年律令·傳食律》簡234云：“使者非有事其縣道界中也，皆毋過再食。”僅是經過此縣道、而非在此縣道界中有公務的使者，享用飲食不能超過兩頓。對照簡11的“再食。東”，正相吻合。《傳食律》簡235—237又云：“食從者……千石到六百石毋過五人，五百石以下到二百石毋過二人，二百石以下一人。”漢朝初年，秩六百石的上計吏，其隨從享受傳食的不能超過五人，百石以下者，其隨從享受傳食的僅限一人。這與前文談到的上計隊伍規模也是相符的。

自郡國上計朝廷，路途遙遠，耗時漫長，縱然沿途有官府的接待設施，但上計吏享受的待遇有限，因此，爲備不時之需，他們會自携若干資財。學者指出，官吏因公出差耗費甚巨，而爲了赴京上計，可能還要置辦新的車馬衣冠，這對“中家之產”以上的官吏都是很大的一筆開銷。[①]西漢中期的鹽鐵會議上，賢良論曰：“今小吏祿薄，郡國繇役，遠至三輔，粟米貴，不足相贍。常居則匱於衣食，有故則賣畜粥業。”[②]賢良在辯論中批評朝政，其言難免有所誇張，但也反映了時人的一些真實觀感。是故東漢趙壹上計，“時諸計吏多盛飾車馬帷幕，而壹獨柴車草屏，露宿其傍”；[③]戴紹上計，“獨車載衣資”，[④]沈欽韓謂獨車乃鹿車，“是他計吏固有衣裝大車”；[⑤]任尚因“居素溫富”，則能“乘鮮車，駕肥馬”，[⑥]都可見上計吏在外待遇和景況，頗依賴於他們自身的家境。

赴計之苦還不止於財費方面，途中艱險，常有意外發生。漢代全國聚落、人口分布不均，僻遠處常有野獸出没，虎狼食人之事屢見於史，連官吏通行的驛道附近也有虎患。[⑦]加上当時道路建設不完善，交通工具祇有車馬，出土簡牘中就

---

① 〔日〕高村武幸：《漢代の地方官吏と地域社會》，汲古書院，2008年，第212頁。此外，趙鵬團亦認爲，上計吏至少應部分地承擔途中食宿費用。趙鵬團《兩漢時期“與計偕”考論》，《南都學壇（人文社會科學學報）》2021年第2期。

② 王利器校注：《鹽鐵論校注》卷六《疾貪》，中華書局，1992年，第415頁。

③ 《後漢書》卷八〇《文苑列傳下·趙壹》，中華書局，1965年，第2632頁。

④ 王利器校注：《風俗通義校注》卷四《過譽》，中華書局，2010年，第199頁。

⑤ 〔清〕王先謙：《漢書補注》引沈欽韓語，上海古籍出版社，2012年，第4438頁。

⑥ 《太平御覽》卷四〇三《人事部四十四·道德》引《會稽典録》，中華書局，1960年影印本，第1864頁下。亦參熊明輯校《漢魏六朝雜傳集》之《會稽典録》，中華書局，2017年，第1953頁。

⑦ 王子今：《秦漢時期的虎患》，《秦漢時期生態環境研究》，北京大學出版社，2007年，第197—217頁；孫正軍：《中古良吏書寫的兩種模式》，《歷史研究》2014年第3期。

留下了不少車輛損壞記録與傳馬病死文書，[1]其費用雖可以由官府負擔，[2]但官吏本人仍會有不小的心理壓力。官吏行于陌生水土，本易沾染疾病，在亂世遠行則風險更巨。獻帝即位時天下大亂，潁川計吏劉翊"夜行晝伏，乃到長安。詔書嘉其忠勤，特拜議郎，遷陳留太守"，[3]這是值得皇帝親自嘉獎的特例，恐怕更多的人都因道途多亂而不赴計。

上計僅是漢代吏徭之一項，官吏所承擔的外出任務，實不僅辛苦，而且頻繁。尹灣漢墓所出《元延二年日記》（YM6J1—76）記録墓主師饒當年的行迹，一共354 條（日）之中，180 條明記有當天行事，其中因外出而居住在官府提供的住宿設施的記録共計 68 條，在全年日數中占比 19.2%，[4]這還未包括師饒住宿在外地民舍的時間，[5]可見其勞碌。《日記》又載師饒在這一年先後擔任郡法曹、□曹書佐與功曹，職務變動很快，功曹更是郡中右職，[6]其墓中出土有附近太守等長吏存問的名謁，縱是虛設，也足證他在地方官府頗有地位；至如比他更爲低下的小吏，所享受的待遇恐怕比他更低，所承擔的徭使亦應比他更重。

吏徭如此辛苦、危險、頻繁，無怪乎古人對其多有畏避，不得不出門時，便

---

① 張俊民：《敦煌懸泉置出土文書研究》，甘肅教育出版社，2013 年，第 322—325、471—487 頁。

② 懸泉漢簡Ⅰ T0207 ④:5 記載敦煌郡派人去長安"治傳車"（張俊民解釋爲購置新傳車），Ⅱ T0113 ③:57AB、Ⅱ T0113 ③:61 記載懸泉置上報太守府、請求調換受損傳車，可見官吏徭使所用的傳車皆由官府出資購置和維護。張俊民：《敦煌懸泉置出土文書研究》，甘肅教育出版社，第 47、287—288、476—477 頁。

③《後漢書》卷八一《劉翊傳》，中華書局，1965 年，第 2696 頁。

④ 包括宿於傳舍 37 條，宿於亭 29 條，郵、置各 1 條。此注及下注的具體數字爲筆者計算，相關整理并參宋杰《〈元延二年日記〉所反映的漢代郡吏生活》，《社會科學戰綫》2003 年第 3 期；侯旭東《傳舍使用與漢帝國的日常統治》，其著《漢家的日常》，北京師範大學出版社，2022 年，第 19—31 頁。

⑤ 師饒居住在外地某人家舍的記録共 7 條，其中"宿子嚴舍" 5 條，"宿陳文卿家" 1 條，"宿陳少平家" 1 條；師饒外宿在楚國南春的私宅"南春宅"共計 19 條；此外，還有 7 條僅記外宿的地名，不知詳情。這些記録很可能也與官府徭使有關。

⑥〔日〕西川利文：《尹灣漢墓簡牘的基礎的研究—三·四號木牘的作成時期を中心として—》，日本佛教大學《文學部論集》83，1999 年；侯旭東：《傳舍使用與漢帝國的日常統治》，其著《漢家的日常》，北京師範大學出版社，2022 年，第 28—29 頁。

要依從各種地理指南和禁忌占卜來行動。①師饒墓出土的數術占卜之書中，就有不少與出行相關。《博局占》（YM6D9 反）有"問行者"，占測出行者的吉凶；《刑德行時》（YM6J77—89）亦包含對出行"有憙""莫敢禁止""大利"或"不利"的判斷；《行道吉凶》（YM6J90—113）更是文如其名，占卜出行宜忌，具體到如果出行，應往何種方向出行，會有何種不祥發生。②同墓出土的《元延三年五月曆譜》（YM6D11），木牘上方列有"建日午""反支未""解衍丑""復丁癸""舀日乙""月省未""月殺丑"等字樣，分別表示本月神煞之日，其中舀日即屬行忌之日。③師饒頻繁出外徭使，這些書冊、曆譜都可在需要時直接取用查閱，其中對出行的指點頗具旅行指南般的實用色彩，或許因此，他或他的家人希望能在更爲陌生的地下世界，繼續爲他導引前路。

朝中君臣對吏徭之苦其實也早有注意。《漢書·文帝紀》載文帝二年，"以列侯多居長安，邑遠，吏卒給輸費苦，而列侯亦無繇教訓其民"，要求列侯就國。④文帝這一舉措背後雖有政治考量，但至少明面上的理由，即是各侯國的吏卒爲了供應列侯在長安的生活，往來輸送，繁瑣辛苦。賈誼亦曾描述遠方之人不願徭使長安的情狀：

夫淮南僻民貧鄉也，繇使長安者，自悉以補，行中道而衣，⑤行勝
已羸弊矣，強提荷弊衣而至，慮非假貸，自諸非有以所聞也。履蹻不數易，

①江紹原考證，在漢以前，人們已對陌生之地的神奸十分忌諱，《山海經圖》等書籍既具旅行指南的作用，也記載了很多禁忌與辟邪之法，以幫助旅行者渡過旅旅。自戰國至秦漢的多種《日書》都具見有"行忌"，細分有遠行、久行等多種忌諱，學者研究頗詳。漢代以迄魏晉的鬼怪故事中，還有不少發生於旅舍、館亭等行旅場所，都可見時人厭懼陌生之地、深恐死於他鄉的心態。可參江紹原《中國古代旅行之研究》，上海文藝出版社，1989 年，第 13—37 頁；劉樂賢《尹灣漢墓出土數術文獻初探》，連雲港巾博物館、中國文物研究所編《尹灣漢墓簡牘綜論》，科學出版社，1999 年，第 175—186 頁；劉樂賢《尹灣漢簡〈行道吉凶〉初探》，《中國史研究》1997 年第 4 期；李劍國、張玉蓮《漢魏六朝志怪小説中的亭故事》，《南開學報（哲學社會科學版）》2008 年第 3 期；李萌昀《旅行故事：空間經驗與文學表達》，人民文學出版社，2015 年，尤其是第 54—55、311—319、325—326 頁；王允亮《鬼魂、精怪與玄異——論漢魏六朝小説中的亭傳小説觀念》，《北京社會科學》2018 年第 2 期。

②參劉樂賢《尹灣漢墓出土數術文獻初探》，連雲港市博物館、中國文物研究所編《尹灣漢墓簡牘綜論》，科學出版社，1999 年，第 175—186 頁；劉樂賢《尹灣漢簡〈行道吉凶〉初探》，《中國史研究》1997 年第 4 期。

③睡虎地秦簡《日書乙種》："凡舀日，可以取婦、家（嫁）女，不可以行，百事凶。"亦參劉樂賢《睡虎地秦簡日書研究》，文津出版社，1994 年，第 175—177 頁；劉樂賢《簡帛數術文獻探論（增訂本）》，中國人民大學出版社，2012 年，第 191—194 頁；張顯成、周群麗《尹灣漢墓簡牘校理》，天津古籍出版社，2011 年，第 102—103 頁。

④《漢書》卷四《文帝紀》，中華書局，1962 年，第 115 頁。

⑤鍾夏注此處脱"弊"字，見閻振益、鍾夏校注《新書校注》卷三《屬遠》，中華書局，2007 年，第 118 頁。

> 不足以至，錢用之費稱此，苦甚。竊以所聞縣令丞相歸休者，慮非甚彊也，
> 不見得從者。夫行數千里，絶諸侯之地而縣屬漢，其勢終不可久。漢往者，
> 家號泣而送之；其來縣使者，家號泣而遣之，俱不相欲也。①

極言遠地"輸將徭使"之苦。淮南國在今日安徽六安一帶，距長安約兩千里，約
爲敦煌至長安距離的一半。"自悉以補"，應劭曰"自悉其家財，補縫作衣"；"假
貸"一句，俞樾認爲"諸"即"儲"，"大抵非假貸，自儲則無有也"。② 以至
於地方一縣之令、丞、相，如遇歸休，很少有人願意跟從。③ 這一言説，應頗得
西漢吏徭之情實。即使到東漢永元十年（98），應順猶上言稱：

> 百郡計吏，觀國之光，而舍逆旅，崎嶇私館，直裝衣物，敝柸暴露，
> 朝會邈遠，事不肅給。昔晉，霸國盟主耳，舍諸侯于隸人，子産以爲大譏。
> 况今四海之大，而可無乎？④

"逆旅"，指私營旅舍，學者引此，認爲上計考課時間長，計吏若住在私營旅舍，
其耗費需要自行負擔。⑤ 上計負擔沉重，途中供應不周，導致計吏携帶的貢物箱
篋都遭損壞，其潦倒已有礙大國的體面。可見上計吏的艱難疲憊，終西漢一代始
終未改。

上計既如此辛苦，官吏們又是否能得到其他方面的報償？前往上級機構，對
他們而言，會不會存在仕途上的機遇？這要從他們在郡治或長安實際參與的活動
來理解。

（二）郡治／長安的上計活動與計吏的仕途選擇

《續漢書·百官志》中一段胡廣的注語，描繪了漢代各縣每年派遣人員上計
於郡治的情形：

> 秋冬歲盡，各計縣户口墾田，錢穀入出，盜賊多少，上其集簿。丞
> 尉以下，歲詣郡，課校其功。功多尤爲最者，於廷尉勞勉之，以勸其後。
> 負多尤爲殿者，於後曹别責，以糾怠慢也。諸對辭窮尤困，收主者，掾

---

① 閻振益、鍾夏校注：《新書校注》卷三《屬遠》，中華書局，2007 年，第 116—117 頁。
② 皆參閻振益、鍾夏校注《新書校注》卷三《屬遠》，中華書局，2007 年，第 118 頁。
③ 此亦需考慮到當時制度規定長吏任用回避本籍，其家鄉皆在外地；相比之下，屬吏則多是本地人，
故難免"慮非甚强也，不見得從者"。感謝侯旭東先生提示。
④《續漢志》第二五《百官二》"大鴻臚"條注，見《後漢書》，中華書局，1965 年，第 3583 頁。《藝
文類聚》卷四九《職官五·將作》引應劭《漢官》亦有此語，但"永元十年"作"永元七年"，"應順"作"應
慎"，"直裝衣物，敝柸暴露"作"貢篚之物，朽濕曝露"（上海古籍出版社，1999 年第 2 版，第 887 頁），
孫星衍輯本《漢官六種》取後者（中華書局，1990 年，第 147 頁）。
⑤ 趙鵬團：《兩漢時期"與計偕"考論》，《南都學壇（人文社會科學學報）》2021 年第 2 期。

史關白太守，使取法，丞尉縛責，以明下轉相督敕，爲民除害也。①

每到年末時節，各縣統計本地的戶口、墾田、錢穀、盜賊等情況，製作成簿書，由丞、尉以下的官員帶去郡治，接受考課審查。其中功勞優異、排行居前的縣，會得到慰勞勉勵，負課較多、排行末位的縣，其官吏要去後曹受責問，如果無法很好應對，則要收繫相關負責人，并由郡國掾史稟告郡太守，丞、尉本人也會被綁縛起來受訓。

這雖是東漢時的説法，但在《漢書·蕭育傳》中也得到了印證：

> （蕭育）後爲茂陵令，會課，育第六。而漆令郭舜殿，見責問，育
> 爲之請，扶風怒曰："君課第六，裁自脱，何暇欲爲左右言？"及罷出，
> 傳召茂陵令詣後曹，當以職事對。育徑出曹，書佐隨牽育，育案佩刀曰：
> "蕭育杜陵男子，何詣曹也！"②

蕭育乃蕭望之之子，此事發生在漢成帝中葉、王鳳任大將軍期間（前33—前22年）。從文意看來，茂陵縣令蕭育、漆縣令郭舜都是親自前去扶風官府參加考課，蕭育課第六，是勉强"及格"的成績，③郭舜則在考課中墊底。郭舜"見責問"蕭育"詣後曹，當以職事對"，正與胡廣所言"於後曹別責"形成呼應。但胡廣并未提到縣之令、長也會親自來到郡治。這或許有時代變遷的影響，但也展現出縣長吏與郡府在工作上的關係較爲密切，他們關心自己的考課，縣、郡之間的往來也較爲近便，兩相權衡之下，令、長級別的縣長吏親自前往郡治接受考課，并不難理解，甚至可能會形成郡縣中的慣例。

郡國上計則有些不同。過去學界考察郡國上計於朝廷的情狀，亦有丞相、御史大夫問對，校驗簿書，賞功罰惡等環節，從而影響到郡國長吏的仕途，這和縣上計有相通之處。但郡國長吏是否親自上計，還會受到更多複雜因素的左右，要言之，赴京上計對長吏的仕途影響并不顯著，反而對百石及以卜的低級別屬吏更具誘惑。

與東漢時不同，西漢上計吏幾乎没有面見皇帝的機會，而在計簿校驗、政績

---

①《續漢志》第二八《百官五》，見《後漢書》，中華書局，1965年，第3623頁。

②《漢書》卷四八《蕭望之附蕭育傳》，中華書局，1962年，第3289頁。

③《漢書·地理志》載右扶風轄縣二十一，《中國行政區劃通史》考出其中14縣的置年，另有7縣置年不詳、亦不知何時歸屬右扶風。成帝時蕭育課在第六、"裁自脱"的表述，或許能爲右扶風各縣年代提供一定的參考。見周振鶴、李曉杰、張莉《中國行政區劃通史（秦漢卷）》，復旦大學出版社，2015年，第242—243頁。又《嶽麓書院藏秦簡（伍）》載秦朝廷考課各郡獄訟案件并排名，"十郡取殿一郡、奇不盈十到六亦取一郡。50/2097亦各課縣、御史課中課官、取殿數如郡。51/0831"儘管是秦朝的規定，但它提示，所謂的"殿"，不見得是全範圍內的最後一名，亦可能是按比例折算而取多名。

考課等方面，也少有發揮的空間。學者已指出，西漢時并無郡國計吏參加正月朝會的證據，皇帝受計或召見計吏也并未形成慣例；[①]且據前可知，直到成帝時期，仍有些邊郡計吏十一月纔出發，很難在正月之前抵達長安，對他們應不存在參加正月朝會的硬性要求。上計吏在京師的活動，若以渡邊信一郎的"實務"與"儀式"二分法[②]言之，當以"實務"爲主，即面見丞相、御史及其屬吏，上呈本郡國計簿，應對審驗質詢，并受戒敕而歸去。

西漢時代尤其西漢後期的計簿，由丞相、御史兩府來審核。[③]《漢書·匡衡傳》記載，建始元年（前32），臨淮郡上呈的新郡圖減少了丞相匡衡所封的樂安侯國的面積，受到丞相府質詢，"郡即復以四百頃付樂安國"，當是重新製作并上呈了含郡圖的計簿。[④]這仍舊屬於本年度上計的内容，負責上呈新文書、處理此事餘波的應是留在長安的臨淮郡上計吏。不過，計簿若十分優秀，相應郡國也會得到獎賞，如宣帝地節三年（前67）春三月，曾下詔賞賜膠東國相王成，因"流民自占八萬餘口"，賜成爵關内侯，秩中二千石。[⑤]時已三月，膠東國上計吏很可能已經歸去，丞相、御史處理計簿完畢，皇帝獎功勸善，爲守相加官進爵，但這一褒獎對上計吏本人卻似無甚影響。

除此之外，上計吏在京，還可能要回答丞相關於郡國情狀或治國方案的提問。如前引簡5諸上計吏應答翟方進、孔光之問，及《漢書·黄霸傳》載"丞相請中二千石、博士雜問郡國上計長吏守丞"等。最後，上計吏在離京前會一同接受丞

---

① 侯旭東：《丞相、皇帝與郡國計吏：兩漢上計制度變遷探微》，其著《漢家的日常》，北京師範大學出版社，2022年，第317—326頁。

② 〔日〕渡邊信一郎：《元會的建構——中國古代帝國的朝政與禮儀》，〔日〕溝口雄三、小島毅主編，孫歌等譯：《中國的思維世界》，江蘇人民出版社，2006年，第374頁。

③ 關於丞相和御史大夫兩府在治計事務中的分工，王勇華認爲郡國上呈朝廷的計簿分正、副，正簿交給御史中丞，用於監察和存檔，副簿交給丞相，用於考課。王勇華《秦漢における監察制度の研究》，朋友書店，2004年，第243頁。

④ 對這則材料的詳討，亦見魏斌《漢晉上計簿的文書形態——木牘與簡册》，《中國中古史研究》第8卷，中西書局，2020年，第268—269頁。另外，里耶秦簡8-224+8-412+8-1415云："其旁郡縣與梌（接）界者毋下二縣，以□爲審，即令卒史主者操圖詣御史，御史案讎更并，定爲輿地圖。有不讎、非實者，自守以下主者……"展現出秦官府校讎、更定郡縣地圖的過程，其解讀可參。馬勒思（Max Jakob Fölster），史達（Thies Staack）《早期中華帝國的校讎：從行政程序到文獻學方法》（2021年初刊），《出土文獻》2023年第3期。

⑤ 《漢書》卷八九《循吏傳》，中華書局，1962年，第3627頁。尹灣漢牘表明，流民口數是郡國計簿的必載條目之一，也是郡國守相的考課項目之一。

相、御史大夫的戒敕，① 這或許有相應的儀式，但計吏在此過程中不會見到皇帝；戒敕中有 "歸告二千石" 或 "到郡與二千石同力" 之語，要求上計吏將朝廷的旨意詳細帶給郡國長官，對上計吏本人，却幾乎没有慰問。

故而，就上計 "明" 面上的流程而言，這一吏徭似乎不能爲上計吏的仕途提供多少助益。在長安，他們即使計簿優秀，或應答得體，其結果祇是爲長官的治績加分，但當計簿遭到舉劾，上計吏便不得不夾在朝廷與地方長官之間，留京應對處理，他們更像是朝廷與郡國之間的 "橋梁" 或 "傳話筒" 角色。西漢的上計吏幾乎没有留下姓名，他們大多泯然衆人，并不因曾赴京上計獲得青史留名的機會，或即使某位名人曾經上計，史官也不認爲值得記載。它在時人眼中的定位，仍與輸送刑徒等其他吏徭没有實質區别，祇是一次 "出公差" 的空間移動而已。

不過，還需注意到，這些官吏從各郡國入京至丞相府，見到丞相及其屬吏，對他們的仕途還可能有着 "暗" 面的影響。這要結合當時的官吏遷轉方式來揭示。

西漢官吏的登用與晋升，最爲普遍的標準乃是 "功次"，它的基數是任官時長，再增减一定的特殊功績；② 四百石至二百石的長吏，由丞相從全國範圍的百石少吏中選任，③ 而實際負責處理這些候選人的功次排名，并安排他們調動的，當是丞相府的諸曹掾史。④ 功次看似客觀公允，但同一等級上的官吏與官缺何其之多，他們如何排名，如何安排崗位，就頗取决於丞相府中的人爲操作。上計吏受丞相問計，又領受丞相、御史戒敕，此過程中如應對出色，本會産生脱穎而出的可能；而且，他們還要應對來自丞相府各曹的查驗質詢，若能主動與曹吏接觸，甚至培養起私人關係，則更易於謀取仕進，有志于此者應不在少數。

---

① 關於這些戒敕的分析，可參魏斌《五條詔書小史》，《魏晋南北朝隋唐史資料》第 26 輯，上海古籍出版社，2010 年，第 6—8 頁。

② 功次升遷問題，自 1960 年代以來中日學界研究頗多，相關學術史可參曹天江《甘肅省金塔縣 A32 遺址出土兩方功次木牘試探》，《簡帛研究二○二○·春夏卷》，廣西師範大學出版社，2020 年，第 194—196 頁。本文投稿後，張家山 336 號漢墓簡牘文書公布，中有《功令》184 枚（荆州博物館編《張家山漢墓竹簡〔三三六號墓〕》，文物出版社，2022 年），可見漢代功次考課的問題還有很大的探討空間。

③《漢舊儀》卷下："舊制：令六百石以上，尚書調；拜遷四百石長相至二百石，丞相調。" 孫星衍等輯：《漢官六種》，中華書局，1990 年，第 82 頁。較新研究參曹天江《甘肅省金塔縣 A32 遺址出土兩方功次木牘試探》，《簡帛研究二○二○·春夏卷》，廣西師範大學出版社，2020 年，第 211—213 頁；黄怡君《漢代功次升遷制度考》，《 "中研院" 史語所集刊》第 93 本第 2 分，2022 年，第 343—344 頁。

④ 史料所見丞相府中各類掾史的職掌，可見安作璋、熊鐵基《秦漢官制史稿》（齊魯書社，2007 年，第 38—41 頁）的總結。其中，東曹與全國官吏選任的關係最爲密切：《漢書·丙吉傳》（中華書局，1962 年，第 3146 頁）載丞相丙吉 "召東曹案邊長吏，瑣科條其人"；《續漢志》第二四《百官一》（見《後漢書》，中華書局，1965 年，第 3558—3559 頁）本注云漢初公府掾史中，"東曹主二千石長吏遷除及軍吏"。不過全國官吏遷調事務極其繁雜，其他曹的屬吏也可能有所參與。

　　對有野心的小吏而言，相比僻遠而乏人提携的地方郡國，長安無疑更有仕進的"希望"。通過赴京上計乃至其他吏徭，他們不僅可以與丞相府屬吏密切溝通，還可能在各式場合、各種活動中結識高官貴人，更不必提似朱買臣一般，從遥遠的會稽來到長安上書皇帝，即使囊中羞澀也不離開，孤注一擲以博仕進者。對此，史料雖未明確記載，但玄機暗藏。尹灣漢牘中，有西域都護戊校尉下屬的前曲候令史，原秩斗食，以功遷爲二百石的東海郡建陽丞；南方的象林候長，原秩百石，以功遷爲比三百石的建陵侯家丞；此外還有若干他郡的文學卒史，皆以功遷爲東海郡的長吏。[①] 傳世文獻亦歷歷可見，王訢以郡縣吏積功稍遷爲被陽令，丙吉以魯獄史積功勞稍遷至廷尉右監，于定國以東海郡決曹補廷尉史，梅福以郡文學補南昌尉，[②] 等等。衹是史籍所載的人物多是在地方早有令名，其升遷不如尹灣漢牘的例子那麼前後懸殊，但他們具體是如何爭取到這一機會的，其中當有不少個人主動性的發揮。

　　赴京上計有着成爲終南捷徑的可能，它對百石及以下官吏的誘惑最大，秩級越往上，却越難得到其中"實惠"。二百至六百石官吏的仕途空間最受察舉等其他特殊升進方式的擠壓，以功次升遷十分困難；[③] 六百石以上的官吏則當由尚書遷調，丞相府的作用有限。表 2 中，六百石正職官吏僅 2 名，二百至四百石官吏尚未見到，或可因此得到部分解釋。對他們而言，更重要的是在本崗位上做出實績，得到地方二千石或三公的賞識、爭取他們的推薦，上計雖有一定機會認識高官，但并非首選。

　　當然，上計的辛苦，與它可能帶來的"收益"仍存相當的張力，我們也不能過於高估百石小吏上計的積極性。前引《鹽鐵論》賢良之言，在描述小吏禄薄、

---

　　① 相關論考參廖伯源《簡牘與制度——尹灣漢墓簡牘官文書考證（增訂本）》，廣西師範大學出版社，2005 年，第 13—36 頁；劉軍《尹灣木牘長吏除遷考漢簡人事研究之二》，《出土文獻研究》第 4 輯，中華書局，1998 年，第 44—51 頁；李解民《〈東海郡下轄長吏名籍〉研究》，連雲港市博物館、中國文物研究所編《尹灣漢墓簡牘綜論》，科學出版社，1999 年，第 57—60 頁；于琨奇《尹灣漢墓簡牘與西漢官制探析》，《中國史研究》2000 年第 2 期；〔日〕西川利文《尹灣漢墓簡牘三・四號木牘について—その復元を中心として—》，《鷹陵史學》24，1998 年，及《尹灣漢墓簡牘よりみた漢代の長吏》，《中國出土資料研究》4，2000 年，及《漢代における長吏の任用・補論》，《鷹陵史學》26，2000 年，及《漢代における長吏の任用—尹灣漢墓簡牘を手がかりとして—》，《古代文化》53—1，2001 年；〔日〕紙屋正和著，朱海濱譯《漢代郡縣制的展開》，復旦大學出版社，2016 年，第 276—313、318—353、356—412 頁。

　　② 對這些傳世史料的分析可見〔日〕永田英正《漢代の選舉と官僚階級》，《東方學報》41，1970 年；〔日〕紙屋正和著，朱海濱譯：《漢代郡縣制的展開》，復旦大學出版社，2016 年，第 369—371 頁。于定國一例，感謝侯旭東先生提示。

　　③ 黄怡君：《西漢官吏的選任與遷轉》，臺灣大學博士學位論文，2020 年，第 111—118 頁。

徭役途中難以維持生計之後，又提到："非徒是也，繇使相遣，官庭攝追，小計權吏，行施乞貸，長吏侵漁，上府下求之縣，縣求之鄉，鄉安取之哉？""小計權吏"之"計"，注家解釋爲"計吏"。[①] 繇使頻繁侵迫官吏的生活，遇到任務，郡攤派給縣，縣攤派給鄉，鄉乃無處可逃，越處下位的小吏，其承擔的徭使越是沉重。再觀表2，越是遙遠邊郡，其長吏將上計任務托付、或曰"轉嫁"給下屬的傾向也越明顯，小吏赴京上計，不見得常能根據個人意願自主選擇。

至此，再觀傳世文獻所謂"郡國上計長吏守丞"的説法，可獲得更豐富的認識。在朝廷視角下，上計人員的本職并不太重要。署以"行""守"長吏之職的屬吏自不必説，他們本就擁有視同長吏的職權；即使是没帶這些頭銜的小吏，也仍是本地長吏所派遣、授權，他們在文書與口頭應對上都代表了長吏的立場。屬吏們打着長吏旗號赴京上計，既便於辦事，又可在全國計吏面前保持身份，還有利於在京關係的發展，益處頗多。他們在長安的實際交往活動中與"長吏守丞"無異，久而久之，也就形成一種慣例的説法而留存於史籍記載，至於究竟是哪位小吏從事其中的具體工作，却漸漸泯然失考。

四、結 論

西漢時期的上計吏幾乎不曾在文獻中留下姓名，他們的官職身份與所從事的活動，過去未得詳解，常以"長吏上計"概括描述，但出土簡牘爲我們提供了新的審視窗口。通過比勘史料，可知郡縣計吏的實際職務、秩級參差多樣，在"縣—郡國"層級，資料較少，見有3名屬吏，在"郡國—朝廷"層級，則可分爲六百石長吏與百石以下屬吏兩個等級差距較大的類別。本文推測，郡吏可以憑本職上計，非郡吏則須帶上"行太守事""行丞事"等與郡府有關的職銜上計。

上計屬於"吏徭"的一種，從此角度出發，可以理解爲何有的長吏會將上計任務交給低等級屬吏去完成。西漢邊遠地區如敦煌郡，往返長安上計耗時可達半年。時人對遠行本有忌諱畏避的心理，加上上計途中條件艱苦，它在官吏眼中本是一件苦差。西漢由丞相、御史校驗、質詢郡國計簿，上計吏須居中應對處理；計簿的優劣與地方長官的仕途相關，却對上計吏本人無甚影響。這應是長吏將上計事務托付給下屬的緣由之一，且越是邊遠地區，這一傾向越顯著。但另一方面，

---

① 王利器校注：《鹽鐵論校注》卷六《疾貪》，中華書局，1992年，第417頁王利器注。

西漢時代，丞相府既要審核郡國計簿、問詢計吏，又爲安排二百石官吏選任而掌握着全國百石官吏的功次評定，故對百石吏而言，上計可能幫助他們結識丞相屬吏乃至朝中貴人，甚至培養私人關係，這或許也構成百石吏願意上計的一個理由。此外，縣與郡府的關係更爲緊密，加上路途近便，縣長吏或許更願意親自上計，與郡國上計情形既有相似，也有區別。

因此，在"長吏上計"這一籠統的"説法"之下，實際的"做法"却有很多變通。郡國更傾向派遣低等級屬吏赴京上計，并默許他們使用長吏的名號在京謀利。不論長吏、屬吏，都發揮個人能動性，既適應規則，又扭曲規則，這兩面之間的張力，是解讀中國古代官僚制社會許多現象的關鍵所在。

附記：

本文爲古文字與中華文明傳承發展工程規劃項目"中國文書簡的理論研究與體系構建"（G1424）的階段性成果。修改過程中，蒙侯旭東、郭偉濤、陳韵青、冉豔紅等師友慷慨提出批評意見，投稿後，又承匿名審稿專家不吝賜教。謹此致謝！

作者簡介：曹天江，女，1993 年生，中央民族大學歷史文化學院講師，主要從事秦漢史、出土文獻研究。

烏程漢簡中的鹽業問題考述

羅　操

（許昌學院學報編輯部，許昌 461000）

内容摘要：新近刊布的《烏程漢簡》中有 5 枚簡文内容涉及漢代的鹽業問題。東漢明帝時期"食鹽私賣"的鹽業經營模式，糾正了《文獻通考·征榷考》中"明帝時，官自鬻鹽"的説法；明帝時鹽民運銷食鹽過境時需持有通行憑證"榮"，這種憑證與商旅繳納商貨稅有關；與"賈人"表述方式不同的"民"，并非以鹽業營生的某個人的名，而是特指以販運鹽業爲主要生計手段的人群；漢代鹽業處於民營時期，地方鹽官祇負責征收相應的鹽稅；漢代鹽業"售賣"活動是鹽商謀取高額利潤的關鍵環節，運輸龐大數量的食鹽又是鹽商最終獲利的保障；王柱等人名下巨大的食鹽數額，有可能是商旅販運食鹽的賬目，也或許是官府組織勞力運輸食鹽而書寫的清單；漢代下屬機構通常按照上級下達的"檄"書，在規定的時間把食鹽運輸到指定地點。

關鍵詞：烏程漢簡；食鹽民營；榮；鹽價；民

烏程，治所在今湖州市西南，西漢時期爲會稽郡 26 屬縣之一。迨至東漢永建四年（129），順帝析分會稽郡而增置吴郡，前者治所由吴縣移徙至山陰（今紹興市越城區），領 14 縣，後者治吴縣（今蘇州市姑蘇區），領 13 縣，烏程遂爲吴郡屬縣。在郡縣制的行政層級系統中，烏程的統轄歸屬固有變化，却絲毫不影響以吴縣爲中心的江東商業經濟區域的基本格局。《史記·貨殖列傳》記載："吴自闔廬、春申、王濞三人招致天下之喜游子弟，東有海鹽之饒，章山之銅，三江、五湖之利，亦江東一都會也。"① 烏程作爲江東經濟都會——吴縣的近鄰，因囿於"去

---

① 《史記》卷一二九《貨殖列傳》，中華書局，2014 年，第 965 頁。

海遠，土不産鹽”的自然因素，① 勢必與吳縣一樣從附近縣域所産海鹽的運輸集散中受益，方能滿足當地百姓的日常生活所需。由於傳世文獻對漢代烏程鹽業相關情況記載的不足，我們難以知曉當時的鹽業概貌。新近刊布的《烏程漢簡》中有 5 枚涉及兩漢經濟史方面的鹽業資料，這就爲本文探討漢代烏程鹽業問題提供了可能。

一、食鹽民營和販鹽的通關手續

鹽是人們日常生活中不可或缺的民生必需品，可食用、藥用，亦可作爲祭祀、俸祿、借貸之用，② 再加上其“非編户齊民所能家作”的生産工藝，③ 乃至官府專賣的管控措施，人們必須向市場購買，這就給鹽市提供了廣闊的盈利空間。與之相伴而起的是鹽業販運。如烏程 018 號漢簡記載：

　　　永平八年四月丙子朔▨所民賣鹽盡收榮破封□▨（018）④

這枚紀年簡雖有殘缺，但意思甚明：永平八年四月鹽民運輸販賣食鹽過境時，負責查驗的官吏需核查封榮。⑤ 此則材料的刊布，至少呈現出如下兩點史實：

其一，東漢明帝時確實存在着食鹽民營的事實，不少鹽商在販運性商業市場中從事買賤鬻貴的交易活動。簡文中的紀年年號爲“永平”，曹錦炎視之爲東漢明帝劉莊年號，其説可從。按，歷史上共有 7 位君王使用過“永平”年號，超過 5 年者僅漢明帝 1 人。查《二十史朔閏表》，永平八年四月朔日干支爲“丙子”，而簡文朔日干支也與之吻合。故此枚簡牘記録的正是東漢明帝永平八年（65）食鹽可以私賣而非官營的歷史事實。東漢時期鹽業經營主體經常處於變動之中，時而民營，時而官賣。陳直認爲：“東漢初改爲由鹽官征税制度，章帝建初（76—84）末年曾廢征税制度，復行專賣，至章和二年（88）和帝即位，仍行征税事。”⑥ 林甘泉也有類似的見解，“東漢中央政府不再設置掌管鹽鐵事務的機構，衹在郡

① 〔宋〕談鑰：《嘉泰吳興志》卷一八《食用故事·鹽》，浙江古籍出版社，2018 年，第 324 頁。從漢到宋，郡縣行政區劃多有變化，然其範圍内非金屬礦物——鹽不可能從無到有。宋朝時吳興郡領烏程等 6 縣，吳興郡不産鹽，則烏程亦然。

② 盧瑞琴：《漢代河西地區的食鹽問題——居延簡牘讀後記》，《簡牘學研究》第 2 輯，甘肅人民出版社，1998 年，第 107—116 頁；謝桂華：《漢簡與漢代西北屯戍鹽政考述》，《鹽業史研究》1994 年第 1 期。

③ 《漢書》卷二四下《食貨志下》，中華書局，1962 年，第 1183 頁。

④ 曹錦炎等主編：《烏程漢簡》，上海書畫出版社，2022 年，圖版第 24 頁，釋文第 369 頁。

⑤ 參見曹錦炎《烏程漢簡概述》，載《烏程漢簡》，上海書畫出版社，2022 年，第 3 頁。

⑥ 陳直：《兩漢經濟史料論叢》，陝西人民出版社，1980 年，第 103 頁。

縣設鹽鐵官。光武、明帝兩朝，都未正式恢復鹽鐵官營”，直到章帝時，纔實行“復收鹽鐵”的權宜之計，迨至和帝即位時，“鹽鐵官營的政策終於被正式廢除”。① 陳、林兩位先生所謂的“鹽官征稅制度”“未正式恢復鹽鐵官營”，即食鹽民賣、官府征稅的鹽業經營模式。至於明帝時期的鹽業經營情況，陳、林兩位先生雖不曾舉證明言，但其“食鹽民營”的推論一語中的。烏程漢簡的出土，不僅確認了《續漢書·百官志》“大司農”條“本注曰：郡國鹽官、鐵官本屬司農，中興皆屬郡縣”的歷史真相，② 也證實了陳、林兩位先生的結論，并糾正了《文獻通考·征榷考二》“鹽鐵”中“明帝時，官自鬻鹽”的謬誤，③ 爲我們認知東漢初期“食鹽私賣”的問題提供了第一手資料。

其二，當時鹽民運輸販賣食鹽過境時需要持有通行憑證——棨，以便所經之地有關官吏查驗放行。《説文解字》“木部”云：“棨，傳信也。”段玉裁注曰：“此字蒙上槧、札、檢、檄爲次，若今之文書也。”④ 與“棨”類似的文書至少有“傳”。《漢書·文帝紀》十二年春三月，“除關無用傳”。張晏曰：“傳，信也，若今過所也。”如淳曰：“兩行書繒帛，分持其一，出入關，合之乃得過，謂之傳也。”李奇曰：“傳，棨也。”師古曰：“張説是也。古者或用棨，或用繒帛。棨者，刻木爲合符也。”⑤ 據上述 4 家之注，段玉裁進一步闡釋道：“按，用繒帛謂之繻，《終軍傳》曰‘關吏予軍繻’是也。用木謂之棨，此云‘傳信也’是也。”⑥ 由此可見，“棨”與“傳”“過所”“繻”“符”等屬於同類物品，均有憑信的功能，但它們又各有具體的用途，

①林甘泉主編：《中國經濟通史·秦漢經濟卷》，經濟日報出版社，1999 年，第 812、813 頁。

②見《後漢書》，中華書局，1965 年，第 3590 頁。

③〔宋〕馬端臨：《文獻通考》卷十五《征榷考二》，中華書局，2011 年，第 424 頁。

④〔清〕段玉裁：《説文解字注》第六篇上，中華書局，2013 年，第 268 頁。

⑤《漢書》卷四《文帝紀》，中華書局，1962 年，第 123—124 頁。

⑥〔清〕段玉裁：《説文解字注》第六篇上，中華書局，2013 年，第 268 頁。

而非彼此的替代品。①

"㮚"作爲一種通行憑證，與商旅運輸販賣貨物密切相關。除前舉烏程 018 號漢簡外，尚有 3 枚簡牘體現了商旅與"㮚"的關係。

　　　　永元三年六月甲戌朔十四日丁亥，海鹽丞楊移貴所賈人賣盡收㮚，
如律令。　　　　　　　　　　　　　　　　　　　　　　　　　019②

　　　　永元十四年七月庚子朔一日，領西泉稅掾馮敢言之。☑㮚③名如牒，
敢言之。☑貴所賣盡破封，如律令。掾慎，令史宮。　　　　　　020④

　　　　永初三年三月辛卯朔一日，北界□☑廷：爲賈人封㮚，名如牒。由
牟丞震移貴所賣盡破封，如律令。【正】務勉勉。廷：爲賈人封㮚名如牒。
□遷。海陵丞遷移貴所…………☑【反】　　　　　　　　　　　021⑤

從上舉 4 枚簡牘內容來看，簡 018、019 可歸爲"商旅賣盡收㮚"類，簡 020、021 可歸爲"爲商旅封㮚名如牒"類。比較兩類文書，具體行文方面頗有不同：簡 018、019 均爲平行文書，即某縣丞某向同級或互不隸屬的機構——貴所發送的公文；簡 020、021 爲復合型文書，包括上行和平行文書，前者爲縣廷下屬某轄區稅掾向縣廷呈送的公文，後者同簡 018、019。就平行文書的內容而言，簡 018 是某縣丞發文給鹽民沿途所經的機構，提醒對方在鹽民賣盡食鹽後，收取他們的通行憑證——㮚，并"破封"進行查驗；而簡 019 中海鹽丞楊衹是告知商旅沿途所經機構，在商旅賣盡物品後，要收取他們的通行憑證——㮚，卻未言明商旅販賣的具體物品，也無"破封"查驗的具體事項。那麽，簡 019 中的商品是否

---

　　①關於"㮚""傳""過所""繻""符"的討論，可參見羅振玉、王國維《流沙墜簡》之《流沙墜簡補遺·考釋》，中華書局，1993 年，第 263—265 頁；勞榦《居延漢簡考釋之部》三"居延漢簡考證"之"符券"條，"中研院"歷史語言研究所，1960 年，第 3—5 頁；陳直《漢晉過所通考》，《歷史研究》1962 年第 6 期；〔日〕大庭脩著，林劍鳴等譯《秦漢法制史研究》，上海人民出版社，1991 年，第 475—501 頁；李均明《漢簡所見出入符、傳與出入名籍》，《文史》第 19 輯，中華書局，1983 年，第 27—35 頁；薛英群《漢代的符與傳》，《中國史研究》1983 年第 4 期；汪桂海《漢代官文書制度》，廣西教育出版社，1999 年，第 61—63 頁；程喜霖《唐代過所研究》之第一章第三節"秦漢傳㮚繻與過所制度的形成"，中華書局，2000 年，第 7—39 頁；李均明《漢簡所反映的關津制度》，《歷史研究》2002 年第 3 期；張德芳《懸泉漢簡中的"傳信簡"考述》，《出土文獻研究》第 7 輯，上海古籍出版社，2005 年，第 65—81 頁；侯旭東《西北漢簡所見"傳信"與"傳"——兼論漢代君臣日常政務的分工與詔書、律令的作用》，《文史》2008 年第 3 輯；〔日〕冨谷至著，劉恒武等譯《文書行政的漢帝國》之第三編第二章，江蘇人民出版社，2013 年，第 224—260 頁。

　　②曹錦炎等主編：《烏程漢簡》，上海書畫出版社，2022 年，圖版第 25 頁，釋文第 369 頁。

　　③曹錦炎等釋爲"菓"。圖版爲"㮚"，據字形結構和簡 020、021 內容，當釋爲"㮚"。

　　④曹錦炎等主編：《烏程漢簡》，上海書畫出版社，2022 年，圖版第 26—27 頁，釋文第 369 頁。

　　⑤曹錦炎等主編：《烏程漢簡》，上海書畫出版社，2022 年，圖版第 28—29 頁，釋文第 369 頁。

爲鹽呢？據《漢書•地理志》記載，會稽郡海鹽縣設有鹽官，這就意味着海鹽縣盛産食鹽。我們雖然不能憑此確知簡 019 中的商品爲鹽，但可以肯定的是，商品的運銷流通“總是由産地向消費地流動，由價格低的地方向價格高的地方流動，而其基礎即在於各地和各經濟區域資源、生産和需求的互補性”。①明乎此，我們就更加容易理解簡 018 中鹽的運輸販賣問題了。

簡 018 中的鹽，若來自會稽郡海鹽縣，則説明鹽由海鹽流向烏程，這一經濟活動不僅反映了同一經濟都會區——吳縣内部商品的流動性，還與秦漢時期由東而西的貨運流向基本趨勢大體一致；②若來自其他産鹽郡縣，則説明鹽在其他經濟都會區與長江下游最早的經濟都會區——吳縣之間的流動性。無論簡 018 中的鹽來自其他鹽産地，還是極有可能來自海鹽，都呈現出非鹽産地經濟體系的不自足性和外向性特質，故而非産鹽地必須通過與鹽産區之間的商品貿易——長途販運，纔能滿足民衆的日常食鹽需求。

既然長途販運作爲漢代商品流通的一個重要環節，貨物過境管理自然成爲官府相關機構的職責所在，而上舉 4 枚簡牘及其簡 022、113 中表述不一的“收榮破封”“收榮”“破封”等公文用語，不僅是商貨沿途所經機構職能的真實寫照，也再次印證了嚴密的關津管理“平時則在控制人員往來、檢查違禁物品等方面起重要作用”的觀點。③特別需要指出的是，商旅携帶物品過境時所持的通行憑證——榮，其内容應還與商貨稅收有關，這可以從簡 020、021“爲商旅封榮名如牒”類的上行文書中略窺一二。據簡 020、021 内容合而觀之，它們是縣廷下屬某轄區如領西泉稅掾馮分別以文書的形式向縣廷上報他們爲商旅封榮的事務，至於封榮的緣由則是商旅携帶貨物過境時已納稅，而簡 022、113 所載内容爲之作了注脚。

永寧元年十月甲寅朔一日，東部稅掾贖敢言之。廷：賈人之賈所繳四大

口稅錢卅，唯爲封。烏程丞滿移賈所賣盡破封，如律令。掾誧，令史備。

022④

陽。廷：賈人□□卅朿已稅☑二月一日辛酉，故郫丞☑賈所賣盡破封，

如律令。113⑤

---

①林甘泉主編：《中國經濟通史•秦漢經濟卷》，經濟日報出版社，1999 年，第 536 頁。

②王子今：《兩漢鹽産與鹽運》，《鹽業史研究》1993 年第 3 期。

③李均明：《漢簡所反映的關津制度》，《歷史研究》2002 年第 3 期。

④曹錦炎等主編：《烏程漢簡》，上海書畫出版社，2022 年，圖版第 30—31 頁，釋文第 369 頁。

⑤曹錦炎等主編：《烏程漢簡》，上海書畫出版社，2022 年，圖版第 114 頁，釋文第 374 頁。

就這兩枚簡牘内容而言，它們可以歸爲 "商旅携貨納税" 類。從文書結構來看，簡 022、113 與簡 020、021 一樣，也由上行、平行兩件文書構成，其細微的區別則是兩類上行文書表達的内容有所不同，但它們却可以彼此互補，便於我們理解縣廷下屬某轄區如東部税掾瞔、領西泉税掾馮爲納税商旅 "封棨" 的日常事務。如果上述分析不誤，那麼， "棨" 作爲商旅運輸販賣貨物過境的通行憑證，携帶貨物的商旅要想取得這種 "傳信"，就必須在某縣廷下屬某轄區税掾處繳納商貨税，某轄區税掾再給已納税的商旅 "封棨"，并上報給某縣廷；緊接着某縣丞通知商旅沿途所經機構，在商旅販運賣盡貨物後，要收取他們的通行憑證——棨，并 "破封" 進行查驗放行。

二、鹽價蠡測

至於烏程漢簡中的鹽價問題，因簡 059 信息有限，我們難以確知當時當地的具體物價情況，但據不同物品之間的比價，可以從中推算食鹽的大概售賣價格。如《鹽鐵論·水旱篇》記： "民得占租鼓鑄、煮鹽之時，鹽與五穀同賈。"[①] 西漢鹽鐵官營以前，鹽與米之比價大致爲 1：1。又《後漢書·虞詡傳》載： "詡始到郡，户裁盈萬。及綏聚荒餘，招還流散，二三年間，遂增至四萬餘户。鹽米豐賤，十倍於前。" 李賢注引《續漢書》曰： "詡始到，穀石千，鹽石八千，見户萬三千。視事三歲，米石八十，鹽石四百，流人還歸，郡户數萬，人足家給，一郡無事。"[②] 東漢安帝時虞詡任武都郡太守時的鹽、米比價爲 8：1，主政三年後的鹽、米比價爲 5：1。另外，長沙走馬樓三國吴簡中 1 斗鹽 =6.01 斗米 =961.69 錢，[③] 臨湘縣的鹽、米比價約爲 6:1。在將近 300 年的時間里，鹽與米的比價隨時間不同而有變化，這就增加了我們推算烏程漢簡中鹽價問題的難度。據烏程 138 號漢簡記載： "米三斗直百廿。"[④] 每石米則爲 400 錢，依不同的鹽、米比價，烏程漢簡中每石鹽或爲 400 錢、2000 錢、2400 錢、3200 錢。這一組揣度出來的數據不僅與武都郡戰亂時每石鹽 8000 錢、孫吴臨湘縣每石鹽 9616.9 錢的高昂價格相去甚遠，也與武都郡物多價廉時期每石鹽 400 錢的價格之間存在不小的差距，即

① 王利器：《鹽鐵論校注》卷六《水旱》，中華書局，1992 年，第 430 頁。
②《後漢書》卷五八《虞詡傳》，中華書局，1965 年，第 1869—1870 頁。
③ 胡平生：《長沙走馬樓三國孫吴簡牘三文書考證》，《文物》1999 年第 5 期。
④ 曹錦炎等主編：《烏程漢簡》，上海書畫出版社，2022 年，圖版第 137 頁，釋文第 375 頁。

便與長沙五一廣場東漢簡中同樣由米價估算出的鹽價相比，二者之間也有所區別。按，長沙五一廣場東漢簡所載米價爲一斛180錢、250錢，簡文如下：[①]

　　☑☑歸央渚下，央賣米五六斛＝二百五十，宗

　　　　　　　　　　　　　　三一九三／CWJ1③：284–321

　　☑米可百斛＝百八十，當共分米，未分央

　　　　　　　　　　　　　　三一九二／CWJ1③：284–320/3192

依漢代斛、石的計量單位，這兩則簡文呈現出東漢中期長沙郡每石米的價格爲180錢、250錢，據上述不同的鹽、米比價，東漢中期長沙郡每石鹽或爲180錢、900錢、1080錢、1440錢，250錢、1250錢、1500錢、2000錢。換言之，東漢中期長沙郡每石鹽在180~2000錢之間。由此不難想見，不同地域、不同時期因各種因素，鹽價參差不齊也倒合情合理。這種鹽價波動的情況在嶽麓書院藏秦簡、張家山漢墓竹簡算題中也有鮮明體現。如《嶽麓書院藏秦簡·數·衰分類算題》曰：

　　衰分之述（術）。耤有五人，此共買鹽一石，一【人出十】錢，一

　人廿錢，【一】人出卅錢，一人出卌錢，一人出五十錢，今且相去也，

　欲以錢少【多】分鹽。其述（術）曰：并五人錢以爲法，有（又）各异

　置【錢】☑☑☑☑【以】一石鹽乘之以爲賈（實）＝，（實）如法一斗。

　　　　　　　　　　　　　　120/0772–121/1659+0858[②]

又《張家山漢墓竹簡·算數書》"賈鹽"條云：

　　　今有鹽一石四斗五升少半升，賈取錢百五十欲石衙（率）之，爲錢

　幾何？曰：百三錢四百卅【六】分錢九十五〈二〉。术（術）曰：三鹽

　之數以爲法，亦三一石之升數，以錢乘之爲實。　　　　76+77[③]

上舉兩則材料中的價格分別爲每石鹽150錢、103.22錢。固然這兩種鹽價是算題中的假定售價，但題文製作者"在編寫時會參照實際情況，應當與現實相差不遠"。[④]若此，漢初每石鹽約100錢，烏程地區每石鹽在400~3200錢之間，長沙郡每石鹽在180 ~ 2000錢之間，東漢安帝時武都郡每石鹽低則400錢，高則8000錢。

---

① 這兩則簡文引自郭偉濤《簡牘所見東漢中後期長沙地區物價初探》，《出土文獻研究》第20輯，中西書局，2021年，第403頁。

② 朱漢民、陳松長主編：《嶽麓書院藏秦簡（貳）》，上海辭書出版社，2011年，彩色圖版第17—18頁，紅外綫圖版第94頁，釋文連讀本第164頁。

③ 張家山二四七號漢墓竹簡整理小組編：《張家山漢墓竹簡〔二四七號墓〕（釋文修訂本）》，文物出版社，2006年，第142頁。

④ 韓織陽：《從新出秦簡看秦代鹽業制度》，《鹽業史研究》2020年第1期。

除却戰亂時高昂的食鹽售價，漢代鹽價整體呈上升趨勢。

三、官府的鹽稅和鹽商的利潤

漢代鹽業即使處於民營階段，最高統治者也依然鑒於“山澤魚鹽市稅，以給私用”的考量，① 嚴格控制鹽的轉運販銷，地方鹽官征收鹽稅的舉動便是明證。如烏程 111 號漢簡記載：

> 鹽八十石，稅錢千六百。☑賁所。由挙丞。【正】鹽八十石，稅錢
> 千六百。【反】（111）②

這枚漢簡已殘，我們亦無從知曉明確紀年，不過鹽的稅率却清晰明了，即每石鹽官府征稅 20 錢。由此看來，在鹽業民營時期，漢代的鹽官們已從鹽産運銷的經營體系中退出，祇負責征收鹽稅事項。

正是在鹽業非官府專賣的形勢下，异常活躍的鹽商們方可自行煮鹽，進而在鹽的生産和供應過程中積聚財富。那麼，鹽商們在繳納鹽稅以後，又能從鹽業貿易中賺取多少利潤呢？這可以從《張家山漢墓竹簡·二年律令·金布律》中窺見些許端倪。

> 諸私爲蘭（鹵）鹽，煮濟、漢，及有私鹽井煮者，稅之，縣官取一，
> 主取五。（436）③

這條律文呈現出漢初官府對於池鹽、井鹽等産運征稅的比率。王子今重新點校此條律文後，認爲這裏的稅率可以理解爲六分之一。④ 張家山漢墓竹簡“金布律”中的鹽業稅率，祇是稅務法制度層面的理想設定，也許無法準確說明烏程漢簡 111 中的鹽稅問題，但“金布律”中鹽商“取五”的信息，却足以映射出漢代鹽商們在鹽産運銷經濟活動中獲得豐厚利潤的不爭事實，烏程 059 號漢簡更是直接從商品買賣環節向世人陳述鹽商售鹽取利的社會經濟現象：

> 十二月戊寅……屬。籃（鹽）賣合錢□□全□□□有高□□☑（059）⑤

---

① 〔漢〕衛宏：《漢舊儀》卷下，〔清〕孫星衍等輯《漢官六種》，中華書局，1990 年，第 83 頁。
② 曹錦炎等主編：《烏程漢簡》，上海書畫出版社，2022 年，圖版第 111 頁，釋文第 374 頁。
③ 張家山二四七號漢墓竹簡整理小組編：《張家山漢墓竹簡〔二四七號墓〕（釋文修訂本）》，文物出版社，2006 年，第 68 頁。
④ 王子今：《張家山漢簡〈二年律令〉所見鹽政史料》，《文史》2002 年第 4 輯；《張家山漢簡〈金布律〉中的早期井鹽史料及相關問題》，《鹽業史研究》2003 年第 3 期。
⑤ 曹錦炎等主編：《烏程漢簡》，上海書畫出版社，2022 年，圖版第 63 頁，釋文第 371 頁。

此枚簡牘殘缺，鹽商的籍貫、販賣鹽數、具體利潤都難得其詳，不過簡文中"鹽賣合錢"已説明"售賣"是鹽業經濟活動中的關鍵環節，經營規模大小非一的鹽商們祇有把鹽貨銷售出去，方能從中謀取高額利潤。既然鹽商們關注的重心在於豐厚的利潤回報，鹽業販運——賺取市場差價，自然成爲鹽產運銷經營體系中最有利可圖的一環，鹽貨運銷數量極爲龐大也就在情理之中了。如烏程135號漢簡記載：

王柱百六石鹽☐桑升遠八十八石鹽☐柱父百七十一石鹽☐【正】凡

鹽五百六十石。【反】（135）①

這是一枚有關食鹽數量的結計簡。簡正面依次書寫某人某石鹽，反面以"凡"字開頭，表示食鹽數量的匯總。據食鹽結計總量、每人名下食鹽數額，簡文正面缺失的内容可能爲1到2人，共計195石鹽。此類賬目編制的原因和時限，囿於簡文殘缺，無從考起。但簡中王柱、桑升遠、柱父等3人名下食鹽數額巨大，分別爲106石、88石、171石，絶非一家一户之正常食用數目，此組數字有可能是某一機構所留商旅販運食鹽數量的賬目清單，也或許是官府組織勞力運輸食鹽而根據相關要求詳細書寫的賬本細目。如烏程060號漢簡記載：

☐鹽徙☐昌里第……☐☐鹽……☐☐☐鹽徙，皆會正月癸未……檄。

（060）②

這裏的"鹽徙"，即"運鹽"的意思。按，《説文解字》第二篇下"辵部"，"徙"本作"辿"，"迻也"。段玉裁注曰："乍行乍止而竟止，則移其所矣。"又"運"字，"迻徙也"。段玉裁注引《爾雅·釋詁》曰："遷，運，徙也。"③簡060中何人要運輸食鹽，"檄"字成了尋找答案的關鍵綫索。"檄"是秦漢常見的一種文書形式，有明確的指向性。《漢書·高祖紀》載："吾以羽檄征天下兵，未有至者。"顏師古注曰："檄者，以木簡爲書，長尺二寸，用征召也。其有急事，則加以鳥羽插之，示速疾也。"④這是行政組織系統中上級對下級發出的文書。其實，官僚體制中下官奉迎上級時亦用檄書。如《釋名·釋書契》云："檄，激也，下官所以激迎其上之書文也。"⑤無論"檄"用於上對下，還是下奉上，都有急切辦理相關事

---

① 曹錦炎等主編：《烏程漢簡》，上海書畫出版社，2022年，圖版第134頁，釋文第375頁。

② 曹錦炎等主編：《烏程漢簡》，上海書畫出版社，2022年，圖版第64頁，釋文第371頁。

③〔清〕段玉裁：《説文解字注》第二篇下，中華書局，2013年，第72頁。

④《漢書》卷一下《高帝紀下》，中華書局，1962年，第68、69頁。

⑤〔東漢〕劉熙撰，〔清〕畢沅疏證，王先謙補：《釋名疏證補》卷六《釋書契》，中華書局，2008年，第203頁。

務之意。簡 060 雖已殘缺，但據 "橄" 之或上或下的運行方向，我們可明其大致文意：某一下屬機構要按照上級下達的運鹽目標，在規定的某年正月癸未日把食鹽運輸到指定地點。官府組織勞力運輸食鹽是否與鹽業官營制度有關，亦難以稽考。簡 060 與簡 135 之間是否存在必然的聯繫，我們也不能貿然定論。如若上述簡 135 中的數字是某機構所留商旅販運食鹽賬目清單的假設成立，則可以想見鹽商們克服運輸大宗貨物的困難，又甘冒損失財物的風險，以車載鹽，周流天下謀取可觀利潤的鹽業運銷景況了。

四、販賣者 "民" 的身份

鹽爲食肴之將帥，常業則爲民人生活之根基。食肴無鹽則無味，民人無常業則生活無保障，故而黎民百姓祇要安守其常業，合法營求生計，日常生活自會富足安定。如前舉烏程 018 號漢簡記載，東漢明帝時 "民" 以販運體積笨重、單位價值不高的食鹽爲業，力求在買賤鬻貴的不等價商品交易中發家致富。簡 018 中的 "民"，不是以鹽業營生之某個人的名，而是特指以販運鹽業作爲主要生計手段的人群。如《鹽鐵論·本議篇》賢良文學們批判鹽鐵專營、酒類專賣和平準均輸時把官府與民對舉：

今郡國有鹽、鐵、酒榷，均輸，與民爭利。[1]

又《漢書·昭帝紀》始元六年（前 80）七月廢除酒類專賣制度時把官與民對舉：

罷榷酤官，令民得以律占租，賣酒升四錢。[2]

再《後漢書·和帝紀》章和二年（87）四月廢除章帝一朝鹽鐵官營的權宜之計時把官府、官與民對舉：

先帝即位，務休力役，然猶深思遠慮，安不忘危，探觀舊典，復收鹽鐵，欲以防備不虞，寧安邊境。而吏多不良，動失其便，以違上意。先帝恨之，故遺戒郡國罷鹽鐵之禁，縱民煮鑄，入稅縣官如故事。[3]

這三條材料中的 "民" 均非長期從事農業生產的 "農民"，實則與簡 018 中的 "民" 一樣，皆爲鹽、鐵、酒等手工、商業者群體。簡 018 中的 "民" 作爲鹽業運銷環節中的從業者，又與簡 019、021、022、113 中 "賈人" 的表述方式不同，這也

① 王利器：《鹽鐵論校注》卷一《本議》，中華書局，1992 年，第 1 頁。
② 《漢書》卷七《昭帝紀》，中華書局，1962 年，第 224 頁。
③ 《後漢書》卷四《孝和帝紀》，中華書局，1965 年，第 167 頁。

就意味着漢代的商與賈有所區別。事實上，漢代的"行商曰商，坐商曰賈。大致可以説，坐商是在市場上守着店肆出售貨物的商人，而行商則主要是搞流通的，其中有相當一部分是從事長途販運的商人"。[1]明乎此，我們就能確信簡 018 中的"民"是從事鹽業販運的商人，他們的社會身份近似於短暫從商的第五倫。如《後漢書·第五倫傳》記載：

> 倫後爲鄉嗇夫，平傜賦，理怨結，得人歡心。自以爲久宦不達，遂將家屬客河東，變名姓，自稱王伯齊，載鹽往來太原、上黨，所過輒爲糞除而去，陌上號爲道士，親友故人莫知其處。數年，鮮于褒薦之於京兆尹閻興，興即召倫爲主簿。[2]

據《漢書·地理志》記載，河東郡安邑縣、太原郡晋陽縣都設有鹽官，第五倫却不受地理資源、交通條件的限制，從河東郡遠道運銷食鹽到太原郡、上黨郡，其行商舉動與簡 018 中"民"運輸販賣食鹽的現象毫無二致。按照漢代的政治準繩和法律尺度，商人是被歧視的社會群體，不過他們的社會身份依然具有轉換的空間，而第五倫由仕到商、又由商到仕的豐富人生經歷也并非個案，其曾經的商旅身份也不曾影響他再次進入官場的政治仕途。正是在法律文本與官吏選拔實情之間的張力下，簡 018 中從事鹽業販運的"民"如同第五倫一般，也存在着社會身份變遷和仕宦機遇的可能。

五、結 語

新近刊布的《烏程漢簡》中有 5 枚簡文涉及漢代的鹽業問題，其内容概括起來有如下 6 個要點：

1. 東漢明帝時期"食鹽私賣"的鹽業經營模式不再是推論，鹽民賣鹽的交易活動直接糾正了《文獻通考·征榷篇》"鹽鐵"中"明帝時，官自鬻鹽"的謬誤。明帝時鹽民運輸販賣食鹽過境時需要持有通行憑證"槳"，而携帶貨物的商旅要想取得這種憑證，就必須在某縣廷下屬某轄區稅掾處繳納商貨稅；之後某轄區稅掾給已納稅的商旅"封槳"，并上報給某縣廷；該縣丞還需發文通知商旅沿途所經機構，在商旅販運賣盡貨物後，收取通行憑證"槳"，并"破封"進行查驗放行。

---

① 林甘泉主編：《中國經濟通史·秦漢經濟卷》，經濟日報出版社，1999 年，第 534 頁。
② 《後漢書》卷四一《第五倫傳》，中華書局，1965 年，第 1396 頁。

2. 漢代鹽業處於民營時期，地方鹽官就從鹽産運銷的經營體系中退出，祇負責征收鹽税。每石鹽官府征税 20 錢，或許爲某地某時鹽業的税率。

3. 漢代鹽業經濟活動中經營規模大小非一的鹽商們祇有把鹽貨銷售出去，方能從中謀取高額利潤，但運輸數量極爲龐大的食鹽又成爲鹽商們最終獲利的保障。王柱等人名下 106 石、88 石、171 石、殘缺的 195 石等食鹽數額，有可能是某一機構留下的商旅販運食鹽數量的賬目清單，也或許是官府組織勞力運輸食鹽而根據相關要求詳細書寫的賬本細目。

4. 漢代官府常用的其中一種文書"檄"，具有或上或下的明確指向性。某一下屬機構會按照上級下達"檄"書中的運鹽目標，在規定的某年正月癸未日把食鹽運輸到指定地點。

5. 漢初每石鹽約 100 錢；據不同物品之間的比價，烏程地區每石鹽在 400—3200 錢之間，長沙郡每石鹽在 180—2000 錢之間；東漢安帝時武都郡每石鹽低則 400 錢，高則 8000 錢。除却戰亂時高昂的食鹽售價，漢代鹽價整體呈上升趨勢。

6. 與"賈人"表述方式不同的"民"，并非以鹽業營生之某個人的名，而是特指以販運鹽業作爲主要生計手段的人群，他們的社會身份近似於短暫從商的第五倫，也可能存在着社會身份的變遷和仕宦的機遇。

附記：

本文爲 2024 年度河南高校哲學社會科學創新團隊項目"文明互鑒與國家治理（2024-CXTD-12）階段性成果。

作者簡介：羅操，男，1983 年生，許昌學院魏晋文化研究所講師、學報編輯部編輯，主要從事秦漢魏晋南北朝史研究。

走馬樓吳簡所見雇傭現象試探

任二兵

（吉林大學古籍研究所，長春 130012）

内容摘要： 走馬樓吳簡中的“雇”“債”“假”皆可作雇傭解，其中“債”應爲“賃”。吳簡所見臨湘地區的雇傭現象主要有三類：官倉雇傭百姓運輸出米至己（已）丘倉，并依據“甲戌書”發放雇直；某人雇傭另一人運輸米税；官方依“詔”指導州郡縣、軍吏父子兄弟雇人代役。第一類屬官方雇傭行爲，後兩類本質上屬私人雇傭行爲。

關鍵詞： 吳簡；雇傭；雇；債；假

《長沙走馬樓三國吳簡·竹簡》（下文簡稱《竹簡》）公布了一些與雇傭勞動相關的記録，學界有所關注。蔣福亚曾以《走馬樓吳簡所見雇傭勞動》爲題，利用采集簡中的“雇”與“夫”簡，分析了吳國雇傭勞動的傭價標準和取酬方式問題。[①] 崔啓龍在整理嘉禾五年春平里相關簿籍時，通過分析“債”與“賃”之間的字形關係，指出臨湘地區存在着以從事雇傭勞動爲生的“誦賃”民。[②] 蔣、崔二位先生分别受材料刊布進度和研究傾向的影響，并未全面梳理《竹簡》中的雇傭記録。隨着《竹簡·玖》的刊布，吳簡竹簡部分的出版工作已近尾聲，我們嘗試在前人基礎上，繼續梳理相關記録，探析吳國臨湘地區的雇傭現象。不足之處，敬祈方家指正。

---

① 蔣福亚：《走馬樓吳簡所見雇傭勞動》，《首都師範大學學報（社會科學版）》2011 年第 1 期。

② 崔啓龍：《走馬樓吳簡所見“黄簿民”與“新占民”再探——以嘉禾五年春平里相關籍簿的整理爲中心》，中國文化遺産研究院編《出土文獻研究》第 18 輯，中西書局，2019 年，第 371—374 頁。

一、"雇""債""假"的雇傭含義

學界關於吳簡中的"雇"有兩種解釋：第一，"雇"爲購買、給價之意，凌文超持此觀點；[①] 第二，"雇"爲雇傭之意，持此觀點者爲蔣福亚。[②] 兩種觀點在已刊《竹簡》中皆有對應簡例，可見"雇"在不同語境下，含義不同。

漢末三國傳世文獻中除凌先生所引《後漢書·宦者傳·張讓傳》"十分雇一"中的"雇"可釋爲購買、給價外，[③]《三國志·魏書·王昶傳》"（任暇）又與人共買生口，各雇八匹"中的"雇"亦爲此意，[④] 可見購買、給價應是漢末三國時期"雇"的常見含義之一。凌先生所引"雇"記錄簡皆出自"安成出米雇吏民市布賈種領人名鄉別簿"，該簿中細目簡格式爲"出米＋數額＋雇＋身份＋人名＋布＋賈"，"雇"以"雇＋人名＋布"結構出現，人名屬定語，爲"某某的"之意，除去人名，"雇布"應爲購買布匹之意。[⑤]

除上文所述的"雇布"類簡外，已刊《竹簡》中還有"雇某某傢直"格式簡。雇，案《史記·陳涉世家》"陳涉少時，嘗與人傭耕"，《索隱》引《廣雅》云："傭，役也。"按：謂力役而受雇直也。[⑥] 以勞力換雇直的行爲稱爲傭。又案《後漢書·章帝紀》"無田欲徙它界就肥饒者……到在所，賜給公田，爲雇耕傭……除筭三年。"[⑦] 可理解爲雇傭没有土地者耕作公田之意。可見，"雇"與"傭"之

---

① 凌文超：《走馬樓吳簡發掘庫布賬簿體系整理與研究》，中國文化遺産研究院編《出土文獻研究》第 11 輯，中西書局，2012 年，第 264—265 頁；凌文超：《走馬樓吳簡采集簿書整理與研究》第六章"庫布賬簿體系與孫吳户調"，廣西師範大學出版社，2015 年，第 380—383 頁。

② 蔣福亚：《走馬樓吳簡所見雇傭勞動》，《首都師範大學學報（社會科學版）》2011 年第 1 期。

③ 同①。

④《三國志》卷二七《魏書·王昶傳》裴松之注"（任暇）又與人共買生口，各雇八匹。後生口家來贖，時價直六十匹。共買者欲隨時價取贖，暇自取本價八匹。""各雇八匹"對應後文中的"本價八匹"，"雇"和"本價"含義相同，"雇"應爲給價之意。（《三國志》卷二七《魏書·王昶傳》，中華書局，1982 年，第 748 頁。）

⑤ 熊曲：《長沙走馬樓吳簡中的市布及相關問題》，《中國中古史研究》第 9 卷，中西書局，2021 年，第 129—145 頁。類於"雇布"結構的簡還有如下數枚：壹·1144（出錢買布、麻、水牛皮）；伍·105、陸·1931、陸·1934、陸·1935、陸·1995、柒·4669、陸·1898、捌·640（出錢買布）；叁·7005、陸·1842、陸·1848（出錢買麻）；陸·1916、陸·2283、叁·3218（出錢買米、禾）；陸·1938（出錢買牛皮、蹄甲）；捌·217、捌·636（出錢買羊）、陸·2272、陸·1937+2076（出錢買鹽）；陸·1848、捌·217（出錢買酒）；陸·3178（出錢買生口）；叁·6786、陸·2518（出錢所買物資不明）；肆·1530（出米所買物資不明）。蔣福亚認爲簡壹·1144、叁·7005 中的"雇"應爲雇傭之意（蔣福亚：《走馬樓吳簡所見雇傭勞動》，《首都師範大學學報（社會科學版）》2011 年第 1 期），以後見之明，兩簡中的"雇"應爲購買、給價之意。

⑥《史記》卷四八《陳涉世家》，中華書局，2013 年，第 2351—2352 頁。

⑦《後漢書》卷三《章帝紀》，中華書局，1965 年，第 145 頁。

間聯繫密切。"僦"，案《史記·平準書》"（桑）弘羊以諸官各自市……而天下賦輸或不償其僦費。"《索隱》"不嘗其僦。"服虔云："雇載云僦。"[①] "僦"爲雇傭運載之意。又案《漢書·酷吏傳·田延年傳》"初，大司農取民牛車三萬兩爲僦……盜取其半。"師古曰："僦，謂賃之與雇直也。"[②] 可見，"僦"除租賃、雇傭之意外，還有"雇直"之意。"雇直"，案《後漢書·桓帝紀》"若王侯吏民有積穀者……以見錢雇直"，"雇"猶酬也。[③] 可見，"雇直"應爲支付勞力的報酬；又案同書《和帝紀》"雇犁牛直"可理解爲租用犁牛的報酬；[④]《朱暉傳》注中所記"并雇運之直"可釋爲兼并雇傭運輸的收益。[⑤] 綜上，吳簡中的"雇某某僦直"簡應屬雇傭現象記錄，内容與雇直發放相關。

吳簡部分簡中的"債"應爲"賃"，爲雇傭之意。"賃"應爲"債"的情況，見於《穆天子傳》"債車受載"，清代訓詁學家洪頤煊、翟雲升、陳逢衡皆認爲"債"爲"賃"之誤；[⑥] 又見於《華陽國志·大同志》"但往初至，隨穀庸債"，任乃强對此句進行校注時言："錢、劉、李、《函》本誤作債，元豐、廖及浙補作賃。"[⑦] 崔啓龍通過分析"鈔本時代""債""賃"二字字形的相似性，指出《竹簡·陸》簡1619中的"誦債"應爲"誦賃"，《長沙五一廣場東漢簡牘》CWJ1③：325–4–37中的"庸債"應爲"庸賃"。[⑧] 可見，在手寫文本中，"賃"誤爲"債"應是一種較爲常見的現象，"賃"作雇傭解。

吳簡中的"債"常在"出+米+數額+時間+債+男子+人名+運詣+己（已）丘倉""男子+人名+爲+男子+人名+債""男子+人名+債+男子+人名"句式中充當謂語，"債"作動詞時，爲借、欠之意，置於上述結構中，句意不通。

---

① 《史記》卷三〇《平準書》，中華書局，2013年，第1729頁。

② 《漢書》卷九〇《酷吏傳·田延年傳》，中華書局，1962年，第3665—3666頁。

③ 《後漢書》卷七《桓帝紀》，中華書局，1965年，第300—301頁。

④ 《後漢書》卷四《和帝紀》，中華書局，1965年，第192頁。

⑤ 《後漢書》卷四三《朱暉傳》，中華書局，1965年，第1460—1461頁。

⑥ 洪頤煊："王懷祖觀察《廣雅疏證》引作'賃車受載'，今俗語猶謂以財租物曰賃矣。"（〔清〕洪頤煊校：《穆天子傳》，清嘉慶年間《平津館叢書》刻本）。翟雲升："《傳》《注》'賃'字諸本皆譌作'債'，今改正。賃，借傭也，見《玉篇》。"（〔清〕翟雲升校：《覆校穆天子傳》，清道光年間《五經歲遍齋校書三種》刻本）。陳逢衡："《御覽》八百三十二引無……'債'爲'賃'之誤，檀說不可從。"（〔清〕陳逢衡補正：《穆天子傳注補正》，清道光二十三年刻本）。上引諸刻本收入宋志英、晁岳佩主編《〈穆天子传〉研究文獻輯刊》第2册，國家圖書館出版社，2014年。

⑦ 〔東晉〕常璩撰，任乃强注解：《華陽國志校補圖注》，上海古籍出版社，1987年，第454頁。

⑧ 崔啓龍：《走馬樓吳簡所見"黃簿民"與"新占民"再探——以嘉禾五年春平里相關籍簿的整理爲中心》，中國文化遺産研究院編《出土文獻研究》第18輯，中西書局，2019年，第372—373頁。

將"債"視作"賃"，第一類簡可理解爲雇傭男子將出米運詣己（已）丘倉，第二、三類簡應爲個人之間的雇傭記録。①

吳簡"假人自代"簡中"假"作雇傭解。"假"，案《漢書·酷吏傳·寧成傳》記："乃貰貸陂田千餘頃，假貧民，役使數千家。"顏師古注："假謂雇賃也。"②"假"有雇傭之意。王素指出《漢書·吳王劉濞傳》中雇人代己爲卒（過更）的記録，與吳簡中"假人自代"的記録，性質較爲接近。③熊曲認爲"假人自代"爲出錢讓別人代替自己服役。④可見，吳簡中的"假人自代"記録應屬一類雇傭現象。

綜上，吳簡中的"雇""債""假"在固定語境下皆有雇傭含義，其中"債"應爲"賃"。

二、"債""雇"與官方雇傭行爲

"出＋米＋數額＋時間＋債＋男子＋人名＋運詣＋己（已）丘倉"格式簡集中刊布於《竹簡·伍》中，臚列如下：

1. 出二年租米二百斛嘉禾三年八月廿五日債男子李穆運詣已丘倉⑤

伍·1561

2. 出二年租米一百斛嘉禾三年八月十五日債男子湛南運詣已丘倉

伍·1641

3. 出二年稅米三百斛嘉禾三年八月十五日債男子潘李運詣已丘倉⑥

伍·1854

---

① 簡伍·1759 "其五十六斛新茨鄉魁伍陵逋債男子伍成□工車傍買" 伍·3353 "其五十斛羅鄉叛魁伍文逋債男子這□工車□" 中也有"債"。"工車傍買"前的字符暫時無法釋讀，且該詞例含義難明，導致我們無法確定"逋債"應是連讀，還是斷讀，因此，不能直接將兩簡中的"債"釋爲"賃"，當做雇傭現象來解釋。

②《漢書》卷九〇《酷吏傳·寧成傳》，中華書局，1962年，第3650頁。

③王素：《長沙吳簡勸農掾條列軍州吏等人名年紀三文書新探》，武漢大學中國三至九世紀研究所編《魏晋南北朝隋唐史資料》第25輯，上海古籍出版社，2009年，第9頁。

④熊曲：《論長沙走馬樓吳簡中"生口"及相關問題》，中國文化遺產研究院編《出土文獻研究》第12輯，中西書局，2013年，第333—334頁；修訂後又見《論長沙走馬樓吳簡中"生口"及相關問題》，長沙簡牘博物館編《走馬樓吳簡研究論文精選》下册，嶽麓書社，2016年，第161頁；熊曲：《論走馬樓吳簡中的"以下户民自代"》，長沙簡牘博物館編《長沙簡帛研究國際學術研討會論文集》，中西書局，2017年，第206—208頁。

⑤原釋文未釋，據圖版及其他簡例補釋"債""丘"。

⑥原釋爲"董"，據圖版改釋爲"運"。

4. 出二年種粮□米卅斛三斗二升嘉禾四年正月十日債男子湛南運

詣已丘倉　　　　　　　　　　　　　　　　　　　伍·3086

5. 出二年司馬陳義限米一百一十一斛三斗嘉禾四年正月十日債男

子湛南運詣已丘倉　　　　　　　　　　　　　　　伍·6583①

簡 1-5 形制、編痕、文本格式一致，原始狀態下應屬於同一份簿書。按上節所述，簡 1-5 中的"債"應爲"賃"，爲官倉雇傭男子李穆（簡 1）、湛南（簡 2、4、5）、潘李（簡 3）運送出米的記録。《竹簡·伍》中還刊布了兩條給"南"發放雇直的記録：

6. □□雇南傀嘉禾三年八月十五日付南受□　　　伍·4553

7. 出二年種粮息米九斛八斗二升依甲戌書折雇（？）南傀嘉禾四

年正月十日付南受　　　　　　　　　　　　　　　伍·3361

簡 6、7 中"雇"所處結構爲"雇 + 南 + 傀"，屬雇傭記録。此外，兩簡與簡 1-5 形制、編痕一致，原始狀態下可能屬於同一簿書，簡 6、7 中的"南"應指簡 2、4、5 中的"湛南"。簡 7 中"折"應爲"抵作、兑换"之意，所記出米是發給湛南運米至己（已）丘倉的"傀"，"傀"作"雇直"解。簡 1-7 所示的雇傭現象爲官倉雇傭百姓運輸出米至己（已）丘倉。

根據簡 7 中的"依甲戌書折雇南傀"可知發放雇直的依據是"甲戌書"。鄧瑋光復原的三州倉出米簡提示"運詣州中倉"之前的時間爲出三州倉時間，入州中倉的時間爲"以其年某月某日"，據此可知，簡 1-5 中"運詣己（已）丘倉"前的時間爲出倉時間。② 簡 6 與簡 2 中的時間皆爲嘉禾三年八月十五日，簡 7 與簡 4、5 中的時間皆爲嘉禾四年正月十日，兩組簡的時間對應關係提示雇直與所需運送的出米同時交付給受雇者，雇直由出米倉支付，屬先取酬後勞作。簡 6、2，簡 7、4、5 之間的關係還説明雇直與所需運送的出米分開記録，這一舉措避免了受

---

① 簡肆·1774 "□□年六月廿九日債男子周□□" 根據殘存的文本判斷其應與簡 1-5 格式一致。

② 鄧瑋光：《走馬樓吳簡三州倉出米簡的復原與研究——兼論"横向比較復原法"的可行性》，《文史》2013 年第 1 輯。

雇者以雇直爲藉口貪墨米糧的可能，從而確保收米倉盡可能足額接收官倉出米。^① 上述兩點應是"甲戌書"的應有之義。

吳簡中的"干支書"可能是從建業下發的通行全國的文書，也可能是地方頒行的一般官府文書，^②"甲戌書"應爲地方頒行的文書。如下三枚簡反映了雇直與運送米糧之間的比例關係：

8. 出襍□吳平斛米五十六斛四斗八合雇運者直一斛六斗九合

叄·4756

9. 其一百卅斛雇林慮運卒限米五百斛傂直^③

伍·1904

10. 其一百卌斛雇林慮運□限米五百斛^④

陸·1678

根據當前可見文本判斷，簡9、10所記內容一致，簡10未記"傂直"。簡8、9中"雇"出現的結構爲"雇+運者、林慮+傂直"，屬雇傭記錄。簡8中的"運者"，簡9、10中的"運卒限米"提示3簡所記雇傭現象與簡1—7一致，爲官倉雇傭百姓運輸米糧，可見簡8-9中的雇直發放應也是依據"甲戌書"進行的。簡8所示比例約2.8%（1.609÷56.408≈0.028），簡9、10所示比例爲28%（140÷500=0.28），^⑤ 兩組數據相差十倍，可見運送米糧的多少并不是確定雇直的唯一標準，雇直應還受運送路途遠近等因素的影響。^⑥ 此外，走馬樓吳簡的主體部分爲臨湘侯國的檔

---

① 米糧轉運過程中會産生損耗，可參王子今《走馬樓簡"折咸米"釋義》，何雙全主編《國際簡牘學會學刊》第3號，蘭臺出版社，2001年，第75—80頁，收入其著《長沙簡牘研究》，中國社會科學出版社，2017年，第73—79頁。侯旭東《吳簡所見"折咸米"補釋——兼論倉米的轉運與吏的職務行爲過失補償》，長沙簡牘博物館、北京吳簡研討班編《吳簡研究》第2輯，崇文書局，2006年，第176—191頁。熊曲《吳簡折咸米、潰米、没溺米及相關問題》，長沙簡牘博物館、北京大學中國古代史研究中心、北京吳簡研討班編《吳簡研究》第3輯，中華書局，2011年，第211—225頁。趙義鑫《吳簡"折咸米""備米"補論》，《文物春秋》2018年第3期。任二兵《"折咸米"定損與備入——吳簡所見"折咸"記錄整理與研究》，《簡帛研究二〇二二·秋冬卷》，廣西師範大學出版社，2023年，第376—413頁。

② 凌文超：《走馬樓吳簡隱核新占民簿整理與研究——兼論孫吳户籍的基本體例》，北京大學中國古代史研究中心編《田餘慶先生九十華誕頌壽論文集》，中華書局，2014年，第174—201頁，收入其著《吳簡與吳制》，第二章"隱核新占民簿與户籍體例"，北京大學出版社，2019年，第99頁。魏斌：《"原除"簡與"捐除名籍"》，長沙簡牘博物館、北京大學中國古代史研究中心、北京吳簡研討班編《吳簡研究》第3輯，中華書局，2011年，第189—191頁。

③ 原釋爲"意"，據圖版改釋爲"慮"。

④ 原釋爲"卅"，據圖版改釋爲"卌"。

⑤ 由於無法確定簡4、5是否爲湛南在嘉禾四年正月十日運送的全部米糧，所以不能用簡7中的雇直與簡4、5中的運輸米糧數求比例關係。

⑥ 鄧瑋光指出影響從三州倉運米至州中倉時間長短的因素有運載的數量、船隻的好壞、水手的能力以及水路狀況（《走馬樓吳簡三州倉出米簡的復原與研究——兼論"横向比較復原法"的可行性》，《文史》2013年第1輯），影響送達時長的因素應也可影響雇直的多寡。此外，官倉雇傭百姓運送米的目的地可能并不一致，路途遠近也是影響雇值的重要因素之一。

案文書,^① 簡1-7所示的雇傭記録較可能出現在臨湘侯國某一官倉出米至己（已）丘倉的場景下。揆諸常理，中央政府較難制定具體到地方的雇直發放標準，"甲戌書"應是於"甲戌"日頒行的適用於臨湘地區的地方性文書。^②

除簡6-10外，如下幾枚"雇"記録簡也與雇直發放有關：

11.·其十二斛三合績（？）雇成僦直☐　　　　　　　伍·1792

12.☑斛九斗二升雇大男☐……☐☐領二百六十斛僦直☐　玖·4897

13.☑……二千九百卅二錢僦直雇^③　　　　　　壹·8689

簡11、12中"雇"所處結構爲"雇+成、男子+僦直"，"僦"作雇傭運載解，屬雇傭記録。簡13中"雇"所處的結構爲"僦直雇"，類似結構亦見於《後漢書·虞詡傳》記虞詡開發船道後"以人僦直/雇借/傭者"，^④ 此處"僦"也應爲雇傭運載之意，"僦直"可理解爲用於雇傭運載的錢，整體意思爲使用原來用於支付運輸酬勞的錢來雇傭服勞役者，簡13的用法應同此類，也屬雇傭記録。簡6-12提示雇直主要以米發放，簡13提示存在以錢發放雇直的情況。

除簡6-13外，如下幾枚簡中的"雇"也應爲雇傭之意：

14.☐☐☐使可雇人☐☐以對入☐☐……三月十二日☐　　叁·7254

15.☐☐☐錢六千七百時鄉吏谷漢爲縣所雇☐☐還☐☐　肆·3566

簡14中有"雇人"一詞，簡15記鄉吏谷漢爲縣所雇，兩簡明確爲雇傭記録，但由於文本殘缺等外部因素，無法確知雇傭目的。

綜上，簡1-10所示的雇傭現象爲孫吳官倉雇傭百姓運送出米，雇直發放的依據爲"甲戌書"，屬官方雇傭行爲。簡11-13中"雇"用法與簡6-10近似，且所記内容也與雇傭百姓運輸物資相關,應屬官方雇傭行爲。簡15中的"爲縣所雇"也屬官方雇傭記録。簡14所記是否屬官方雇傭行爲，由於文本缺釋，尚無法明確。

---

① 學界關於走馬樓吳簡性質的討論可參徐暢《長沙走馬樓三國孫吳簡牘官文書整理與研究》第二章"三國孫吳簡牘官文書性質與級別的判定"，中國社會科學出版社，2021年，第101—147頁。我們認同走馬樓吳簡主體部分爲臨湘侯國檔案的觀點。

② "干支書"中的"干支"爲文書下達時間，可參樓勁《魏晉時期的干支詔書及其編纂問題》，中國魏晉南北朝史學會、山西大學歷史文化學院編《中國魏晉南北朝史學會第十屆年會暨國際學術研討會論文集》，北嶽文藝出版社，2012年，第3—5頁。

③ 原釋爲"留"，據圖版改釋爲"直"。

④ 《後漢書》卷五八《虞詡傳》，中華書局，1965年，第1869頁。"/"爲斷讀符號。

三、“債”“假”與私人雇傭行爲

除上節簡 1–5 外，如下幾枚簡中的“債”也應爲“賃”，作雇傭解：

16. 男子李車爲男子益馮債送三年稅折咸一百七斛□□已付男子彭

南隨昌送　　　　　　　　　　　　　　　　　　　　　　伍·4514

17. 男子諾士債男子區缺（？）運三年□連復田稅米廿五斛以盜丁

虎當爲□☑　　　　　　　　　　　　　　　　　　　　　伍·4521

18. 男子劉佗爲魁薄袁債送三年稅米折咸一百一十一斛□就尕已丘

潘備　已得七十斛□　　　　　　　　　　　　　　　　　伍·4600

19. 男子汙才債男子彭南送三年稅米折咸卅斛已遣南送備　已送畢

伍·4715

簡 16–19 形制、編痕信息一致，原始狀態下應同屬一簿，簿書内容與“折咸米”
的繳納有關。[1] 簡 16 記男子李車被男子益馮雇傭來運送三年稅米；簡 17 記男子諾
士雇傭男子區缺運送三年□連復田稅米；簡 18 記男子劉佗被里魁薄袁雇傭來運

---

① 任二兵：《“折咸米”定損與備入——吴簡所見“折咸”記録整理與研究》，《簡帛研究二〇二二·秋
冬卷》，廣西師范大學出版社，2023 年，第 398—407 頁。

送三年税米；^①簡 19 記男子汙才雇傭男子彭南運送三年税米。4 簡所示的雇傭記錄皆發生在百姓與百姓之間，屬私人雇傭行爲。

已刊《竹簡》中的“假人自代”簡有如下幾枚：

20.·其七人假人自代　　　　　　　　　　　　　　　　貳·749

21.□人假人自代一人□☑　　　　　　　　　　　　　　叁·1005

22.……三人……各假一人自代　一人……

　　　　　　七人□六……

　　　　　　三人□分□^②　　　　　　　　　　　肆·3864

23.·右六人郡縣吏兄弟各假一人自代^③　　　　　　肆·3899

24.·二人縣吏弟各假一人未具　　　　　　　　　　　　伍·3072

---

①學界關於“魁”的争論主要集中在是否存在“丘魁”問題上。阿部幸信、柿沼陽平、于振波、熊曲等先生認爲存在“丘魁”一職（〔日〕阿部幸信：《長沙走馬樓吳簡所見的“調”——以出納記録的檢討爲中心》，長沙簡牘博物館、北京大學中國古代史研究中心、北京吳簡研討班編《吳簡研究》第 3 輯，中華書局，2011 年，第 243 頁；〔日〕柿沼陽平：《孫吳貨幣經濟的結構和特點》，《中國經濟史研究》2013 年第 1 期；于振波：《走馬樓吳簡所見鄉級行政》，長沙簡牘博物館編《長沙簡帛研究國際學術研討會論文集》，中西書局，2017 年，第 117 頁；熊曲著、〔日〕小野響訳：《〈嘉禾五年貧民貸食米斛數簿〉について》，伊藤敏雄、関尾史郎編《後漢·魏晋簡牘の世界》，汲古書院，2020 年，第 27—50 頁）。阿部幸信指出“丘魁”爲丘中所置的“魁”，參與賦税繳納是其職責之一，也有負責管理民户的可能（〔日〕阿部幸信：《長沙走馬樓吳簡所見的“調”——以出納記録的檢討爲中心》，長沙簡牘博物館、北京大學中國古代史研究中心、北京吳簡研討班編《吳簡研究》第 3 輯，中華書局，2011 年，第 243 頁）。熊曲指出吳簡中的“魁”有“里魁”和“丘魁”之分，“里魁”爲里的主管負責人，負責管理人數；“丘魁”爲丘一級的吏，主管具體事務（熊曲著、〔日〕小野響訳：《〈嘉禾五年貧民貸食米斛數簿〉について》，伊藤敏雄、関尾史郎編《後漢·魏晋簡牘の世界》，汲古書院，2020 年，第 27—50 頁）。沈剛、侯旭東對是否存在“丘魁”一職持保留態度（沈剛：《長沙走馬樓三國吳簡所見鄉、丘、里關係臆解》，中國魏晋南北朝史學會、山西大學歷史文化學院編《中國魏晋南北朝史學會第十屆年會暨國際學術研討會論文集》，北嶽文藝出版社，2012 年，收入其著《長沙走馬樓二國竹簡研究》第一篇第四章“鄉、丘、里關係臆解”，社會科學文獻出版社，2013 年，第 47 頁；侯旭東：《長沙走馬樓吳簡“嘉禾六年（廣成鄉）弦里吏民人名年紀口食簿”集成研究：三世紀初江南鄉里管理一瞥》，邢義田、劉增貴主編《第四屆國際漢學會議論文集：古代庶民社會》，“中研院”史語所，2013 年，第 127—130 頁，收入其著《近觀中古史：侯旭東自選集》，中西書局，2015 年，第 128—130 頁）。孫聞博、戴衛紅、連先用認爲并不存在“丘魁”一職，指出“丘魁”并非一詞，“丘魁”之“魁”是對後面所接人名的修飾語，表示其人具有“魁”的身份，“某丘魁”指的是居住於該丘的“里魁”（孫聞博：《走馬樓吳簡所見鄉官里吏》，長沙簡牘博物館、北京大學中國古代史研究中心、北京吳簡研討班編《吳簡研究》第 3 輯，中華書局，2011 年，第 275—276 頁；戴衛紅：《長沙走馬樓吳簡所見“帥”的探討》，武漢大學中國三至九世紀研究所編《魏晋南北朝隋唐史資料》第 38 輯，上海古籍出版社，2018 年，第 52—54 頁；連先用：《吳簡所見臨湘“都鄉吏民簿”里計簡的初步復原與研究——兼論孫吳初期縣轄民户的徭役負擔與身份類型》，《簡帛研究二〇一七·秋冬卷》，廣西師範大學出版社，2018 年，第 284—285 頁）。已刊《竹簡》中可見“丘”的數量明顯多於對應“魁”的記録，“魁”與“丘”之間并非逐一對應，應不存在“丘魁”一職，“魁薄袁”應爲里魁。

②原釋文未釋，據圖版和其他簡例補釋“各假”。

③同②。

25. ·右二人縣吏弟各假一人自代人未具　　　　　　　　　　　　伍·3076

26. 六人縣吏兄各假一人自代 _{三人如本主三}　　　　　　　伍·310
　　　　　　　　　　　　　　　　　　_{人不如本主}

根據文本格式判斷簡 20、21 爲“其”類結計簡，簡 22–26 爲“右”類結計簡，7
簡應出自“州郡縣、軍吏父子兄弟簿”。①

　　簡 20 所記内容單一，簡 21、22 受殘缺、泐損影響，信息丢失嚴重，簡 24、
25 中的“未具”，對應簡 26 中的“三人如本主，三人不如本主”，指没有明確
代役者是否如“本主”的情況。“本主”爲原主、原主人之意，②“如”應爲比
得上之意，“不如”爲比不上之意。凌文超對比“隱核州軍吏父子兄弟簿”與“户
籍簿”“兵曹徒作部工師及妻子簿”，指出“隱核州軍吏父子兄弟簿”側重記録
州、軍吏家户中的男性成員，且記録有他們的身體素質信息（細小、老鈍等）。③
據此推測，簡 26 中所記的代役者是否比得上本主，應是就雙方的身體素質而言的。

　　秦漢三國時期，官方对雇傭代役雙方的身體素質有對等要求。《睡虎地秦墓
竹簡·秦律十八種》簡 136 提到：“居貲贖責（債）欲代者，耆弱相當，許之。”④
説明，找人代替自己勞作時，要求替代雙方身體强弱程度相當。《嶽麓書院藏秦
簡（肆）》簡 1414-1 記“以弱代者及不同縣而相代，勿許。”⑤明確規定代役時
不允許以弱代强。漢簡中的雇傭代役記録提示應服役者與代役者的年齡一致或接
近，符合“耆弱相當”原則。⑥簡 26 中本主與代役者身體素質的對比記録，提示
孫吳官方原則上要求本主所“假”之人的身體素質要與本主相當，但在實際執行

---

①凌文超將簡 20 整理入“隱核州、軍吏父子弟簿”（《走馬樓吳簡隱核州、軍吏父子弟簿整理
與研究——兼論孫吳吏、民分籍及在籍人口》，《中國史研究》2017 年第 2 期，收入其著《吳簡與吳制》，
第三章“隱核州、軍吏父子兄弟簿與人口集計”，北京大學出版社，2019 年，第 125—126 頁）。簡 23–26
根據文本内容判斷應屬於“郡縣吏父子兄弟簿”，簡 21、22 與簡 20、23–26 文本特征相似，所屬簿書性
質類似。

②王素：《長沙吳簡勸農掾條列軍州吏等人名年紀三文書新探》，武漢大學中国三至九世紀研究所编
《魏晋南北朝隋唐史資料》第 25 輯，上海古籍出版社，2009 年，第 9—10 頁。

③凌文超：《走馬樓吳簡隱核州、軍吏父子兄弟簿整理與研究——兼論孫吳吏、民分籍及在籍人口》，
《中國史研究》2017 年第 2 期，收入其著《吳簡與吳制》，第三章“隱核州、軍吏父子兄弟簿與人口集計”，
北京大學出版社，2019 年，第 127—129 頁

④睡虎地秦墓竹簡整理小組编：《睡虎地秦墓竹簡》，文物出版社，1990 年，第 51 頁。

⑤陳松長主编：《嶽麓書院藏秦簡（肆）》，上海辭書出版社，2015 年，第 128 頁。

⑥居延漢簡、肩水金關漢簡、敦煌漢簡中雇傭代役簡格式類於“戍（田）卒＋郡縣里名＋爵位＋人名
＋年齡＋庸同縣＋里名＋爵位＋人名＋年齡”，地灣漢簡中雇傭代役簡格式爲“人名＋年齡＋取＋里名＋
爵位＋人名＋年齡＋爲庸自代”，所見完整簡例中前後兩人年齡多數相當，亦存在年齡相差較大的情況，
但年齡最大者不超過 50 歲（見朱紅林《〈嶽麓書院秦簡（肆）〉補注七》，霍存福主编《法律文化論叢》，
知識産權出版社，2019 年，第 209—210 頁）。

過程中又具有一定的靈活性，存在代役者身體狀況比不上本主的情況。如下兩枚簡提示，孫吳對"假人自代"行爲確有規定：

    27.☑……奴得自代如詔　　　　　　　　　　　　　　　　　肆·1501

    28.☑以户下奴自代如詔①　　　　　　　　　　　　　　　　肆·3278

據簡 27、28 可知，"以户下奴自代"要符合"詔"的規定。綜上可知，秦漢三國時期，雇傭代役雙方身體素質相當應是一項官方規定，該規定有利於確保代役者有效完成勞役任務。

    州郡縣、軍吏父子兄弟既可以"下户民自代"，還可以"户下奴自代"。②熊曲通過分析"户品出錢"簡，指出下户民較上、中品貧困，通過代替服役來獲取報酬的意願較强。③"户下奴自代"應不屬於雇傭現象，"户下奴"本質上是本主的私産：

    29.二人郡縣吏兄弟前假依自代☐不還奴入錢人卌萬④　　　　伍·3104

    30.☑武陵郡吏羊茂奴文自代☐尹☑　　　　　　　　　　　伍·3446

簡 29 中的"不還奴"及簡 30 中的"羊茂奴"提示兩簡中的"奴"應爲郡縣吏的"户下奴"。簡 29 還提示了"户下奴"完成勞役後，若不歸還，則要花錢買下。"户下奴"以私産屬性代替主人服役，應是主人對奴隸的驅使，不屬於雇傭行爲。

    綜上，簡 16–19 中的"賃"發生在個人之間，"假人自代"發生在本主與代役者之間，皆屬私人雇傭行爲。"假人自代"的特殊性在於，勞役征發屬官方行爲，且孫吳政府對代役者的身體素質有所規定，并記録了相關情況，可見，"假人自代"是在官府指導下的私人雇傭行爲。

四、結語

    前文所述雇傭現象的存在與嘉禾年間臨湘侯國的社會經濟狀況密切相關。石

---

①原釋爲"故"，據圖版改釋爲"詔"。

②熊曲：《論長沙走馬樓吳簡中"生口"及相關問題》，中國文化遺産研究院編《出土文獻研究》第 12 輯，中西書局，2013 年，第 333—334 頁；修訂後又見《論長沙走馬樓吳簡中"生口"及相關問題》，長沙簡牘博物館編《走馬樓吳簡研究論文精選》下册，嶽麓書社，2016 年，第 161 頁。熊曲：《論走馬樓吳簡中的"以下户民自代"》，長沙簡牘博物館編《長沙簡帛研究國際學術研討會論文集》，中西書局，2017 年，第 207 頁。

③熊曲：《論走馬樓吳簡中的"以下户民自代"》，長沙簡牘博物館編《長沙簡帛研究國際學術研討會論文集》，中西書局，2017 年，第 210—214 頁。

④原釋爲"小"，據圖版改釋爲"不"。

洋以傳世文獻爲主要依憑，考察兩漢三國時期的“傭”群體，指出漢末受戰亂影響，經濟遭到破壞，大量百姓成爲富家的依附民，社會對雇傭勞動的需求明顯退化。三國鼎立以後，社會經濟獲得一定程度的恢復，文獻中又零星出現了雇傭勞動的個例。① 按照已刊《竹簡》中常見的時間記錄，可知上述三種雇傭行爲：官方雇傭百姓運送出米至己（已）丘倉、某人雇傭另一人運輸米稅、本主雇傭下户民代役，皆應發生在嘉禾年間。此階段臨湘地區相對穩定，國家掌握的民户中有“誦貰爲業”的貧民，② 這些貧民可能就是“假人自代”記録中“下户民”。長沙地區水網密布，且可見吳簡材料提示米糧轉運任務主要由船師或杝師通過水路運輸完成，其中，船師主要負責將某一官倉出米轉運至另一官倉，③ 杝師主要負責將官倉出米運至軍事或米糧集結地，④ 相較而言，受雇運輸米糧者的身份較可能爲船師。⑤

　　已刊《竹簡》所示的三種官、私雇傭行爲應是嘉禾年間，長沙地區較爲常見的現象。官方雇傭百姓運送出米的行爲，本質上屬於官方征購民間運力的舉措，其直接目的是爲了確保米糧轉運的有序進行。私人間的雇傭運輸行爲，則與當時

---

　　① 石洋：《兩漢三國時期“傭”群體的歷史演變——以民間雇傭为中心》，《中國史研究》2014 年第 3 期。

　　② 崔啟龍：《走馬樓吳簡所見“黃簿民”與“新占民”再探——以嘉禾五年春平里相關籍簿的整理爲中心》，中國文化遺產研究院編《出土文獻研究》第 18 輯，中西書局，2019 年，第 371—374 頁。

　　③ 鄧瑋光指出三州倉出米至州中倉運者的身份爲船師。參見鄧瑋光《走馬樓吳簡三州倉出米簡的復原與研究——兼論“橫向比較復原法”的可行性》，《文史》2013 年第 1 輯。

　　④ 戴衛紅：《長沙走馬樓吳簡中的軍糧調配問題初探》，《簡帛研究二〇〇七》，廣西師範大學出版社，2010 年，第 222—223 頁；鄧瑋光：《走馬樓吳簡“出米簡”的復原與研究》，《簡帛研究二〇一五（春夏卷）》，廣西師範大學出版社，2015 年，第 201—217 頁；鄧瑋光：《對中倉十二月出米簡［肆］4012 組的復原嘗試》，蘇州博物館編《蘇州文博論叢》第 6 輯，文物出版社，2015 年，第 45—55 頁；鄔文玲：《〈長沙走馬樓三國吳簡·竹簡（捌）〉所見州中倉出米簿的集成與復原嘗試》，中國文化遺產研究院編《出土文獻研究》第 16 輯，中西書局，2017 年，第 348—349 頁。

　　⑤ 需要説明的是，文中觀點是基於已刊《竹簡》作出的判斷，揆諸常理，水路并非長沙地區唯一的運輸途徑。

米税由納税人直接繳納至官倉的現實情況直接相關，[①]出於節約運輸成本的考慮，同時兼顧部分納税人運力缺失的可能，雇傭他人運繳税米成爲基層社會的實際需求。本主雇傭下户民代役的現象由來已久，是社會穩定背景下，富户出米雇傭生活貧困者代替服役的行爲。相較於傳世文獻而言，吳簡材料提示的雇傭案例更豐富、可靠，可見，三國鼎立時期，基層社會的雇傭現象是多樣的。

秦漢時期雇傭傭人運輸物資，[②]孫吳時期則由船師承擔相應工作，傭人與船師皆爲專職身份。此外，秦漢時期的雇傭代役行爲亦見於臨湘侯國，且孫吳政府繼承了秦漢簡中要求代役雙方"耆弱相當"的原則。可見，吳國臨湘地區的雇傭現象與秦漢時期的情況大體一致，反映出常見雇傭現象的穩定性。

附記：

本文爲國家社科基金冷門絶學研究專項學術團隊項目"秦至晋簡牘所見地方行政史料彙編與研究（批准號：20VJXT020）"階段性成果。本文是在沈剛師的悉心指導下完成的。

作者簡介：任二兵，男，1994 年生，山西運城人，吉林大學古籍研究所2020 級博士研究生，主要從事秦漢魏晋南北朝史研究。

---

① 納税人與倉之間并無專人負責征納事務，鄉掾（鄉史、勸農掾、典田掾等）主要發揮的是督責、絞促作用。侯旭東根據百姓直接將口算錢、財用錢等多種錢直接繳納至縣庫的情況，指出鄉吏并不直接負責徵收錢，其主要發揮督責作用（侯旭東：《長沙走馬樓三國吳簡所見"鄉"與"鄉吏"》，北京吳簡研討班編《吳簡研究》第 1 輯，崇文書局，2004 年，第 100 頁）。鄧瑋光通過梳理"粢租米"的送繳流程，指出各鄉勸農掾要負責催促百姓送繳"粢租米"，并編制相關簿書（鄧瑋光：《走馬樓吳簡粢田簡的復原與研究》，《出土文獻》2020 年第 1 期）。凌文超注意到了"鄉官里（丘）吏"送繳"品布"的情況，并據此指出孫吳應安排了基層職吏（鄉勸農掾、鄉吏等）參與"品布"的征繳。此外，凌先生還注意到了"品布入受簿"中存在一人多次納入調布的情況，他認爲這一情況與孫吳政府要求各鄉整匹繳納布有關，進而指出需要繳納布的民户出於節省開支的考慮，若干户聯合起來派遣一人或由勸農掾、歲伍等送繳調布入庫（凌文超：《孫吳嘉禾元年品市布入受簿綜合整理與研究》，中國文化遺產研究院編《出土文獻研究》第17 輯，中西書局，2018 年，第 347—355 頁）。根據侯、鄧兩位先生的研究，可知"鄉吏""勸農掾"在鄉中主要負責督促百姓繳納賦税的工作，凌先生的研究提示鄉勸農掾送繳布匹的情況與官府對布匹的完整性要求有關，具有一定的特殊性。我們通覽《竹簡［壹－玖］》中的"受米莂"，未見以"鄉吏""勸農掾""典田掾"等縣吏身份送繳米税至官倉的記録，由此可知，在米税征納過程中縣吏主要發揮的仍是督責、絞促作用。徐暢將納税人與倉之間并無經手人的現象歸因於漢末三國鄉政衰微，鄉級管理者缺位所致（徐暢：《走馬樓簡所見孫吳"鄉勸農掾"的再研究——對漢晋之際鄉級政權的再思考》，《文史》2016 年第 1 輯）。

② 薛英群：《居延漢簡中的雇傭勞動者析》，《蘭州學刊》1986 年第 5 期；王子今：《秦漢時期的私營運輸業》，《中國史研究》1989 年第 1 期；安忠義：《漢簡中的雇傭勞動者》，《魯東大學學報（哲學社會科學版）》2009 年第 5 期；侯宗輝：《漢代西北邊疆屯戍系統中的雇傭人口——以西北漢簡爲中心的考察》，《軍事歷史研究》2019 年第 6 期。

走馬樓吳簡州中倉嘉禾二年
月旦簿"重文簡"初探

成　鵬

（清華大學人文學院歷史系，北京 100084）

内容摘要：走馬樓吳簡倉月旦簿中的"其"字簡，爲月旦簿多個統計部分的屬簡，是認識倉月旦簿會計特征的重要切入點。在"州中倉嘉禾二年月旦簿"現存的 11 坨屬簡中，存在大量"重文"的"其"字簡。這些"重文簡"在各坨簡中的分布缺乏規律性，具有隨意分布的特征。同時，"重文簡"所涉米類大多爲與一些特殊身份群體有關的襍米和限米。吳簡倉月旦簿的"其"字簡中之所以存在大量"重文簡"，主要與其記賬方式、保存狀態以及特殊情況下某些月旦簿被多次抄寫有關。

關鍵詞：走馬樓吳簡；倉月旦簿；"其"字簡；重文簡

　　1996 年出土的長沙走馬樓三國吳簡是孫吳臨湘侯國的部分文書簿籍，[①] 按材質和形制，可粗分爲大木簡（吏民田家莂）和竹簡兩大類，此外還包括不少木牘、

---

　　① 關於吳簡歸屬於臨湘侯國的哪個機構，目前學界有不同的看法。侯旭東認爲吳簡是臨湘侯國主簿和主記史所經手及保管的部分文書簿籍。參侯旭東《湖南長沙走馬樓三國吳簡性質新探——從〈竹簡（肆）〉涉米簿書的復原説起》，長沙簡牘博物館編《長沙簡帛研究國際學術研討會論文集：紀念走馬樓三國吳簡發現二十周年》，中西書局，2017 年，第 59—97 頁。凌文超對吳簡性質的認識與侯旭東有异，認爲它主要是孫吳嘉禾年間臨湘侯國侯相、丞及門下吏、廷掾等處理過的一部分官文書，徐暢亦認爲走馬樓吳簡爲臨湘侯國縣級文書檔案群。詳參凌文超《吳簡與吳制》，北京大學出版社，2019 年，第 1 頁；徐暢《走馬樓簡牘公文書中諸曹性質的判定——重論長沙吳簡所屬官府級別》，《中華文史論叢》2017 年第 1 期，第 179—218、401—402 頁。除此之外，對吳簡的性質尚有其他不同的認識，可參徐暢《長沙走馬樓三國吳簡整理研究二十年熱點選評》之"二、對走馬樓吳簡基本性質的討論"，《簡帛》第 15 輯，上海古籍出版社，2017 年，第 225—227 頁；《長沙走馬樓三國吳簡基本性質研究平議》，《出土文獻》第 12 輯，中西書局，2018 年，第 295—303 頁。

簽牌。[①] 根據内容，竹簡簿書大致可分爲户籍和户籍簿、名籍簿、庫賬簿、倉賬簿、特殊簿書等五類。[②] 其中，吳簡倉賬簿主要記載了孫吳黄武（222—229）、黄龍（229—231）和嘉禾（232—238）年間當地官倉的業務活動及會計報告。這些倉賬吳簡極大豐富了孫吳官倉研究的史料，"不僅使我們了解百姓交納賦税的具體環節，也讓今人進一步了解了百姓生産的米之類的物資轉交到官府後，官府又如何逐級聚集轉運并發放物資以維持朝廷官吏的日常消費，從而保證了朝廷的運轉。"[③] 其對彌補六朝財政史研究缺環，乃至具體認識中國古代王朝的再分配機制，都有重要意義。自出土至今二十餘年，倉賬吳簡引起了學界廣泛關注，積累了豐富的研究成果。[④] 其中，月旦簿是孫吳官倉的日常簿記，在吳簡倉賬簿數量中亦居大宗。在現存倉賬吳簡中，州中倉和三州倉的月旦簿屬簡占了最大份額。[⑤] 月旦簿因此而成爲了倉賬吳簡研究的重點。

一、吳簡倉月旦簿中的 "重文簡" 現象

對於吳簡倉月旦簿記録的内容，目前學界主要有 "前月" 賬目和 "當月" 賬

---

① 大木簡最先刊布，即走馬樓簡牘整理組編著《長沙走馬樓三國吳簡·嘉禾吏民田家莂》，北京：文物出版社，1999 年。竹簡分九卷刊布，業已出版完畢，即走馬樓簡牘整理組編著《長沙走馬樓三國吳簡·竹簡〔壹〕、〔貳〕、〔叁〕、〔肆〕、〔伍〕、〔陸〕、〔柒〕、〔捌〕、〔玖〕》，分別由文物出版社於 2003、2007、2008、2011、2018、2017、2013、2015、2019 年出版，文中分別簡稱《竹簡·壹》至《竹簡·玖》等。簽牌和木牘在上述各卷竹簡和一些吳簡相關的美術、書法出版物中有零星刊布。據徐暢披露，走馬樓吳簡尚有收録 6000 餘枚有字殘簡的《竹簡·别册》及《竹木牘》特輯（擬收吳簡木牘和竹牘 376 枚）有待出版。參見徐暢《長沙走馬樓三國孫吳簡牘官文書整理與研究》，中國社會科學出版社，2021 年，第 4—5、51 頁。

② 凌文超：《走馬樓吳簡采集簿書整理與研究》，廣西師範大學出版社，2015 年，第 466—467 頁。此外，關尾史郎通過整理和分析采集簡，將走馬樓吳簡細分爲三大類和 17 小類。侯旭東綜合已刊采集簡和發掘簡，將走馬樓吳簡分成七大類。分參關尾史郎《史料群としての長沙吳簡·試論》，《木簡研究》第 27 號，2005 年，第 250—266 頁；侯旭東《湖南長沙走馬樓三國吳簡性質新探——從〈竹簡（肆）〉涉米簿書的復原説起》，長沙簡牘博物館《長沙簡帛研究國際學術研討會論文集：紀念走馬樓三國吳簡發現二十周年》，中西書局，2017 年，第 92—94 頁。

③ 侯旭東：《吳簡所見 "折咸米" 補釋——兼論倉米的轉運與吏的職務行爲過失補償》，長沙簡牘博物館、吳簡研討班編《吳簡研究》第 2 輯，崇文書局，2006 年，第 185 頁。

④ 關於倉賬吳簡研究現狀請參成鵬《走馬楼吳簡倉賬簡研究的回顧與展望》，《中國中古史研究》第 9 卷，中西書局，2021 年，第 379—417 頁。

⑤ 侯旭東：《湖南長沙走馬樓三國吳簡性質新探——從〈竹簡（肆）〉涉米簿書的復原説起》，長沙簡牘博物館《長沙簡帛研究國際學術研討會論文集：紀念走馬樓三國吳簡發現二十周年》，中西書局，2017 年，第 81—85 頁；成鵬：《走馬樓三國吳簡倉賬簿復原研究》，清華大學碩士學位論文，2021 年，第 41—44 頁。

目兩種觀點。前者認爲 "n 月旦簿" 記録的是（n-1）月的倉米賬目，名爲 "n 月旦簿"，是由於（n-1）月賬目的結算日期在 n 月第一天（旦日）。"月旦簿" 簿題中的月份乃提交的月份，而非所記録的月份。[①] "當月" 賬目説則認爲 "n 月旦簿" 記録的是 n 月當月倉米收支狀况。[②] 谷口建速和鄧瑋光等學者還對倉月旦簿進行了文書學方面的研究。前者用文書集成方法，推測了月旦簿的内容、屬簡和格式。[③] 後者用 "横向比較復原法" 和 "縱向比較復原法" 復原出了若干個倉月旦簿，以此爲據總結出了月旦簿格式。[④] 近期，成鵬通過對 "州中倉嘉禾二年月旦簿" 的復原實踐，指出了鄧瑋光總結的倉月旦簿格式的不足之處，進行了修正，總結出了如下月旦簿格式（爲清晰顯示月旦簿各部分及其屬簡，筆者進行了標色處理）：

a 倉史 b 謹列 c 年 d 月旦簿

承 c 年（d-1）月旦簿餘雜吴平斛米……

其……

入……

右 d 月新入吴平斛米……

·集凡承餘新入吴平斛米……

其………

其……

① 〔日〕谷口建速：《長沙走馬楼吴簡における穀倉関係簿初探》，《民衆史研究》第 72 號，2006 年，第 45—61 頁，修訂後收入其著《長沙走馬樓吴簡の研究：倉庫関連簿よりみる孫吴政権の地方財政》，早稻田大學出版部，2016 年，第 35—78 頁；陳明光：《走馬樓吴簡所見孫吴官府倉庫賬簿體系試探》，《中華文史論叢》2009 年第 1 期，第 53 頁；王素：《長沙吴簡中的 "月旦簿" 與 "四時簿"》，《文物》2010 年第 2 期，第 67 頁；鄧瑋光：《對三州倉 "月旦簿" 的復原嘗試——兼論 "縱向比較復原法" 的可行性》，《文史》2014 年第 2 輯，第 8—9 頁。

② 鄧瑋光：《對中倉黄龍三年十月旦簿的復原嘗試》，樓勁主編《魏晋南北朝史的新探索——中國魏晋南北朝史學會第十一屆年會暨國際學術研討會論文集》，中國社會科學出版社，2015 年，第 652 頁；侯旭東：《湖南長沙走馬樓三國吴簡性質新探——從〈竹簡（肆）〉涉米簿書的復原説起》，長沙簡牘博物館編《長沙簡帛研究國際學術研討會論文集：紀念走馬樓三國吴簡發現二十周年》，中西書局，2017 年，第 74—75 頁。

③ 〔日〕谷口建速：《長沙走馬楼吴簡における穀倉関係簿初探》，《民衆史研究》第 72 號，2006 年，第 45—61 頁，修訂後收入其著《長沙走馬樓吴簡の研究：倉庫関連簿よりみる孫吴政権の地方財政》，早稻田大學出版部，2016 年，第 35—78 頁。

④ 鄧瑋光：《對三州倉 "月旦簿" 的復原嘗試——兼論 "縱向比較復原法" 的可行性》，《文史》2014 年第 2 輯，第 5—36 頁；鄧瑋光：《對中倉黄龍三年十月旦簿的復原嘗試》，樓勁主編《魏晋南北朝史的新探索——中國魏晋南北朝史學會第十一屆年會暨國際學術研討會論文集》，中國社會科學出版社，2015 年，第 645—677 頁；鄧瑋光：《對中倉黄龍三年十一月旦簿的復原嘗試》，《簡帛研究二〇一五·秋冬卷》，廣西師範大學出版社，2015 年，第 182—214 頁。

右襍……①

其……

右雜米……別領

其……

右雜米……縣領

定領雜米……

出……

右（d月）出吳平斛米……

今餘吳平斛米……

其……

d月卅／廿九日倉吏 b 白②

據此格式，吳簡倉月旦簿統計的内容一般包括：① "承餘米量"；② "月新入米量"；③ "承餘新入米量"；④ "别領米量"；⑤ "縣領米量"；⑥ "定領米量"；⑦ "月出用米量"；⑧ "今餘米量"。各部分的統計内容均由細目簡和結計簡兩類屬簡記録。其細目屬簡主要包括入米簡、出米簡（組）③和 "其" 字簡三類，兹各舉 1 例於下：

入郡吏士還所貸黄龍元年稅米十斛　　　　　捌·3369·8/105④

出倉吏黄諢潘慮所領嘉禾元年稅吳平斛米一百八十六斛二斗四升，
爲稾斛米一百九十四斛，//被督軍糧都尉嘉禾二年正月十八日己卯書，
給監運掾俞朔所領吏士九十六人//嘉禾二年正月直，其六人人二斛五斗，
八十八人人二斛，二人人一斛五斗，其年正月十八日付書//史史通。//
　　捌·3206·7/334+ 捌·3205·7/333+ 捌·3204·7/332+ 捌·3157·7/285

·其廿二斛佃吏蔡雅董基黄龍三年限米　　　　捌·3093·7/221

入米簡和出米簡（組）的歸屬比較明確，分别爲 "月入米" 和 "月出用米" 部分的屬簡，記録當月官倉入米和出、用米情況。"其" 字簡的歸屬情況則比較複雜。據倉月旦簿格式，"其" 字簡是月旦簿多個部分的屬簡。"承餘" "今餘" "承

①　這一部分似乎并非所有的月旦簿都有，故用下劃線標出以示區分。
②　成鵬：《走馬樓三國吳簡倉賬簿復原研究》，清華大學碩士學位論文，2021 年，第 45—107 頁。
③　出米簡由於記載了月旦簿中的 "出" "用" 兩部分内容，内容較多，往往用多枚簡書寫。文中所舉簡例各簡之間用 "//" 分界。具體研究參成鵬《走馬樓三國吳簡倉賬簿復原研究》，清華大學碩士學位論文，2021 年，第 46—49 頁。
④　"捌·3369·8/105" 中的數字，依次指卷次、整理號、揭剝圖號、揭剝順序號，以下皆同。

餘新人"部分的屬簡爲"其"字簡，目前是可以確定的。另外，"定領""別領""縣領"等部分屬簡也可能是"其"字簡，然需進一步論證。既然"其"字簡是月旦簿中多個部分的屬簡，那麼對其研究也就成爲深入把握吳簡倉月旦簿特征不可或缺的一環。

表1　州中倉嘉禾二年月旦簿屬簡坨信息表

簡坨編號	揭剥圖號	盆號	簡號（整理號）	容簡量
Ⅱb⑩	陸·揭剥圖57	16	陸·5986—陸·6074	89
Ⅱb㊶	陸·揭剥圖58	16	陸·6075—陸·6124	50
Ⅱb㊸	柒·揭剥圖1	16	柒·1–柒·63	63
Ⅱb㊳	柒·揭剥圖11	17	柒·1502–柒·1566	65
Ⅱb㊿	柒·揭剥圖15	17	柒·1978–柒·2206	229
Ⅱc㉒	柒·揭剥圖39	19	柒·4472–柒·4499	28
Ⅱc㉛	捌·揭剥圖6	21	捌·2779–捌·2872	94
Ⅱc㉜	捌·揭剥圖7	21	捌·2873–捌·3264	392
Ⅱc㉝	捌·揭剥圖8	21	捌·3265–捌·3394	130
Ⅱc㉞	捌·揭剥圖9	21	捌·3395–捌·3498	104
Ⅱc㉟	捌·揭剥圖12	21	捌·3681–捌·3795 ①	115

　　現存吳簡中，"州中倉嘉禾二年月旦簿"的屬簡主要分布在發掘Ⅱ區的11個簡坨中（見表1）。①觀察這些簡坨的簡型分布，可以發現"其"字簡是大多數簡坨中數量最多的簡型，分布位置具有隨意性。出現這種現象的原因，正在於"其"字簡是月旦簿多個部分的屬簡，原本分布在月旦簿的各個部分，失編散亂後，便呈現出隨機分散特征。除了位置特征外，在這些簡坨中，"其"字簡中還大量存在"重文簡"現象。"重文簡"是本文擬構的一個概念，指簡文基本相同的若干枚倉賬簡。②祇要兩簡所記米型和米量基本一致，即可稱其爲"重文簡"。循此定義，不同類型的簡亦可形成"重文簡"組，如月旦簿中就有入米簡和"其"字簡構成的"重文簡"（見後文）。

---

　　① 成鵬：《走馬樓三國吳簡倉賬簿復原研究》，清華大學碩士學位論文，2021年，第49—53頁。
　　② "重文"乃"簡文重複"的簡稱，不同於語言學中由許慎在《説文解字》中提出的"重文"（重出的異體）概念，關於《説文解字》中的"重文"研究，可參滕金麗《〈説文解字〉重文研究》，渤海大學碩士學位論文，2012年。

　　鄧瑋光最早注意到三州倉月旦簿中的"重文簡"現象。他稱其中的入米簡爲"加成數"，"其"字簡爲"加成對象"，指出在入米簡和"其"字簡構成的"重文簡"組中，入米簡的書寫時間要早于"其"字簡，前者在簡册中的位置應當在後者的前面（右邊）。[1]誠如其所言，倉月旦簿中"其"字簡和入米簡之間確實存在一定的數量關係，但却不能以此爲依據判斷二者書寫時間的先後。首先，月旦簿記錄的是一個月中倉米的整體情况。根據官倉的性質，倉米當分爲存米（餘見）和流動米（入、出用）兩個部分。月旦簿不僅要反映當月倉米的流動，也要體現倉米的存餘。記錄倉米流動部分的"其"字簡和入米簡之間，可能會出現鄧瑋光揭示的數量關係，但記錄存餘部分的"其"字簡則未必與入米簡有此關係。現存的倉月旦簿屬簡，是失編散亂且經過損壞的，記錄倉米流動部分和存餘部分的簡已混雜在一起了。其次，吳簡倉月旦簿是存檔文書，本以年爲單位保存，同年各月份的月旦簿保存在一起，以相應的簽牌標示。"州中倉嘉禾二年月旦簿"便是該年13個月[2]的月旦簿按從正月旦簿到十二月旦簿的順序編連成册，并從右向左收捲歸檔保存。[3]據此保存狀態，現存失編散亂的月旦簿屬簡實乃不同月份的混雜在一起，這更增加了辨識的難度。因此，從處於這種狀態且有很多簡已殘毀的吳簡中，依據所謂"加成"關係，來判斷"重文"的入米簡和"其"字簡書寫時間的先後，在情理上即爲不妥。試舉例反駁之。

　　A倉在B月納入了C斛D米，則其在B月旦簿中記爲：入D米C斛（簡1）。一般情况下，孫吳官倉所出用的米多爲出米年份前一年的陳米，當年的新入米大概在五月份開始纔會被出用（在出米簡中開始出現）。[4]據此可知，當月所入的米通常不會被立即出用。因此，該次入米會在月末的時候轉到"今餘"部分，即：其C斛D米（簡2）。若僅從B月旦簿來看，簡1的書寫時間確實早於簡2。然而，在（B+1）月旦簿中，這次入米又會作爲"承餘"部分的屬簡被記錄，即：其C斛D米（簡3）。簡3和簡2從簡文上來看，是完全相同的兩簡，即"重文簡"。如果碰巧（B+1）月也納入了C斛D米（這很有可能，從吳簡的入米簡可以看出，特定身份群體的納米量具有定額化特征），則其在

　　① 鄧瑋光：《對三州倉"月旦簿"的復原嘗試——兼論"縱向比較復原法"的可行性》，《文史》2014年第2輯，第11—18頁。
　　② 嘉禾二年（233）是閏年，閏五月。參朱桂昌《後漢四分日曆表》，中華書局，2014年，第301—302頁。
　　③ 成鵬：《走馬樓三國吳簡倉賬簿復原研究》，清華大學碩士學位論文，2021年，第89頁。
　　④ 成鵬：《走馬樓三國吳簡倉賬簿復原研究》，清華大學碩士學位論文，2021年，第53—81頁。

（B+1）月旦簿中記爲：入 D 米 C 斛（簡 4）。如果這 4 枚簡中，保存下來的正好是（簡 2，簡 4）或者（簡 3，簡 4）組合，那麼依鄧瑋光的方法判斷出的書寫時間正好就和實際情況相反了，因此，鄧瑋光對"重文簡"的認識值得商榷。月旦簿中的"重文簡"有進一步研究的必要。下文將先對州中倉嘉禾二年月旦簿中的"重文簡"進行集成整理，然後分析形成原因。

二、州中倉嘉禾二年月旦簿"重文簡"集成整理

在州中倉嘉禾二年月旦簿現存的 11 坨屬簡和相關散簡中，共識別出了 283 枚"重文簡"，除了一組出米簡外，其餘都是入米簡和"其"字簡。茲以米類爲大目、以年份爲小目分類集成整理於下。

（一）郡（屯田）掾利焉限米
1. 郡（屯田）掾利焉黃龍元年限米

·其廿一斛郡屯田掾利焉黃龍元年限米	捌·2888·7/16
·其廿一斛郡掾利焉黃龍元年限米	柒·1995·15/18
·其廿一斛郡掾利焉黃龍元年限米	捌·2924·7/52
·其廿一斛郡掾利焉黃龍元年限米	捌·2948·7/76
·其廿一斛郡掾利焉黃龍元年限米	捌·3211·7/339
·其廿一斛郡掾利焉黃龍元年限米	捌·3247·7/375
·其廿一斛郡掾利焉黃龍元年限米	捌·3278·8/14
·其廿一斛郡掾利焉黃龍元年限米	捌·3420·9/26
其廿一斛郡掾利焉黃龍元年限米	捌·2958·7/86
其廿一斛郡掾利焉黃龍元年限米	捌·3027·7/155
其廿一斛郡掾利焉黃龍元年限米	捌·3063·7/191
其廿一斛郡掾利焉黃龍元年限米	捌·3739·12/59

2. 郡（屯田）掾利焉黃龍二年限米

入郡掾利焉屯田黃龍二年限米三斛五斗	肆·4787·24/67
其三斛五斗郡屯田掾利焉黃龍二年限米	捌·2885·7/13
·其三斛五斗郡掾利焉黃龍二年限米	捌·2926·7/54
·其三斛五斗郡掾利焉黃龍二年限米	捌·2931·7/59

　·米其三斛五斗郡掾利焉黃龍二年限　　　　　　　捌·2966·7/94①
　·其三斛五斗郡掾利焉黃龍二年限米　　　　　　　捌·3029·7/157
　·其三斛五斗郡掾利焉黃龍二年限米　　　　　　　捌·3171·7/299
　·其三斛五斗郡掾利焉黃龍二年限米　　　　　　　捌·3286·8/22
　·其三斛五斗郡掾利焉黃龍二年限米　　　　　　　捌·3352·8/88
　·其三斛五斗郡掾利焉黃龍二年限米　　　　　　　捌·3400·9/6

3. 郡掾利焉黃龍三年限米
　·其六十四斛一斗郡掾利焉黃龍三年限米　　　　　捌·3172·7/300
　·其六十四斛一斗郡掾利焉黃龍三年限米　　　　　捌·3279·8/15

4. 郡（屯田）掾利焉還所貸黃龍三年限米
　·其二斛郡屯田掾利焉還所貸黃龍三年限米　　　　捌·2887·7/15
　·其二斛郡掾利焉還所貸黃龍三年限米　　　　　　捌·2925·7/53
　　其二斛郡掾利焉還所貸黃龍三年限米　　　　　　捌·2945·7/73

5. 郡掾利焉還所貸黃龍三年屯田限米
　·其二斛郡掾利焉還所貸黃龍三年屯田限米　　　　捌·2956·7/84②
　　入郡掾利焉還所貸黃龍三年屯田限米二斛　　　　捌·3470·9/76

6. 郡掾利焉嘉禾元年限米
　·其廿八斛七斗五升郡掾利焉嘉禾元年限米　　　　捌·2932·7/60
　　其廿八斛七斗五升郡掾利焉嘉禾元年限米　　　　捌·3014·7/142
　　其廿八斛七斗五升郡掾利焉嘉禾元年限米　　　　捌·3076·7/204
　　其廿八斛七斗五升郡掾利焉嘉禾元年限米　　　　捌·3738·12/58

（二）司馬黃升限米

7. 司馬黃升黃龍元年限米
　　米五十四斛五斗司馬黃升黃龍元年限米三百斛黃龍三年租米一百斛黃
　　　　　　　　　　　　　　　　　　　　　　　陸·6005·57/20③
　·其五十四斛五斗司馬黃升黃龍元年限米　　　　　柒·1522·11/21④
　·其卌六斛五升司馬黃升黃龍元年限米　　　　　　陸·6096·58/22

---

① 查圖版，"其" 上原有墨筆點記，故補。
② 同①。
③ 該簡爲出米簡組的中間一簡。
④ 同類米不同米量的重文簡之間用下劃線隔開，以示分別，下同。

其冊六斛五升司馬黃升黃龍元年限米　　　捌·3053·7/181

8. 司馬黃升黃龍二年限米

　　其五斛司馬黃升黃龍二年限米　　　柒·2180·15/203

　　·其五斛司馬黃升黃龍二年限米　　　捌·2789·6/11

　　其五斛司馬黃升黃龍二年限米　　　捌·2911·7/39

　　·其五斛司馬黃升黃龍二年限米　　　捌·3176·7/304

　　其五斛司馬黃升黃龍二年限米　　　捌·3351·8/87

　　·其五斛司馬黃升黃龍二年限米　　　捌·3493·9/99

　　·其八十三斛五斗司馬黃升黃龍二年限米　　　柒·1565·11/64

　　其八十三斛五斗司馬黃升黃龍二年限米　　　捌·3354·8/90

9. 司馬黃升黃龍三年限米

　　·其七十三斛一斗五升司馬黃升黃龍三年限米　　　柒·4486·39/15

　　其七十三斛一斗五升［司馬］黃升黃龍三年限米　　　捌·3350·8/86

　　其七十三斛一斗五升司馬黃升黃龍三年限米　　　捌·3446·9/52

　　·其七十三斛一斗五升司馬黃升黃龍三年限米　　　捌·3465·9/71

　　其十四斛司馬黃升黃龍三年限米　　　玖·4039·6/29

　　其十四斛司馬黃升黃龍三年限米　　　玖·4116·8/13

10. 司馬黃升嘉禾元年限米

　　入司馬黃升嘉禾元年屯田限米九十一斛三斗　　　柒·1992·15/15

　　其九十一斛三斗司馬黃升嘉禾元年限米　　　陸·6114·58/40

　　·其九十一斛三斗司馬黃升嘉禾元年限米　　　柒·2100·15/123

　　其九十一斛三斗司馬黃升嘉禾元年限米　　　捌·2952·7/80

　　·其九十一斛三斗司馬黃升嘉禾元年限米　　　捌·2980·7/108[1]

　　其九十一斛三斗司馬黃升嘉禾元年限米　　　捌·3061·7/189

　　·其九十一斛三斗司馬黃升嘉禾元年限米　　　捌·3090·7/218[2]

　　·其九十一斛三斗司馬黃升嘉禾元年限米　　　捌·3193·7/321

　　其九十一斛三斗司馬黃升嘉禾元年限米　　　捌·3702·12/22

　　·其四百八十三斛五斗司馬黃升嘉禾元年限米　　　柒·2011·15/34

---

① 查圖版，"其"上原有墨筆點記，故補。
② 同①。

　·其四百八十三斛五斗司馬黃升嘉禾元年限米　　　　捌·3251·7/379

(三) 監池司馬鄧邵米

11. 監池司馬鄧邵黃龍三年池賈米

　　其十六斛七斗監池司馬鄧邵黃龍三年池賈米　　　捌·3051·7/179

　　其十六斛七斗監池司馬鄧邵黃龍三年池賈米　　　捌·3054·7/182

　　·其十六斛七斗監池司馬鄧邵黃龍三年池賈米　　捌·3123·7/251

　　·其十六斛七斗監池司馬鄧邵黃龍三年池賈米　　捌·3136·7/264

　　·其十六斛七斗監池司馬鄧邵黃龍三年池賈米　　捌·3182·7/310

　　·其十六斛七斗監池司馬鄧邵黃龍三年池賈米　　捌·3271·8/7[1]

　　·其十六斛七斗監池司馬鄧邵黃龍三年池賈米　　捌·3276·8/12

12. 監池司馬鄧邵嘉禾元年臨居米

　　其十一斛五斗監池司馬鄧邵嘉禾元年臨居米　　捌·3009·7/137

　　其十一斛五斗監池司馬鄧邵嘉禾元年臨居米　　捌·3010·7/138

13. 監池司馬鄧邵嘉禾元年臨居米

　　·其六斛八斗監池司馬鄧邵嘉禾元年臨居米　　捌·3122·7/250

　　·其六斛八斗監池司馬鄧邵嘉禾元年臨居米　　捌·3124·7/252

　　·其六斛八斗監池司馬鄧邵嘉禾元年臨居米　　捌·3319·8/55[2]

14. 監池司馬鄧邵嘉禾元年攻捕米

　　·其卅三斛五斗監池司馬鄧邵嘉禾元年攻捕米　捌·3084·7/212

　　·其卅三斛五斗監池司馬鄧邵嘉禾元年攻捕米　捌·3381·8/117

15. 監池司馬鄧邵嘉禾元年限米

　　其卅一斛監池司馬鄧邵嘉禾元年限米　　　　捌·3011·7/139

　　·其卅一斛監池司馬鄧邵嘉禾元年限米　　　捌·3132·7/260[3]

　　其卅一斛監池司馬鄧邵嘉禾元年限米　　　　捌·3432·9/38

　　·其卅一斛監池司馬鄧邵嘉禾元年限米　　　捌·3737·12/57[4]

　　·其卅一斛監池司馬鄧邵嘉禾元年限錢米　　柒·2048·15/71

　　·其卅一斛監池司馬鄧邵嘉禾元年限錢米　　捌·3103·7/231

　　入監池司馬鄧邵嘉禾二年限錢米一百一十五斛　柒·2187·15/210

　　其一百一十五斛監池司馬鄧邵嘉禾二年限錢米　伍·5986·29/12

---

① 查圖版，"其"上原有墨筆點記，故補。
②③④同①。

（四）叛士限米

16. 叛士黄龍元年限米

其卅斛叛士黄龍元年限米　　　　　　　　捌·2914·7/42

·其卅斛叛士黄龍元年限米　　　　　　　捌·2919·7/47①

☑卅斛叛士黄龍元年限米　　　　　　　　捌·3396·9/2

其卅斛叛士黄龍元年限米　　　　　　　　捌·3740·12/60

其卅斛叛士黄龍元年限米　　　　　　　　捌·3751·12/71

其卅斛叛士黄龍元年限米　　　　　　　　捌·3782·12/102

☑其卅斛叛士黄龍元年限米中　　　　　　捌·5634·18/134

入叛士黄龍元年限米五斛　　　　　　　　捌·3174·7/302

·其五斛叛士黄龍元年限米　　　　　　　捌·3102·7/230②

其九十斛叛士黄龍元年限米　　　　　　　陸·6085·58/11

·其九十斛叛士黄龍元年限米　　　　　　捌·3243·7/371

17. 叛士黄龍二年限米

入三州倉運叛士黄龍二年限米十四斛一斗五升　　捌·3181·7/309

其十四斛一斗五升叛士黄龍二年限米　　　捌·3469·9/75

18. 黄龍三年叛士限米

·其卅三斛八斗五升黄龍三年叛士限米　　捌·3242·7/370

·其卅三斛八斗五升黄龍三年叛士限米　　捌·3259·7/387③

·其卅三斛八斗五升黄龍三年叛士限米　　捌·3685·12/5

（五）佃卒限米

19. 佃卒黄龍二年限米

其七斛五斗佃卒黄龍二年限米　　　　　　捌·3072·7/200

其七斛五斗佃卒黄龍二年限米　　　　　　捌·3089·7/217

·其七斛五斗佃卒黄龍二年限米　　　　　捌·3114·7/242

·其七斛五斗佃卒黄龍二年限米　　　　　捌·3159·7/287

其七斛五斗佃卒黄龍二年限米　　　　　　捌·3403·9/9

·其十斛三斗佃卒黄龍二年限米　　　　　捌·3362·8/98

·其十斛三斗佃卒黄龍二年限米　　　　　捌·3378·8/114

---

① 查圖版，"其"上原有墨筆點記，故補。
②③ 同①。

20. 佃卒黃龍三年限米

  ·其五十八斛一斗佃卒黃龍三年限米　　　　　捌·3080·7/208）①

  ·其五十八斛一斗佃卒黃龍三年限米　　　　　捌·3128·7/256

  ·其五十八斛一斗佃卒黃龍三年限米　　　　　捌·3133·7/261

  ·其五十六斛一斗佃卒黃龍三年限米　　　　　捌·3200·7/328

  ·其五十六斛一斗佃卒黃龍三年限米　　　　　捌·3238·7/366

21. 佃卒嘉禾元年限米

  ·其四百卅斛九斗佃卒嘉禾元年限米　　　　　捌·2962·7/90②

  ·其四百卅斛九斗佃卒嘉禾元年限米　　　　　捌·2965·7/93

  ·其一十九斛佃卒嘉禾元年限米　　　　　　　捌·3274·8/10

  ·其十九斛佃卒嘉禾元年限米　　　　　　　　捌·3290·8/26

  ·其十九斛佃卒嘉禾元年限米　　　　　　　　捌·3431·9/37

（六）新吏限米

22. 新吏黃龍二年限米

  其七斛二斗三升新吏黃龍二年限米　　　　　捌·3284·8/20

  ·其七斛二斗三升新吏黃龍二年限米　　　　　捌·3306·8/42

  ·其七斛二斗三升新吏黃龍二年限米　　　　　捌·3426·9/32

  ·其七斛二斗三升新吏黃龍二年限米　　　　　捌·3463·9/69

23. 新吏黃龍三年限米

  其五百六十斛五斗新吏黃龍三年限米　　　　捌·3695·12/15

  其五百六十斛五斗新吏黃龍三年限米　　　　捌·3706·12/26

  ·其七十九斛六斗新吏黃龍三年限米　　　　　捌·3150·7/278

  ·其七十九斛六斗新吏黃龍三年限米　　　　　捌·3338·8/74

  其七十九斛六斗新吏黃龍三年限米　　　　　捌·3724·12/44

24. 新吏嘉禾元年限米

  ·其一百八十二斛六斗九升新吏嘉禾元年限米　捌·3064·7/192

  其一百八十二斛六斗九升新吏嘉禾元年限米　捌·3192·7/320

  ·其一百八十二斛六斗九升新吏嘉禾元年限米　捌·3419·9/25

---

①查圖版，"其"上原有墨筆點記，故補。

②同①。

25. 新吏劉楊還昭陽縣黄武六年米

其一斛四斗新吏劉楊還[昭]陽縣黄武六年米 　　　　　捌・3349・8/85

其一斛四斗新吏劉楊還[昭]陽縣黄武六年[米] 　　　　　捌・3353・8/89

（七）新還民限米

26. 新還民黄龍三年限米

・其六十一斛三斗新還民黄龍三年限米 　　　　　捌・3380・8/116

・其六十一斛三斗新還民黄龍三年限米 　　　　　捌・3681・12/1[①]

・其六十一斛三斗新還民黄龍三年限米 　　　　　捌・3712・12/32

27. 新還民嘉禾元年限米

・其一百五十九斛七斗新還民嘉禾元年限米 　　　　　捌・2974・7/102

其一百五十九斛七斗新還民嘉禾元年限米 　　　　　捌・3750・12/70

（八）私學限米

28. 私學黄龍元年限米

・其卅斛四斗三升私學黄龍元年限米 　　　　　捌・3330・8/66

其卅斛四斗三升私學黄[龍]元年限米 　　　　　捌・3454・9/60

29. 私學黄龍二年限米

其七十一斛一斗私學黄龍二年限米 　　　　　捌・2907・7/35

・其七十一斛一斗[私學黄龍]二年[限米] 　　　　　捌・3387・8/123

・其七十一斛[一]斗[私學]黄龍二年限米 　　　　　捌・3722・12/42

・其七十一斛一斗私學黄龍二年限米 　　　　　捌・3765・12/85

・其廿九斛一斗黄龍二年私學限米 　　　　　捌・3135・7/263

・其廿九斛一斗黄龍二年私學限米 　　　　　捌・3444・9/50

30. 私學黄龍三年限米

其五十九斛私學黄龍三[年]限米 　　　　　柒・43・1/43

其五十九斛私學黄龍三年限米 　　　　　捌・3725・12/45

入私學黄龍三年限米十六斛 其五斛民還嘉禾元年所貸[米] 　　　　　壹・2415/6

其十六斛私學黄龍三年限米 　　　　　柒・1502・11/1

・其五十七斛私學黄龍三年限米 　　　　　捌・3339・8/75

・其五十七斛私學黄龍三年限米 　　　　　柒・2097・15/120

---

① 查圖版，"其"上原有墨筆點記，故補。

　　其一千一百卅四斛九斗五升私學黃龍三年限米

　　　　　　　　　　　　　　　　　　　　　　陸 · 6071 · 57/86

　　其一千一百卅四斛九斗五升私學黃龍三年限米　捌 · 3439 · 9/45）

（九）其他米類

31. 價人李綬黃龍二年米

　　· 其廿斛七斗六升價人李綬黃龍二年米　　　　捌 · 2906 · 7/34

　　· 其廿斛七斗六升價人李綬黃龍二年米　　　　捌 · 2929 · 7/57

　　其廿斛七斗六升價人李綬黃龍二年米　　　　　捌 · 3741 · 12/61

　　· 其十九斛四斗六升價人李綬黃龍二年米　　　捌 · 3120 · 7/248

　　· 其十九斛四斗六升價人李綬黃龍二年米　　　捌 · 3343 · 8/79

　　· 其十九斛四斗六升價人李綬黃龍二年米　　　捌 · 3693 · 12/13

32. 民還黃龍元年稅米

　　· 其廿七斛六斗民還黃龍元年稅米　　　　　　捌 · 2991 · 7/119

　　其廿七斛六斗民還黃龍元年稅米　　　　　　　捌 · 3745 · 12/65

33. 郡吏士還所貸黃龍元年稅米

　　其十六斛郡吏士還所貸黃龍元年稅米　　　　　捌 · 3475 · 9/81

　　· 其十六斛郡吏士還所貸黃龍元年稅米　　　　捌 · 3762 · 12/82

34. 郡士及都尉區弈嘉禾元年租米

　　· 其二斛八斗郡士及都尉陳壑① 區弈② 士妻子租米

　　　　　　　　　　　　　　　　　　　　　　柒 · 2006 · 15/29

　　· 其二斛八斗郡士都尉陳壑區弈士妻子嘉禾元年租米

　　　　　　　　　　　　　　　　　　　　　　捌 · 3320 · 8/56

　　· 其二斛八斗郡士及都尉區弈嘉禾元年租米　　柒 · 2045 · 15/68

　　· 其二斛八斗郡士及都尉區弈嘉禾元年租米　　捌 · 2971 · 7/99

　　其二斛八斗郡士及都［尉］區弈嘉禾元年租米　捌 · 2976 · 7/104

　　其二斛八斗郡士及都尉區弈嘉禾元年租米　　　捌 · 3038 · 7/166

35. 賊黃勳黃龍三年財物賈米

　　入賊黃勳黃龍三年財物賈米廿六斛六斗七升　　捌 · 3097 · 7/225

---

① 原缺釋，今據《竹簡·捌》補釋。

② 原釋爲 "六升"，今據圖版及《竹簡·捌》改釋。

·其廿六斛六斗七升賊黃勳黃龍三年財物賈米　　捌·3058·7/186

36. 襍盈米 ①

　　·其五十斛七斗三升黃龍三年 盈 涵 米　　柒·2074·15/97

　　其五十斛七斗三升黃龍三年盈溢米　　捌·3156·7/284

　　·其五十斛七斗三升黃龍三年盈涵米　　捌·3228·7/356

　　入嘉禾元年襍盈米八百八十七斛六斗一升　　捌·3308·8/44

　　其 八 ② 百八十七斛六斗一升嘉禾元年襍盈米　　陸·6092·58/18

　　·其八百八十七斛六斗一升嘉禾元年盈（?）米　　柒·2054·15/77

　　其六百七十四斛九斗一升嘉禾元年襍盈米　　柒·2137·15/160

　　·其六百七十四斛九斗一升嘉禾元年襍盈米　　捌·3005·7/133

　　·其六百七十四斛九斗一升嘉禾元年襍盈涵米· ③　　捌·3059·7/187

　　入嘉禾二年襍盈米一百四斛一斗　　捌·3421·9/27

　　·其一百四斛一斗嘉禾二年盈米　　捌·2994·7/122

　　·其一百四斛一斗嘉禾二年盈米　　捌·3060·7/188

　　·其一百四斛一斗嘉禾二年盈米　　柒·2055·15/78

　　其一百四斛一斗嘉禾 二 ④ 年盈米　　柒·2115·15/138

37. 州吏張晶備黃武六年適客限米

　　入州吏張晶備黃武六年適客限米十三斛　　捌·3236·7/364

　　·其十三斛州吏張晶備黃武 六 年適客限米　　捌·3255·7/383

38. 州鈴下許進失休限米

　　入州鈴下許進失休限米四斛四斗五升　　捌·3166·7/294

　　·其四斛四斗五升州鈴下許進失休限米　　捌·3168·7/296

　　其四斛四斗五升州鈴下失休限米　　捌·3241·7/369

　　·其四斛四斗五升州鈴下許進失休限米　　捌·3406·9/12

39. 男子郭元所買賊黃勳黃龍三年牛賈米

---

① 目前，關於“盈米”“涵米”“盈涵米”的理解，參沈剛《長沙走馬樓三國吳簡詞語匯釋》，中國社會科學出版社，2017 年，第 81—82、200—201 頁。吳簡中，盈米、涵米、盈涵米、襍盈米應當是對同一類相關米的不同表述。其中，“襍盈米”意爲“諸盈米”，有時是類稱，有時和其他三類稱法同。關於此類米當另文專論，這里先用結論。

② 整理者缺釋，今據圖版和重文簡補釋。

③ 此尾點記由筆者據圖版補。

④ 該字整理者釋爲“元”，查圖版，此字位置漫漶不可識，根據“重文簡”改爲“二”。

    其九斛男子郭元所買賊黃勳黃龍三年牛賈米   捌·3180·7/308

    ·其九斛男子郭元所買賊黃勳黃龍三年牛賈米   捌·3256·7/384

    ·其九斛男子郭元所買賊黃勳黃龍三年牛賈米   捌·3414·9/20

40. 吏張廟周崇備黃武六年粢租米

    ·其廿八斛七斗六升吏張廟周崇備黃武六年粢租米捌·3086·7/214

    ·其廿八斛七斗六升吏張廟周崇備黃武六年粢租米捌·3224·7/352

41. 吏烝若（等所）備黃武五年租米

    ·其廿二斛五斗吏烝若等備黃武五年租米   柒·2145·15/168

    其廿二斛五斗吏烝若等備黃武五年租米   捌·2920·7/48

    其廿二斛五斗吏烝若等所備黃武五年租米   捌·2949·7/77

    其廿二斛五斗吏烝若備黃武五年租米   捌·3748·12/68

42. 吏民備黃武五年租米

    ·其七斛五斗吏民備黃武五年租米   柒·1997·15/20

    ·其七斛五斗吏民備黃武五年租米   捌·3045·7/173

    ·其七斛五斗吏民備黃武五年租米   捌·3094·7/222

    入吏民備黃武五年租米四斛五斗   柒·1530·11/29

    ·其四斛五斗吏民備黃武五年租米   捌·3265·8/1

43. 黃武五年租米

    ·其七斛五斗黃武五年租米   捌·3694·12/14

    ·其七斛五斗黃武五年租米   捌·3720·12/40

44. 佃吏黃龍元年限米

    其七斛佃吏黃龍元年限米   捌·3203·7/331

    ·其七斛佃吏黃龍元年限米   捌·3282·8/18

    ·其七斛佃吏黃龍元年限米   捌·3302·8/38

45.（三州倉所運）監運掾娃度漬米

    入三州倉運監運掾娃度漬米百斛五斗八升   捌·3394·8/130

    ·其［一］百斛五斗八升監運掾娃度漬米   捌·3692·12/12

    ·其一百斛五斗八升三州倉所運監運掾娃度漬米   捌·3719·12/39

    ·其一百斛五斗八升監運掾娃度漬米   柒·2140·15/163

46. 郎中王毅黃武六年佃禾准米

    ·其三斛四斗郎中王毅黃武六年佃禾准米   捌·3691·12/11

·其三斛四斗郎中王毅黃武六年佃禾准米　　　　捌·3715·12/35

47. 嘉禾元年賊帥限米

·其卅五斛嘉禾元年賊帥限米　　　　捌·3149·7/277

其卅五斛嘉禾元年賊帥限米　　　　捌·3270·8/6

·其卅五斛嘉禾元年賊帥限米　　　　捌·3437·9/43

48. 民還黃龍二年稅米

入民還黃龍二年稅米十九斛九斗其十二斛九斗八升嘉禾元年所賞

捌·3273·8/9

·其十九斛九斗民還黃龍二年稅米　　　　捌·3113·7/241

49. 東部烝口倉吏孫陵備黃龍元年稅米

其七斛四斗東部烝口倉吏孫陵備黃龍元年稅米　　柒·2016·15/39

其七斛四斗東部烝口倉吏孫陵備黃龍元年稅米　　捌·3283·8/19

·其七斛四斗東部烝口倉吏孫陵備黃龍元年稅米　　捌·3405·9/11

·其七斛四斗東部烝口倉吏孫陵備黃龍元年稅咸稅米

捌·3410·9/16

·嘉禾元年賊帥限米七斛四斗東部烝口倉吏孫陵備黃龍元年耗咸稅

捌·3092·7/220[①]

50. 黃龍二年租米

其卅二斛九斗一升黃龍二年租米　　　　捌·3091·7/219

·其卅二斛九斗一升黃龍二年租米　　　　捌·3291·8/27

·其卅二斛九斗一升黃龍二年租米☐　　　　捌·3415·9/21

51. 黃龍元年張復田稅米

其七斛三升黃龍元年張復田稅米　　　　捌·3106·7/234

·其七斛三升黃龍元年張復田稅米　　　　捌·3686·12/6

52. 嘉禾元年復民租米

其五斛一斗一升嘉禾元年復民租米　　　　捌·3040·7/168

·其五斛一斗一升嘉禾元年復民租米　　　　捌·3044·7/172

·其五斛一斗一升嘉禾元年復民租米　　　　捌·3305·8/41

53. 郵卒嘉禾元年限米

---

① 該簡爲出米簡組的中間一簡。

其三百六十七斛四斗五升郵卒嘉禾元年限米　　捌·2972·7/100

其三百六十七斛四斗五升郵卒嘉禾元年限米　　捌·3747·12/67

54. 備船師何春建安廿七年折咸米

　　其十斛船師何春備建安廿七年折咸米　　捌·2912·7/40

　　·其十斛備船師何春建安廿七年折咸米　　捌·3069·7/197

　　·其十斛船師何春備建安廿七年折咸米　　捌·3152·7/280

　　·其十斛船師何春備建安廿七年折咸米　　捌·3230·7/358

　　·其十斛備船師何春建安廿七年折咸米　　捌·3366·8/102

　　其十斛船師何春備建安廿七年折咸米　　捌·3760·12/80

　　其十斛船師何春備建安廿七年折咸米　　捌·3742·12/62

55. 船師栩朋傳忠備建安廿六年折咸米

　　·其冊三斛一升船師栩朋傳忠備建安廿六年折咸米

　　　　　　　　　　　　　　　　　　　捌·3081·7/209

　　·其冊三斛一升船師栩朋傳忠備建安廿六年折咸米　捌·3328·8/64

56. 州佃吏董基黃龍二年限米

　　其九斛州佃吏董基黃龍二年限米　　捌·2886·7/14

　　·其九斛州佃吏董基黃龍二年限米　　捌·3761·12/81

　　其九斛州佃吏董基黃龍二年限米　　柒·16·1/16

　　·其九斛州佃吏董基黃龍二年限米　　柒·39·1/39

　　·其九斛州佃吏董基黃龍二年限米　　柒·2061·15/84

　　·其九斛州佃吏董基黃龍二年限米　　柒·2182·15/205

　　其九斛州佃吏董基黃龍二年限米　　捌·2886·7/14

　　其九斛州佃吏董基黃龍□　　伍·6074

57. 佃吏蔡雅董基黃龍三年限米

　　·其廿二斛佃吏蔡雅董基黃龍三年限米　　捌·3093·7/221

　　·其廿二斛佃吏蔡雅董基黃龍三年限米　　捌·3458·9/64

　　·其廿二斛州佃吏蔡雅董基黃龍三年限米□　　伍·5996·29/22

　　·其廿二斛佃吏蔡雅董基黃龍三年限米　　陸·6095·58/21

　　其廿二斛州佃吏蔡雅董基黃龍三年限米　　柒·6·1/6

　　·其廿二斛州佃吏蔡雅董基黃龍三年限米　　柒·2201·15/224

58. 吏帥客黃龍二年限米

　　　·其卌斛三斗六升吏帥客黃龍二年限米　　　　捌·2990·7/118

　　　其卌斛三斗六升吏帥客黃龍二年限米　　　　　捌·3392·8/128

　　　其卌斛三斗六升吏帥客黃龍二年限米　　　　　捌·3453·9/59

59. 白米

　　　入嘉禾元年租米五十六斛一斗五升其一斛八斗五升白米

　　　　　　　　　　　　　　　　　　　　　　　捌·3438·9/44

　　　其一斛八斗五升白米　　　　　　　　　　　捌·3028·7/156

　　　其一斛八斗五升白米　　　　　　　　　　　捌·3393·8/129

60. 故吏鄧慎臧錢米

　　　入故吏鄧慎臧錢米六斛九斗　　　　　　　　陸·5992·57/7

　　　·其六斛九斗故吏鄧慎臧錢米　　　　　　　捌·3209·7/337

61. 襍摘米

　　　其三百八十八斛九斗九升嘉禾元年襍摘米　　陸·5996·57/11

　　　其三百八十八斛九斗九升嘉禾元年所受襍摘米　柒·1543·11/42

　　　其三百八十八斛九斗九升嘉禾元年襍摘米　　捌·3196·7/324

　　　·其六十六斛九斗四升嘉禾二年襍摘米　　　柒·4484·39/13

　　　·其六十六斛九斗四升嘉禾二年襍摘米　　　捌·3329·8/65

62. 麦種雜米

　　　入民還黃武七年麦種准米七斛五斗 中　　　捌·3173·7/301

　　　·其七斛五斗黃武七年麦種襍米 中　　　　　　伍·6058

　　　·其七斛五斗黃武七年麦種襍米　　　　　　柒·2044·15/67

　　　·其七斛五斗黃武七年麦種准米　　　　　　柒·4483·39/12

　　　其七斛五斗黃武七年麦種准米　　　　　　　捌·5653·18/153

63. 火種租米

　　　·其廿九斛五斗嘉禾元年火種租米　　　　　柒·1987·15/10

　　　其廿九斛五斗嘉禾元年火種租米·　　　　　捌·3753·12/73

　　　·其卅三斛五斗嘉禾元年火種租米　　　　　柒·2150·15/173

　　　·其卅三斛五斗嘉禾元年火種租米　　　　　捌·3314·8/50

　　　入嘉禾二年火種租米五斛 中　　　　　　　捌·2935·7/63

　　　·其五斛嘉禾二年火種租米　　　　　　　　柒·2058·15/81

65. 嘉禾元年稅吳平斛米

　　出倉吏黃諱潘慮所領嘉禾元年稅吳平斛米五斛七斗六升爲稟斛米六

斛墼閣左郎　　　　　　　　　　　　　　　　　　　捌·3225·7/353

　　出倉吏黃諱潘慮所領嘉禾元年稅吳平斛米五斛七斗六升爲稟斛米六

斛被督軍　　　　　　　　　　　　　　　　　　　　捌·3245·7/373

　　爲了更清晰地獲得以上集成 "重文簡" 的有效信息，茲提取各簡關鍵信息製成 "州中倉嘉禾二年月旦簿 '重文簡' 信息表"（見表2）。

表2　州中倉嘉禾二年月旦簿簡坨 "重文簡" 信息統計表

米型		米量（斛）	重文簡數	
郡（屯田）掾利焉限米	黃龍元年限米	21	12	31
	黃龍二年限米	3.5	10	
	黃龍三年限米	64.1	2	
	還所貸黃龍三年限米	2	3	
	嘉禾元年限米	28.75	4	
司馬黃升限米	黃龍元年限米	54.5	2	29
		46.05	2	
	黃龍二年限米	5	6	
		83.5	2	
	黃龍三年限米	73.15	4	
		14	2	
	嘉禾元年限米	91.3	9	
		483.5	2	
監池司馬鄧邵米	黃龍三年池賈米	16.7	7	22
	嘉禾元年臨居米	11.5	2	
		6.8	3	
	嘉禾元年攻捕米	43.5	2	
	嘉禾元年限米	31	4	
	嘉禾元年限錢米	41	2	
	嘉禾二年限錢米	115	2	
叛士限米	龍元年限米	30	7	16
		5	2	
		90	2	
	黃龍二年限米	14.15	2	
	黃龍三年限米	33.85	3	

續上表

米型		米量（斛）	重文簡數	
佃卒限米	黃龍二年限米	7.5	5	17
		10.3	2	
	黃龍三年限米	58.1	3	
		56.1	2	
	嘉禾元年限米	430.9	2	
		19	3	
新吏限米	黃龍二年限米	7.23	4	14
	黃龍三年限米	560.5	2	
		79.6	3	
	嘉禾元年限米	182.69	3	
	劉楊還昭陽縣黃武六年米	1.4	2	
新還民限米	黃龍三年限米	61.3	3	5
	嘉禾元年限米	159.7	2	
私學限米	黃龍元年限米	30.43	2	16
	黃龍二年限米	71.1	4	
		29.1	2	
	黃龍三年限米	59	2	
		16	2	
		57	2	
		1144.95	2	
襍摘米	嘉禾元年襍摘米	388.99	3	5
	嘉禾二年襍摘米	66.94	2	
火種租米	嘉禾元年火種租米	29.5	2	6
		33.5	2	
	嘉禾二年火種租米	5	2	
價人李綏黃龍二年米		20.76	3	6
		19.46	3	
民還黃龍元年稅米		27.6	2	2
郡吏士還所貸黃龍元年稅米		16	2	2
郡士及都尉區弈嘉禾元年租米		2.8	6	6
賊黃勳黃龍三年財物買米		26.67	2	2

續上表

米型		米量（斛）	重文簡數	
褻盈米	黃龍三年盈涵米	50.73	4	15
	嘉禾元年褻盈米	887.61	3	
		674.91	3	
	嘉禾二年盈米	104.1	5	
州吏張晶備黃武六年適客限米		13	2	2
州鈴下許進失休限米		4.45	4	4
男子郭元所買賊黃勳黃龍三年牛賈米		9	3	3
吏張廟周崇備黃武六年粱租米		28.76	2	2
吏炵若（等所）備黃武五年租米		22.5	4	4
黃武五年租米		7.5	2	2
佃吏黃龍元年限米		7	3	3
吏民備黃武五年租米		7.5	3	5
		4.5	2	
（三州倉所運）監運掾妷度漬米		100.58	4	4
郎中王毅黃武六年佃禾准米		3.4	2	2
嘉禾元年賊帥限米		35	3	3
民還黃龍二年稅米		19.9	2	2
東部炵口倉吏孫陵備黃龍元年稅米		7.4	5	5
黃龍二年租米		42.9	3	3
黃龍元年張復田稅米		7.03	2	2
嘉禾元年復民租米		5.11	3	3
郵卒嘉禾元年限米		367.45	2	2
備船師何春建安廿七年折咸米		10	7	7
船師栴朋傅忠備建安廿六年折咸米		43.01	2	2
州佃吏董基黃龍二年限米		9	8	8
佃吏蔡雅董基黃龍三年限米		22	6	6
吏帥客黃龍二年限米		40.36	3	3
白米		1.8	3	3
故吏鄧慎臧錢米		6.9	2	2
黃武七年麦種准米		7.5	5	5
嘉禾元年稅吳平斛米		5.76	2	2

據上表，高頻出現“重文簡”的是一些比較特殊的米型，這些米往往與特定的身份群體有關，若按照吳簡自身租稅禇限的米型分類來看，重文簡記録的米型大多屬於禇米和限米範疇。

三、州中倉嘉禾二年月旦簿“重文簡”成因分析

據前文集成結果，州中倉嘉禾二年月旦簿簡坨中存在大量禇限米“重文簡”，且以“其”字簡數量最多。那麼，是哪些因素造成了這種現象？

先來看“重文簡”在簡坨中的分布。捌·揭剥圖7簡坨在11個簡坨中容簡量最大，重文簡數量最多，現以其爲例，標示出重文簡位置（見圖1）。從圖1可以看出，重文簡組在揭剥圖中的位置并未呈現出某種規律性。換言之，它們在簡坨中的分布并不規則。因此，從揭剥圖所示的位置中似乎找不到恰當的解釋。形制上，筆者對《竹簡·捌》中的部分“重文簡”組的形制進行了測量，發現有些簡組形制比較接近，有些則差異較大，亦無很強的規律性（參附録：《竹簡·捌》月旦簿“重文簡”形制信息表）。月旦簿簡坨之所以有這麼多重文簡，筆者認爲可能有如下三個原因。

其一，與月旦簿的記賬方式有關。據前文所列月旦簿格式，每個月旦簿都會先轉寫上個月的結餘情況，不僅轉寫結餘總量（“承餘”簡），還會轉寫細目（“其”字簡），即N月旦簿的“今餘”部分應當和（N+1）月旦簿的“承餘”部分是一樣的。若（A斛B米）出現在了N月旦簿的“今餘”部分，那麼它至少會以“其A斛B米”的形式被記録兩次，這樣就出現了一組重文簡（“其”字簡）。如果這些米在（N+1）月仍未被出用，且當月未新入同類米，而保留在了（N+1）月旦簿的“今餘”部分，那麼就會至少出現4枚重文“其”字簡，分別位於N月旦簿“今餘”、（N+1）月旦簿“承餘”、（N+1）月旦簿“今餘”、（N+2）月“承餘”部分。[1]假設一種極端情形，（A斛B米）出現在了嘉禾二年正月旦簿的“承餘”部分，

---

① 此處未考慮被“承餘新入”部分轉記的可能。“承餘新入”部分是對“承上月旦簿餘米”和本月新入米兩部分的合計。例如，承餘部分有“其A米B斛”，新入部分有“入A米C斛”，則在“承餘新入”部分的細目簡中必有“其A米（B+C）斛”。至於某類米承餘部分有一定數量，但在本月沒有新入（即本月此類米的數量未變化），是否會在“承餘新入”部分被轉寫，筆者傾向於認爲不會被轉寫，因爲“承餘新入”部分統計的是數量有變動的米類，當不涉及未變動的部分，後者應當直接被轉録到了“今餘”部分。此外，即使筆者的這一推斷存在問題，也不影響對“重文簡”成因的解釋，因爲若“承餘新入”部分亦需轉寫，那麼“重文簡”的數量要比筆者推斷的數量更多1枚。

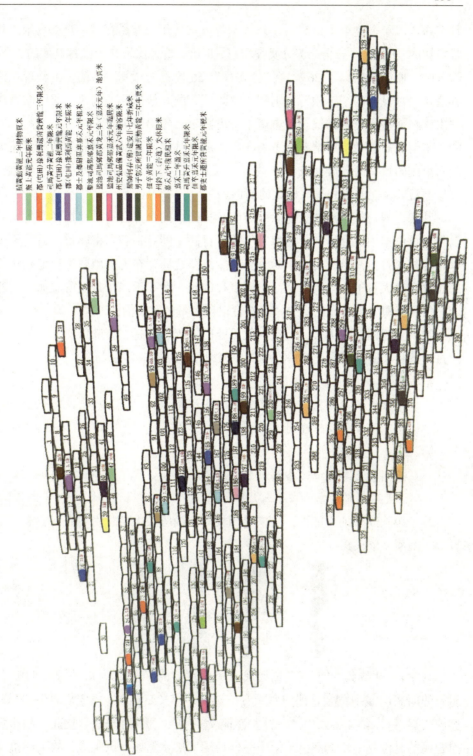

圖 1 捌 · 揭剝圖 7 簡於 "重文簡" 位置示意圖

且在嘉禾二年一整年（13 個月）這些米都未被使用，作爲存糧一直被嘉禾二年各月旦簿的"承餘""今餘"部分反復轉寫，那麼，當其出現在十二月旦簿的"今餘"部分時，便已被轉寫了 26 次，這樣就會有 26 枚重文"其"字簡。由於現在没有弄清楚，月旦簿的"定領""别領""縣領"與其他部分的關係，所以没考慮到它出現在這些部分的情況。此處還未考慮嘉禾二年出現與（A 斛 B 米）同米同量的入米情況。若把這些情況都考慮在内，那麼其重文"其"字簡的數量要遠大於前面集成的重文簡的最大數（12 枚）。綜上，吴簡倉月旦簿簡坨中出現的重文簡現象應當與其記賬方式具有極大的關係。

其二，與倉月旦簿的保存狀態有關。吴簡中的倉月旦簿是存檔性質的文書，以年爲單位集中保存。同年相鄰月份的月旦簿之間存在着緊密聯繫，目前至少可以確定相鄰月份月旦簿的"承餘"和"今餘"之間存在着對應關係，這兩個部分應該會产生大量重文"其"字簡。而現存的州中倉嘉禾二年月旦簿屬簡，是原本十三個月旦簿失編散亂的結果，自然會出現大量的重文簡。

除了上述兩個原因外，還有一個可能的原因，就是在特殊情況下，某些月份的月旦簿會被書寫兩份。這一點主要依據以下兩組重文簿題簡：

第一組：

中倉吏黄諱潘廲謹列黄龍三年十月旦簿　　　　　　　　　　肆·4734·24/14

中倉吏黄諱潘廲謹列三年十月旦簿　　　　　　　　　　　　肆·4786·24/66

第二組：

三州倉吏鄭黑謹列嘉禾四年三月旦簿　　　　　　　　　　　玖·4669·15/32

☑吏鄭黑謹列嘉禾四年三月旦簿　　　　　　　　　　　　　玖·4691·15/54

爲了排除誤釋的可能性，先來看四枚簿題簡圖版上的月份書寫。各簡"某月旦簿"的簡字依次爲：

其中，第 1 枚簡中的"十"對應簡文爲━━，釋文明顯無誤。第 2 枚簡中"十"對應的簡文爲━━，簡中明顯有一豎筆，釋文亦無誤。第 3 枚簡中"三"對應簡文爲━，第 4 枚簡中"三"對應簡文爲━，釋文亦無誤。據此，兩組重文簿題簡的月份釋文均無誤。吴簡中一個簿題簡應當對應一個賬簿，故上述重文簿題簡的存在似乎表明，州中倉黃龍三年的十月旦簿有兩份，三州倉嘉禾四年三月的月旦簿亦有兩份。此外，兩組重文簿題簡都位於同一簡坨，在分布上具有一致性。綜上，重文月旦簿簿題簡的存在應當不是一種偶然。因未發現其他月份的重文簿題簡，尚不能確定這種一月有兩份月旦簿的情況是否具有普遍性。然可以確定的是，出於某種需要，一些月份的月旦簿會被書寫兩次，且最後存放的位置也會很接近。同年相同月份的月旦簿記錄的內容應當完全一致，因此會進一步提高"重文簡組"出現的頻次。

四、結語

走馬樓吳簡倉月旦簿中的"其"字簡，因其分記細目的功能，而成爲月旦簿多個統計部分的屬簡。觀察"州中倉嘉禾二年月旦簿"現存的11坨屬簡可以發現，"其"字簡（另有少量入米簡和出米簡）中存在大量"重文簡"現象。對"州中倉嘉禾二年月旦簿"屬簡坨中的283枚"重文簡"的集成研究表明，這些"重文簡"在各簡坨中的分布缺乏規律性，具有隨意分布的特征。同時，"重文簡"中所涉米類大多爲與一些特殊的身份群體有關的限米和褼米。吳簡倉月旦簿的"其"字簡中之所以存在大量"重文簡"，主要由於其特殊的記賬方式，作爲檔案文書以年爲單位集中保存的狀態，以及在某些特殊情況下一些月份的月旦簿需被多次抄寫。

以上對於吳簡倉月旦簿中"重文簡"的研究，還僅止於現象揭示和成因分析。月旦簿作爲孫吳官倉主要的日常賬簿，其研究意義除了揭示當時的文書運作、會計制度和倉廩管理外，更在於爲我們從量化角度認識孫吳縣域財政實態提供了一個寶貴的切入口。因此，繼文書學研究之後，對現存吳簡中的倉月旦簿開展量化研究應當是一個必由階段。本文所關注的月旦簿的"其"字屬簡亦不例外。接下來對於"其"字簡（包括"重文簡"）的研究，更應當注重揭示其與月旦簿的其他屬簡（細目簡和結計簡）之間的量化關係，從而爲更全面、準確地復原吳簡倉月旦簿以及孫吳臨湘侯國財政實態提供堅實的基礎。

致謝：本文在寫作及修改過程中，多蒙侯旭東、凌文超、戴衛紅、郭偉濤等老師和匿名外審專家的指導，筆者在此表達深深謝意！

作者簡介：成鵬，男，1996年生，清華大學人文學院歷史系博士研究生。研究方向爲魏晉南北朝社會經濟史，主要從事長沙走馬樓三國吳簡研究。

附録 · 《竹簡 · 捌》月旦簿 "重文簡" 形制信息表

説明

1. 表中長度單位均爲厘米（cm）。

2. 不同 "重文簡" 組之間空出一行加以區分。

簡號	簡長	簡寬	編痕距	天頭留白	其他信息
捌 · 2888 · 7/16	23.7	0.8	8.2	8.1	"其" 上有點記
捌 · 2924 · 7/52	22.8	0.8	7.8	8.1	"其" 上有點記
捌 · 2948 · 7/76	23.8	0.7	8.1	8	"其" 上有點記
捌 · 2958 · 7/86	24.4	0.8	8.1	8	"其" 上無點記
捌 · 3027 · 7/155	24.4	0.9	8.3	8.4	"其" 上無點記
捌 · 3063 · 7/191	22.9	0.7	7.8	7.8	"其" 上無點記
捌 · 3211 · 7/339	24.2	0.8	8.2	8	"其" 上有點記
捌 · 3247 · 7/375	24	0.8	8	8.2	"其" 上有點記
捌 · 3278 · 8/14	24.1	0.8	8.2	8.2	"其" 上有點記
捌 · 3420 · 9/26	23.8	0.8	8.5	8.1	"其" 上有點記
捌 · 2885 · 7/13	22.7	0.9	8	7	"其" 上無點記
捌 · 2926 · 7/54	22.9	0.8	7.8	8.4	"其" 上有點記
捌 · 2931 · 7/59	23.4	0.7	8	8	"其" 上有點記
捌 · 2966 · 7/94	24	0.8	8	8.1	"其" 上有點記
捌 · 3029 · 7/157	24.1	0.9	8.5	8.6	"其" 上無點記
捌 · 3171 · 7/299	24.2	0.8	8	8.2	"其" 上有點記
捌 · 3286 · 8/22	24.2	0.8	8.3	8.5	"其" 上有點記
捌 · 3352 · 8/88	23	0.8	7.8	8	"其" 上無點記
捌 · 3400 · 9/6	23.6	0.8	8.4	8	右半殘。有點記
捌 · 3172 · 7/300	24.1	0.9	8.2	8.3	"其" 上有點記
捌 · 3279 · 8/15	24.1	0.8	8.3	9	"其" 上有點記
捌 · 2887 · 7/15	23.9	0.7	8	8.2	"其" 上有點記
捌 · 2925 · 7/53	22.9	0.8	7.7	8.4	"其" 上有點記

續上表

簡號	簡長	簡寬	編痕距	天頭留白	其他信息
捌 · 2945 · 7/73	23.5	0.8	7.9	7.8	"其" 上無點記
捌 · 2956 · 7/84	24.3	0.8	8	8.2	"其" 上有點記
捌 · 3470 · 9/76	24	0.8	8	0	入米簡
捌 · 2932 · 7/60	22	0.8	8.1	6.8	簡首殘。有點記
捌 · 3014 · 7/142	24.2	0.8	8	8.4	"其" 上無點記
捌 · 3076 · 7/204	23.2	0.8	7.8	8.1	"其" 上無點記
捌 · 3738 · 12/58	24.3	0.8	7.9	8	"其" 上無點記
捌 · 2911 · 7/39	23.5	0.8	8.1	8	"其" 上無點記
捌 · 3176 · 7/304	23.7	0.9	8.3	7.2	"其" 上有點記
捌 · 3351 · 8/87	22.6	0.8	7.8	7.7	"其" 上無點記
捌 · 3493 · 9/99	23.4	0.7	8	7.9	"其" 上有點記
捌 · 3350 · 8/86	23	0.8	8	8	"其" 上無點記
捌 · 3446 · 9/52	23.9	0.8	7.9	8.2	"其" 上無點記
捌 · 3465 · 9/71	23.7	0.8	8.1	8.2	"其" 上有點記
捌 · 2952 · 7/80	24.1	0.7	8.3	8	"其" 上無點記
捌 · 2980 · 7/108	23.3	0.8	8.2	7.8	"其" 上有點記
捌 · 3061 · 7/189	22.6	0.9	7.7	7.8	"其" 上無點記
捌 · 3090 · 7/218	24	0.8	8.4	8	"其" 上有點記
捌 · 3193 · 7/321	23.8	0.9	8.4	8	"其" 上有點記
捌 · 3008 · 7/136	23.4	0.9		7.8	"其" 上有點記
捌 · 3051 · 7/179	22.8	0.7	7.7	8	"其" 上無點記
捌 · 3054 · 7/182	23	0.8	7.5	7.8	"其" 上無點記
捌 · 3123 · 7/251	23.9	1	8	8.4	"其" 上有點記
捌 · 3136 · 7/264	24.2	0.9	8.4	8.1	"其" 上有點記
捌 · 3182 · 7/310	24.1	0.9	8.2	8.2	"其" 上有點記

續上表

簡號	簡長	簡寬	編痕距	天頭留白	其他信息
捌·3271·8/7	24	0.8	8.3	8.5	"其"上有點記
捌·3276·8/12	23.9	0.9	8.2	8.4	"其"上有點記
捌·3009·7/137	23.7	1	8.4	7.9	"其"上無點記
捌·3010·7/138	24.1	0.8	8.4	8.7	"其"上無點記
捌·3122·7/250	24.3	0.9	8.7	8.2	"其"上有點記
捌·3124·7/252	24.1	1	8.4	8.4	"其"上有點記
捌·3319·8/55	23.4	0.8	8.2	7.7	"其"上有點記
捌·3084·7/212	23.8	0.8	8.3	8.3	"其"上有點記
捌·3381·8/117	23.5	0.8	8.3	8.2	"其"上有點記
捌·3011·7/139	24.4	0.8	8.5	8.4	"其"上無點記
捌·3132·7/260	24.4	1	8.6	8.4	"其"上有點記
捌·3432·9/38	20.9	0.8	7.9	4.9	簡殘。無點記
捌·3737·12/57	24.2	0.8	8	8.1	"其"上有點記
捌·2914·7/42	24.3	0.7	8.5	8	"其"上無點記
捌·2919·7/47	23.6	0.8	8.2	8.1	"其"上有點記
捌·3396·9/2	15.6	0.8			簡上半截殘
捌·3740·12/60	24.3	0.9	8.2	8.2	"其"上無點記
捌·3751·12/71	23.1	0.9	7.5	8.4	"其"上無點記
捌·3782·12/102	24.2	0.9	8.6	7.6	"其"上無點記
捌·3174·7/302	24.2	0.8	8.2	0	入米簡
捌·3102·7/230	24.1	0.8	8.2	8.6	"其"上有點記
捌·3181·7/309	24	0.9	8.3	0	入米簡
捌·3469·9/75	22.5	0.7	7.7	8	"其"上無點記

續上表

簡號	簡長	簡寬	編痕距	天頭留白	其他信息
捌·3242·7/370	24	0.7	8.4	8.1	"其"上有點記
捌·3259·7/387	23.9	0.8	8.3	8.6	"其"上有點記
捌·3685·12/5	22.7	0.7	7.7	7.8	"其"上有點記
捌·3072·7/200	23.1	0.8	7.6	7.7	"其"上無點記
捌·3089·7/217	24.3	0.8	8.2	8	"其"上無點記
捌·3114·7/242	24.2	0.9	8.6	8.1	"其"上有點記
捌·3159·7/287	24.1	0.9	8.1	8.6	"其"上有點記
捌·3403·9/9	23.9	0.9	8.6	8.4	"其"上無點記
捌·3362·8/98	22.8	0.8	7.8	8	"其"上有點記
捌·3378·8/114	23.3	0.9	8.1	8	"其"上有點記
捌·3080·7/208	24.1	0.8	8.2	8	"其"上有點記
捌·3128·7/256	23.8	0.9	8.3	8.4	"其"上有點記
捌·3133·7/261	24.1	1	8.7	7.9	"其"上有點記
捌·3200·7/328	24.2	0.8	8	8.1	"其"上有點記
捌·3238·7/366	24.3	0.9	8.5	8.2	"其"上有點記
捌·2962·7/90	24.1	0.6	8.1	7.8	"其"上有點記
捌·2965·7/93	24	0.9	8.1	8.4	"其"上有點記
捌·3274·8/10	24.1	0.9	8.3	8.2	"其"上有點記
捌·3290·8/26	23.9	0.9	8.6	8.3	"其"上有點記
捌·3431·9/37	23.4	0.8	8.7	7.8	"其"上有點記
捌·3284·8/20	24.2	0.8	8.5	8.4	"其"上無點記
捌·3306·8/42	23.9	0.8	8.3	8.6	"其"上有點記
捌·3426·9/32	24.2	0.8	8.4	8.7	"其"上有點記
捌·3463·9/69	23	0.9	8	8	"其"上有點記

續上表

簡號	簡長	簡寬	編痕距	天頭留白	其他信息
捌·3695·12/15	24	1	7.9	8.5	"其"上無點記
捌·3706·12/26	23.7	0.9	8.4	8.2	"其"上無點記
捌·3150·7/278	24	0.9	8.3	8.8	"其"上有點記
捌·3338·8/74	24	0.8	8.1	8	"其"上有點記
捌·3724·12/44	23.9	1	8	8.4	"其"上無點記
捌·3064·7/192	24	0.8	8.2	7.9	"其"上有點記
捌·3192·7/320	23.9	0.9	8.5	8	"其"上無點記
捌·3419·9/25	24.1	0.9	8.6	8.4	"其"上有點記
捌·3349·8/85	24.1	0.9	8.6	8.4	"其"上無點記
捌·3353·8/89	24.2	0.9	8.1	8.6	"其"上無點記
捌·3380·8/116	23.1	0.8	7.9	8.1	"其"上有點記
捌·3681·12/1	24.2	0.8	8	8.2	"其"上有點記
捌·3712·12/32	23.5	0.8	8.2	7.9	"其"上有點記
捌·2974·7/102	24.2	0.8	8.1	7.8	"其"上有點記
捌·3750·12/70	23.9	0.8	8.5	8	"其"上無點記
捌·3330·8/66	23.5	0.9	8.7	7.4	"其"上有點記
捌·3454·9/60	22.8	0.9	7.7	7.6	"其"上無點記
捌·2907·7/35	23.2	0.8	8.2	7.6	"其"上無點記
捌·3387·8/123	23.6	0.9	8.3	8.3	"其"上有點記
捌·3722·12/42	23.9	1	7.8	8.3	"其"上有點記
捌·3765·12/85	23	0.9	7.7	8.2	"其"上有點記
捌·3135·7/263	24	0.9	8.2	8.3	"其"上有點記

續上表

簡號	簡長	簡寬	編痕距	天頭留白	其他信息
捌·3444·9/50	23.3	0.9	8.3	7.4	"其" 上有點記
捌·2906·7/34	23.1	0.7	8.3	7.5	"其" 上有點記
捌·2929·7/57	23.6	0.8	7.9	8	"其" 上有點記
捌·3741·12/61	24.2	0.9	8	8.2	"其" 上無點記
捌·3120·7/248	23.9	0.9	8.1	8	"其" 上有點記
捌·3343·8/79	24	0.8	7.9	8.4	"其" 上有點記
捌·3693·12/13	23.9	0.8	8.1	8.6	"其" 上有點記
捌·2991·7/119	24	0.9	8.2	8	"其" 上有點記
捌·3745·12/65	23.7	0.8	8.3	8.1	"其" 上無點記
捌·3475·9/81	23.9	0.7	8.4	8.2	"其" 上無點記
捌·3762·12/82	23.3	0.9	8.1	8.4	"其" 上有點記
捌·2971·7/99	23.7	0.8	8	7.9	"其" 上有點記
捌·2976·7/104	24.2	0.7	7.8	8	"其" 上無點記
捌·3038·7/166	24.2	0.8	7.7	8.6	"其" 上無點記
捌·3097·7/225	23.4	0.9	8	0	入米簡
捌·3058·7/186	22.4	0.8	7.6	8	"其" 上有點記
捌·2994·7/122	23.9	1	8.3	7.9	"其" 上有點記
捌·3060·7/188	22.9	0.8	8.1	8.2	"其" 上有點記
捌·3236·7/364	24.1	1	8.1	0	入米簡
捌·3255·7/383	24.1	0.8	8.2	8.2	"其" 上有點記
捌·3166·7/294	24.1	0.9	8.2	0	入米簡
捌·3168·7/296	24.4	0.9	8.1	8.3	"其" 上有點記

續上表

簡號	簡長	簡寬	編痕距	天頭留白	其他信息
捌·3241·7/369	24.2	0.8	8.3	8.1	"其"上無點記
捌·3406·9/12	24.3	0.9	8.4	8.6	"其"上有點記
捌·3180·7/308	24.1	0.8	8.2	8	"其"上無點記
捌·3256·7/384	24.1	0.9	8.3	8.5	"其"上有點記
捌·3414·9/20	24.3	1	8.5	8.6	"其"上有點記
捌·3086·7/214	23.9	1	8.2	7.5	"其"上有點記
捌·3224·7/352	24.1	1	8.3	8.7	"其"上有點記
捌·2920·7/48	23.4	0.7	7.9	8.1	"其"上無點記
捌·2949·7/77	23.7	0.8	8.6	7.6	"其"上無點記
捌·3748·12/68	24	0.8	7.6	8.1	"其"上無點記
捌·3045·7/173	24.1	0.8	8.2	8	"其"上有點記
捌·3094·7/222	23.8	0.9	8	8.1	"其"上有點記
捌·3694·12/14	22.4	0.8	7.6	7.7	"其"上有點記
捌·3720·12/40	23	0.9	8	7.9	"其"上有點記
捌·3203·7/331	24	0.8	8.2	8.1	"其"上無點記
捌·3282·8/18	24	0.8	8.2	8	"其"上有點記
捌·3302·8/38	24.3	0.8	8.2	8.2	"其"上有點記
捌·3394·8/130	22.6	0.8	7.9	0	入米簡
捌·3692·12/12	22.9	0.8	7.8	8.1	"其"上有點記
捌·3719·12/39	23.6	0.9	8.2	8	"其"上有點記
捌·3691·12/11	22.8	0.8	7.8	8.2	"其"上有點記
捌·3715·12/35	23.5	0.9	8.1	8	"其"上有點記

續上表

簡號	簡長	簡寬	編痕距	天頭留白	其他信息
捌·3149·7/277	24.1	0.8	8.2	8.6	"其" 上有點記
捌·3270·8/6	23.7	0.8	8.5	8.4	"其" 上無點記
捌·3437·9/43	24.3	0.8	8.3	8.6	"其" 上有點記
捌·3273·8/9	23.9	1	8.2	0	入米簡
捌·3113·7/241	23.7	0.8	8.4	8	"其" 上有點記
捌·3283·8/19	23.9	0.7	8.2	8.2	"其" 上無點記
捌·3405·9/11	24.3	0.9	8.4	8.3	"其" 上有點記
捌·3410·9/16	24.2	0.9	8.2	8.4	"其" 上有點記
捌·3091·7/219	23.1	0.9	8.2	7.1	"其" 上無點記
捌·3291·8/27	24.2	0.9	8.3	8.7	"其" 上有點記
捌·3415·9/21	20.7	0.8	8.5		上截殘。有點記
捌·3106·7/234	23.4	1	8.3	7.4	"其" 上無點記
捌·3686·12/6	23	0.8	7.9	7.8	"其" 上有點記
捌·3040·7/168	24.3	0.8	8.1	8.4	"其" 上無點記
捌·3044·7/172	23.5	0.8	8.3	7.2	"其" 上有點記
捌·3305·8/41	24.1	0.8	8.9	8.2	"其" 卜有點記
捌·2972·7/100	24	0.8	7.9	7.9	"其" 上無點記
捌·3747·12/67	23.8	0.8	8.3	8.1	"其" 上無點記
捌·2912·7/40	23.9	0.8	8.6	7.3	"其" 上無點記
捌·3069·7/197	23.9	0.9	8.4	7.4	"其" 上有點記
捌·3152·7/280	24	0.9	8	8.6	"其" 上有點記
捌·3230·7/358	24.3	0.8	8.3	8.5	"其" 上有點記
捌·3366·8/102	24.1	0.8	8.7	8.1	"其" 上有點記
捌·3742·12/62	24.2	0.9	8.1	8.3	"其" 上無點記

續上表

簡號	簡長	簡寬	編痕距	天頭留白	其他信息
捌·3760·12/80	24	0.8	8.9	7.5	"其"上無點記
捌·3081·7/209	23.7	0.9	8.4	8.2	"其"上有點記
捌·3328·8/64	24.1	0.8	8.6	8.1	"其"上有點記
捌·2886·7/14	23.8	0.7	8.2	8.4	"其"上無點記
捌·3761·12/81	23.3	1	8	8.4	"其"上有點記
捌·3093·7/221	23.9	0.9	8.6	8.1	"其"上有點記
捌·3458·9/64	22.8	0.7	7.7	8.2	"其"上有點記
捌·2990·7/118	24.1	0.9	8.3	7.9	"其"上有點記
捌·3392·8/128	23.1	0.8	7.9	8	"其"上無點記
捌·3453·9/59	23.9	0.7	8.2	8.3	"其"上無點記
捌·3438·9/44	23.4	1	8.2	0	入米簡
捌·3028·7/156	24.4	0.8	8.3	2.3	"其"上無點記
捌·3393·8/129	22.7	0.9	7.6（？）	8.1	"其"上無點記
捌·3225·7/353	24.2	0.6	8.4	0	出米簡，有半殘
捌·3245·7/373	24.1	0.9	8.3	0	出米簡

海昏侯劉賀墓出土簡牘研究綜述

李龍飛

（南昌漢代海昏侯國遺址博物館，南昌 330100）

2015 年 7 月，江西省考古研究院在海昏侯劉賀墓主墓室西回廊北部發現 5200 餘枚簡牘，109 枚木楬（以下簡稱海昏簡）。[①] 其後，江西省文物考古研究院會同北京大學出土文獻研究所，對這批簡牘進行清理、保護和初步釋讀。經初步判定，這批簡牘內容主要爲典籍類簡牘、文書類簡牘、木楬類簡牘、"孔子衣鏡"等。不久，管理、楊軍等《江西南昌西漢海昏侯劉賀墓出土簡牘》（《文物》2018 年第 11 期），西漢海昏侯劉賀墓出土簡牘與研究課題組發布《典册琳琅：海昏簡牘整理與研究的新進展》（《中國史研究動態》2020 年第 6 期），朱鳳瀚主編《海昏簡牘初論》（北京大學出版社，2021 年）等論著對這批簡牘的保存狀況、主要類型和內容等進行了更爲詳細的刊布，引起了學界的廣泛關注，大量研究成果相繼涌現。但截至目前僅有蔣波、周世霞《西漢海昏侯研究綜述》（《地方文化研究》2017 年第 6 期），劉玲娣、溫樂平《海昏侯墓考古發掘及相關問題研究述評》（《中國史研究動態》2018 年第 6 期）兩文對海昏簡的研究狀況略有梳理，且不能很好地反映海昏簡的研究狀況。本文擬以所搜羅到的論文、著作等爲依據，歸納、梳理近年來學界對海昏典籍類簡牘、文書類簡牘、木楬類簡牘、"孔子衣鏡"的研究成果，以期推動對海昏簡更好地保護和研究。

一、關於典籍類簡牘的研究

典籍類簡牘是海昏簡中數量最多的一類文獻，總計約 4700 餘枚，內容主要包括六藝、數術、方技、諸子、詩賦、六博等，自發現以來，一直是學界關注的

---

① 參見江西省文物考古研究所、南昌市博物館、南昌市新建區博物館《南昌市西漢海昏侯墓》，《考古》2016 年第 7 期。

重點。

（一）“六藝”類簡

海昏侯劉賀墓出土的“六藝”類簡牘所涉内容廣泛，主要包括《詩經》《論語》《禮記》《祠祝》《禮儀》《春秋》《孝經》等内容，總計約 2300 餘枚，是典籍類簡牘中數量最多、研究成果最豐富的一類。

1.《詩經》簡

海昏《詩經》簡的版本、訓詁研究方面。目前，多數學者認爲海昏《詩經》簡應爲《魯詩》，其中朱鳳瀚《西漢海昏侯劉賀墓出土竹簡〈詩〉初探》（《文物》2020 年第 6 期）和于浩《海昏簡〈詩〉與西漢早期魯詩傳授》（《南昌大學學報（人文社會科學版）》2021 年第 5 期）兩文，通過將海昏《詩經》簡與《毛詩》《熹平石經》的内容、篇次等對比，認爲海昏《詩經》簡應屬《魯詩》。張玖青《海昏侯〈詩〉簡與漢代〈詩〉本問題》（《智慧中國》2021 年第 9 期）一文，進一步認爲海昏《詩經》簡爲研究《毛詩》與三家《詩》本差异的問題、三家《詩》本關係問題、漢代經學“經傳合編”問題提供了重要依據，但根據海昏簡談論漢代《詩》本問題時，要注意其隨葬品的屬性。于浩從訓詁的角度出發，認爲海昏《詩經》簡采用隨文釋訓之體，訓詁簡明疏通，應是王式從申公傳承而來，用於教育劉賀的文本。① 張峰《海昏竹書〈詩〉性質再探——兼談海昏竹書〈詩〉之啓示》（《北方論叢》2022 年第 5 期）一文，進一步認爲海昏《詩》簡很可能是摘抄《漢書·藝文志》所載《韓詩内傳》或《韓故》内容，“《傳》曰”可能來自《韓詩内傳》。這對於我們認識《韓詩》相關著作的形式與内容，補充《韓詩》輯佚的内容有重要的幫助。

海昏《詩經》簡用字研究方面。蔡偉《海昏竹書〈詩〉异文小札》（《閩南師範大學學報（哲學社會科學版）》2021 年第 4 期）一文，對海昏《詩》簡中的“𦾔”“騫”“蔽芾其樗”等文字、詞語進行考釋，對“勉勉我王”“牧野洋洋”等誤字進行考證，對“捄之陾陾”“噫嘻成王”等括注問題進行分析，認爲這些用字研究對我們理解《詩》旨，對《詩經》文本的闡釋，提供了更多的思路。

2.《論語》簡

海昏《論語》簡版本研究方面。陳侃理《西漢海昏侯劉賀墓出土〈論語〉“曾皙言志”簡初釋》（《文物》2020 年第 6 期）和《海昏竹書〈論語〉初論》（朱

---

① 于浩：《海昏簡〈詩〉與西漢早期魯詩傳授》，《南昌大學學報（人文社會科學版）》2021 年第 5 期。

鳳瀚主編《海昏簡牘初論》，北京大學出版社，2021年，第141—163頁）兩文，認爲僅用三派之分，不足以解釋海昏《論語》等版本與今本之間的异文，進而推斷海昏《論語》簡的内容不是《漢書·藝文志》中的齊《論語》，可能是齊《論語》形成過程中的一種中間形態。

海昏《論語》簡釋讀研究方面。王剛《新見的若干海昏〈論語〉簡試釋》（《孔廟國子監論叢》，中國社會科學出版社出版，2017年，第14—19頁）一文，在對《論語》簡釋讀的基礎上，認爲其校正了傳世本中的若干文字錯訛，有助於解決學術史上的千年聚訟。全林强《海昏侯〈論語·知道篇〉辨義》（《廊坊師範學院學報（社會科學版）》2018年第4期）一文，認爲海昏《論語·知道篇》中的"易"應該通過音、義轉而爲"繹"字，"易易"爲"繹繹"，是周代正祭之明日又祭，答謝尸的禮教活動，故而推斷楊軍所做的點校正確，王剛所做的點校以"者"爲斷，值得商榷。而龐光華、周飆等《海昏侯墓本〈論語〉"易易"考》（《管子學刊》2019年第1期）一文，則認爲海昏侯劉賀墓本《論語》"王道之易易"的"易易"當讀爲"蕩蕩"，是廣遠平坦的意思，可簡單地釋爲"正大"，而不是"易行、容易推行"的意思。今本《禮記》的"易易"是"易易"之誤。

海昏《論語》簡綜合研究方面。楊軍、王楚寧等《西漢海昏侯劉賀墓出土〈論語·知道〉簡初探》（《文物》2016年第12期）一文，認爲海昏簡《論語》是目前所見隨葬《論語》最早抄本，代表了《論語》的早期面貌，體現了漢代儒學的整體發展狀況，反映了海昏侯劉賀個人的文學修養與興趣愛好。王剛《從定州簡本避諱問題看漢代〈論語〉文本狀況——兼談海昏侯墓〈論語〉簡的價值》（《許昌學院學報》2017年第3期）一文，從避諱問題出發，認爲漢代《論語》有一個由避諱、非避諱本的并用或混用，逐漸走向不用避諱的進程，這一轉化過程關聯着漢代今古文經學的模式轉換。田旭東《淺議〈論語〉在西漢的流傳及其地位——從海昏侯墓出土〈齊論〉説起》（《秦漢研究（第十二輯）》，西北大學出版社，2018年，第1—8頁）一文，認爲《論語》在西漢的地位，低於"五經"，高於其他儒家著作。

3. 祠祝、禮儀類簡

海昏《禮儀》簡研究方面。田天《西漢海昏侯劉賀墓出土"禮儀簡"述略》（《文物》2020年第6期）一文，認爲海昏禮儀簡大致可分爲昌邑王的"會飲儀"和主持的"祭祀儀"兩類。簡文是昌邑國祝史書寫的記録、指導禮儀行事的文本，從内容上可以看出劉賀爲昌邑王時，諸侯王日常禮儀已有固定文本可以參照。田天《西漢海昏侯劉賀墓出土宗廟“儀”類文獻初探》（《文物》2022 年第 6 期），認爲海昏宗廟“儀”類文獻，是劉賀爲昌邑王時所使用，反映了郡國廟與長安宗廟的祭祀禮儀十分相近，印證了郡國廟與長安宗廟平行的祭祀制度。

在海昏《祠祝》簡研究方面。田天《海昏竹書“祠祝”簡初論》（朱鳳瀚主編《海昏簡牘初論》，北京大學出版社，2021 年，第 255—267 頁）一文，認爲海昏“祠祝”簡很可能是祝官實際使用的文本，祠祭内容中的五帝一爲上古傳説中的帝王，一爲五行系統相配的五帝。

4.《春秋》簡

陳蘇鎮《海昏竹書〈春秋〉初讀》（朱鳳瀚主編《海昏簡牘初論》，北京大學出版社，2021 年，第 134—140 頁）一文，認爲海昏《春秋》簡的内容，不是完整《公羊傳》，衹是其中的“僖公卷”。宋豔萍《公羊學與漢代政治——由海昏侯墓所出〈春秋〉類簡牘引發》（《東方論壇》2022 年第 1 期）一文，進一步認爲海昏《春秋》簡反映了漢中期公羊學的發展狀況，折射出公羊學與漢代政治的密切關係，即公羊學被廣泛應用於當時政治、法律、社會生活等各個領域，成爲上自皇帝下至士人普遍引用的理論指導思想，對漢代政治產生了重大影響。

5. 之前未涉及的“六藝”類簡

韓巍《海昏竹書〈保傳〉初探》（朱鳳瀚主編《海昏簡牘初論》，北京大學出版社，2021 年，第 111—125 頁）一文，認爲海昏簡《保傳》的 AB 兩組簡文，可能抄録自不同的抄本，客觀上反映了傳世本《大戴禮記·保傳》應該是綜合不同版本基礎上形成的。

何晋《海昏竹書〈孝經〉説解簡初論》（朱鳳瀚主編《海昏簡牘初論》，北京大學出版社，2021 年，第 164—204 頁）一文，認爲海昏《孝經》簡中關於《孝經》和“孝”的説解，極有可能是夏侯始昌《孝經》説、《後氏》説或《翼氏》説。在《孝經》文字上，通過列舉“异字”的方式，對《孝經》文字進行了典型性研究，推測不同版本《孝經》的差异，可能是劉向校定《孝經》時“以顔本比古文”折中今古文所致。

6.“六藝”類簡的綜合研究

武振偉《海昏侯墓出土簡牘與西漢齊魯之學》（《春秋》2019 年第 6 期）一文，認爲劉賀《論語》《詩》等儒家經典的傳授者可能是王吉。楊博《海昏侯墓出土簡牘與儒家“六藝”典籍》（《江西社會科學》2021 年第 3 期）一文，進一步認爲劉髆、劉賀父子因當世大儒的師承輔弼，得以匯通“六藝”、兼習《五經》，既構建了劉賀本人"簪筆持牘趨謁"的儒生形貌，又爲西漢前、中期儒門典籍的貴族官學傳承提供了鮮活視角。曹景年《海昏侯墓新出文獻與漢代"經傳合編"問題》（《管子學刊》2021 年第 1 期）一文，認爲隨文訓詁的經傳合編形式，可能是早期解經的基本模式。

（二）數術類簡

海昏數術類簡，共計約 300 餘枚，其中包含幾種已經消失的數術類文獻，目前所見的研究成果多與《易占》有關。

《易占》簡文本研究方面。賴祖龍《海昏竹簡〈易〉初探》（《周易研究》2020 年第 6 期）一文，認爲海昏《易占》簡是迄今所見最早用後世通行的陰陽符號書寫文獻，也是能夠確定的最早在六十四卦下，標注上下卦卦名的文獻，對研究《易》文本的傳承與演變有重要意義。張克賓《海昏竹書〈易占〉干支配卦探微》（《哲學研究》2021 年第 8 期）一文，認爲海昏《易占》簡是傳本《周易》與術數（式占）相結合的產物，對研究兩漢易學的發展演變具有重要的學術價值和理論意義。李零《海昏竹書〈易占〉初釋》①（朱鳳瀚主編《海昏簡牘初論》，北京大學出版社，2021 年，第 232—244 頁）一文，認爲海昏竹書《易占》寫法上第一次用橫綫斷連表示陰陽爻。簡文象辭先講某方某數"餃"某方某數，後講所當干支如何、封序如何，最後斷四時吉凶，具有一定的獨特性。賴祖龍《海昏竹書〈蔔姓〉〈去邑〉初釋》（朱鳳瀚主編《海昏簡牘初論》，北京大學出版社，2021 年，第 245—254 頁）一文，認爲《蔔姓》《去邑》簡中八經卦的卦序與馬王堆帛書《周易》八經卦的卦序相同，可能是當時比較流行的一種八經卦卦序。張克賓《海昏竹書〈易占〉六十四卦時月吉凶與方位問題管窺》（《中國哲學史》2021 年第 4 期）一文，認爲海昏侯墓竹書《易占》將一歲分爲十二月與四維，然後將之分配六十四卦以論其吉凶，將一歲分爲十六時位與太一式中的十六神相類。易蕭《海昏漢簡〈易占〉考述》（《出土文獻》2022 年第 2 期）一文，認爲海昏《易占》簡是占筮條例彙編，其占法與六壬相通之處最多，卦名最接近今本《周易》。簡文中出現兩個左旋的餅圖式，分別代表"象"和"餃"，提供了兩種新的六十四卦卦序。

《易占》氣卦思想研究方面。賴祖龍的博士論文《海昏竹書〈易〉研究》（山東大學博士學位論文，2021 年）一文，對 180 餘枚海昏《易》簡，進行了較爲全

---

① 該文收錄於朱鳳瀚《海昏簡牘初論》，北京大學出版社，2021 年，第 232—244 頁。

面釋讀，認爲簡文揭示了四方配六十四卦規律、六十甲子配六十四卦規律，復原了時空卦氣圖。又根據簡文中的四方、四季（孟仲季）、四維方位卦等復原了海昏竹書《易》的時空框架，探討了流淌其中、消長盈虛的卦氣思想。穀繼明《海昏竹書〈易占〉初探》（《周易研究》2021 年第 3 期）一文，對海昏《易占》簡中的數字問題、季節分布與陰陽卦氣、《易占》與式法的時空進行了系統研究，認爲《易占》的具體占筮技術也當是著占與式法的結合。

（三）方技類簡

海昏方技類簡，共計 200 餘枚，主要涉及 "房中" "養生" "醫方" 等内容，目前所見的研究成果都與 "房中" 内容相關。楊博《海昏 "房中" 書篇章結構的推擬》（《出土文獻研究（第十九輯）》，中華書局，2020 年，第 360—366 頁）一文，認爲海昏侯劉賀墓中的 "房中" 書，較馬王堆相比有相對完整的目録，反映了劉向組織校書以前，遲在西漢早中期養生乃至醫書類文獻已較普遍地存在目録。楊博《西漢海昏侯劉賀墓出土 "房中" 簡初識》（《文物》2020 年第 6 期）一文，認爲海昏《房中》簡爲研究西漢時期 "容成經" 的面貌提供了重要材料，對進一步明確馬王堆漢墓竹簡《天下至道談》等與 "容成陰道" 類書的聯繫，研究馬王堆漢墓竹簡 "房中" 書的學派性質，均有不可替代的價值。[①]

（四）其他典籍類文獻的研究

其他典籍類文獻，主要包括諸子類、詩賦類、六博等幾類，共計 1200 餘枚，目前所見的成果主要集中在《六博》《悼亡賦》兩個方面。

《六博》簡研究方面。王楚寧、楊軍《海昏侯墓竹書〈五色食勝〉爲 "六博棋譜" 小考》（《文化遺産與公衆考古（第三輯）》，2016 年，第 92—95 頁）一文，結合已出土漢代棋譜文獻，對海昏簡中《五色食勝》簡進行考證，認爲《五色食勝》爲六博棋的棋譜。楊博《海昏竹書〈六博〉初識》（朱鳳瀚主編《海昏簡牘初論》，北京大學出版社，2021 年，第 214—231 頁）一文，選取 10 枚棋盤局勢簡進行考釋，對許博昌、《博局占》、北大《六博》、海昏《六博》的棋道用字對照，并結合王楚寧、楊軍、周小鈺等人的觀點，認爲所謂的 "專"，應該是 "專" 字。又對簡文中行棋步法的詞語規律進行總結，認爲第一類竹簡中以立、伏、卧、有爲等爲專用名詞，第二類簡文中上、下、出、入、歸、反、垂、皮、食等九

---

① 該文原刊於楊博《西漢海昏侯劉賀墓出土 "房中" 簡初識》，《文物》2020 年第 6 期。後收録在朱鳳瀚《海昏簡牘初論》，北京大學出版社，2021 年，第 268—276 頁。

字較爲常見。

《悼亡賦》簡研究方面。趙化成《海昏竹書〈悼亡賦〉初論》（朱鳳瀚主編《海昏簡牘初論》，北京大學出版社，2021 年，第 204—213 頁）一文，對《悼亡賦》的保存狀況、基本內容及作者進行分析，認爲該簡文描述了從生病、禱祠、大殮、小殮到哭喪等的流程，最後涉及墓葬狀況及部分隨葬品。該簡的發現既爲我們展現了劉賀喪禮的過程，更爲我們研究漢代諸侯王的喪葬禮儀提供了重要依據。

二、關於文書類簡的研究

海昏簡中共發現公文書牘近 60 版，內容大致分爲兩類，一類是海昏侯劉賀及夫人分別上書皇上及皇太后的奏牘副本，一類是劉賀去世後朝中關於海昏侯國存廢的詔書。[①] 目前所見的研究成果主要集中在奏牘的釋讀、文書格式、文書形制的研究，以及《海昏侯國除詔書》的研究等方面。

（一）關於海昏奏牘的研究

王意樂、徐長青《海昏侯劉賀墓出土的奏牘》（《南方文物》2017 年第 1 期）一文，認爲奏牘的內容反映了劉賀內心渴望像廣陽王一樣，得到封王，最不濟也希望漢宣帝接受他的獻物和酎金，使他能够祭祀祖先，但最終都未能如願，透漏出了劉賀內心的鬱鬱不得志。張予正、楊軍等《海昏侯墓出土奏牘選釋》（《南方文物》2018 年第 2 期）一文，基於《獨斷》《文心雕龍》等文獻記載的漢代公文制度，推斷海昏奏牘應是漢代上行官文書分類中的"章"。袁延勝《海昏侯墓上書太后奏牘探析》（《南方文物》2019 年第 6 期）一文，基於 8 份海昏侯劉賀夫婦給上官太后的奏牘及歷史文獻記載，認爲上官太后在劉賀廢立、宣帝繼位及宣帝初期都起到了重要作用，甚至在宣帝親政後仍然具有重要的地位，是朝廷維繫劉姓列侯感情的重要紐帶。汪華龍《新出揚州蜀秀河 M1 木牘的年代與形制——兼談海昏侯奏牘的相關問題》（《簡帛研究》2020 年第 2 期）一文，將蜀秀河木牘與海昏侯奏牘置於一處，認爲兩者在文書格式、文書形制等方面具有一致性，爲進一步研究漢代公文制度提供了重要依據。

（二）關於《海昏侯國除詔書》的研究

楊博《西漢海昏侯劉賀墓出土〈海昏侯國除詔書〉》（《文物》2021 年第 12 期）

---

① 管理、楊軍等：《江西南昌西漢海昏侯劉賀墓出土簡牘》，《文物》2018 年第 11 期。

一文，對《海昏侯國除詔書》簡進行釋讀，根據 10 枚簡牘的牘背，大致推測出牘二、牘三爲上奏官員的署名，牘六、牘七、牘九、牘十一、牘十二、牘十九爲奏文本文，牘廿四、牘侯家是行下之辭。基本梳理清楚了《海昏侯國除詔書》的内容，爲研究海昏侯國存廢問題提供了重要依據。楊博《〈海昏侯國除詔書〉初探》①（朱鳳瀚主編《海昏簡牘初論》，北京大學出版社，2021 年，第 279—293 頁）一文，認爲詔書的内容反映了漢代高級文書成文流程與傳達體系，體現了漢宣帝的政治權謀，對《漢書》《後漢書》的内容也起到了一定的補充作用。張建文《西漢海昏侯國神爵三年"國除"考》（《黄河·黄土·黄種人》2021 年第 20 期）一文，認爲《國除詔》的内容反映出了漢宣帝對劉賀的政治指向，即劉賀同"象"一樣無德，而宣帝則如"舜"一般光輝。

（三）關於奏牘所涉漢代政治的研究

黄今言《從海昏侯墓出土奏牘看劉賀的舉動與失落》（《史學集刊》2018 年第 5 期）一文，認爲從出土奏牘來看，劉賀得封海昏侯後，自稱"藩臣"，又接連向長安宗廟奉獻"酎金"，申請"秋請"，向皇帝和皇太后上書等，反映出了劉賀本人内心已經臣服中央王朝，渴望得到皇帝認同的心態。温樂平《西漢海昏侯國職官設置札記》（《南昌大學學報（人文社會科學版）》2021 年第 2 期）一文，認爲海昏侯國職官制度相對完善，在行政官制度中設有相、丞、尉等百石以上官員，以及秩、令史、獄史等百石以下的官員。在侯國家臣職官制度中，設有家丞、僕、行人、門大夫、先馬、中庶子等，這爲我們研究漢代侯國職官制度提供了重要依據。

三、關於木楬類文獻的研究

木楬，亦稱"簽牌"，是用於標識物品的木牌，多爲上部呈半圓形下部呈長方形的木牘，半圓形部分多塗黑、畫網、畫横綫表示區隔，上鑽一孔，下標序號。海昏侯劉賀墓中共發現木楬 109 枚，一半以上正反兩面都有文字，記載物品、數量等信息。目前所見的研究成果主要集中在木楬的釋讀、内容的研究、功用的探討等方面。

羅小華《海昏侯墓出土木楬札記》（《出土文獻綜合研究集刊（第十輯）》，巴

---

① 該文收録於朱鳳瀚《海昏簡牘初論》，北京大學出版社，2021 年，第 279—293 頁。

蜀書社,2019 年,第 58—63 頁）一文,將海昏侯劉賀墓出土簡牘上的"玉鼊(簪)""毒冒""絳繡""宜子孫""地""笥布"等語詞,與出土文獻、傳世文獻、出土實物等置於一處研究,認爲其對西漢時期的名物研究提供了重要資料。吳方浪《海昏侯墓新出木楬所見漢代絲織物初探》(《文博》2020 年第 1 期）一文,以"第廿"木楬爲研究對象,認爲"絹丸"是一種淺青色的紈。而恩子健《海昏侯墓"第廿"木楬釋文補正——兼談簽牌的性質》(《秦漢研究（第十五輯)》,西北大學出版社,2021 年,第 1—7 頁）一文,認爲木楬中的"絹丸"指的是由七種絲織物編織而成的淡黄色的生絲織物,其作用除了標籤名牌之外,還具有賬簿功能。夏華清、管理《海昏侯墓出土木笥淺議》(《江漢考古》2019 年第 S1 期）一文,將海昏侯劉賀墓的木笥分爲"九年笥""十一年笥"兩式,借助江陵雨臺山楚墓、包山楚墓、馬山一號楚墓、馬王堆漢墓竹笥及海昏侯劉賀墓出土的木笥,探討了笥的形制及功用。韋心瀅《海昏木楬初論》一文,認爲海昏木楬形式變化多樣,記述内容包羅萬象,在視覺形式上具有承前啓後的地位,其文本不僅向我們展現了漢代衣物織品的豐富,更反映了西漢中晚期道教思想與儒家思想的文化内涵。[①]

四、關於孔子衣鏡的研究

王意樂、徐長青、楊軍、管理《海昏侯劉賀墓出土孔子衣鏡》(《南方文物》2016 年第 3 期）一文,首次刊布了"孔子衣鏡"的圖像和文字資料,之後關於"孔子衣鏡"的研究成果不斷涌現,主要集中在圖像的考釋、文本的考察和釋讀、姓氏問題研究三個方面。

（一）"孔子衣鏡"圖像的考釋

"孔子衣鏡"中孔子圖像研究方面。王楚寧、黄可佳《孔子圖像的構建與流變》(《故宫博物院院刊》2021 年第 11 期）一文,通過考辨文獻與圖像對比,梳理出自兩漢至宋元孔子圖像的傳承脈絡與構圖結構流變,并確定海昏侯劉賀墓"孔子衣鏡"爲《漢書》所記《孔子徒人圖法》。王剛《海昏侯墓畫像中的孔子形象及相關問題探論》(《地域文化研究》2022 年第 4 期）一文,認爲"孔子衣鏡"中的孔子畫像采用"章甫"或古制爲藍本的儒冠樣式,又借助"磬折"之禮,表現孔子穿戴"儒衣冠"的形象,實質上反映出了劉賀心目中孔子的真實面目。

① 該文收入朱鳳瀚《海昏簡牘初論》,北京大學出版社,2021 年,第 319—329 頁。

"孔子衣鏡"中東王公、西王母圖像研究方面。劉子亮、楊軍等人《漢代東王公傳說與圖像新探——以西漢海昏侯劉賀墓出土"孔子衣鏡"爲綫索》(《文物》，2018 年第 11 期）一文，認爲"孔子衣鏡"的出現，將東王公的形象由公元 1 世紀，提前至公元前 1 世紀，進一步證明東王公作爲男性的"陽仙"，與西王母作爲女性的"陰仙"，相對應的傳說及其圖像組合模式，在西漢宣帝時期已經成型。何丹《海昏侯墓"孔子衣鏡"與西漢西王母信仰》(《諸子學刊》2018 年第 1 期）一文，借助海昏侯墓"孔子衣鏡"上的西王母和東王公圖像，認爲劉賀所處的西漢武、昭、宣時期是西王母信仰發展的關鍵階段，具有承前啓後的特征。劉榮暉《淺析海昏侯劉賀墓出土的"孔子衣鏡"》(《地方文化研究》2021 年第 6 期）一文，認爲"孔子衣鏡"正面的西王母、東王公等圖像，表達了劉賀對長生的渴望，而背面的儒家內容是爲了減輕漢宣帝對自己的猜忌。

"孔子衣鏡"構圖方位及空間研究方面。何丹《從海昏侯墓出土"孔子衣鏡"看漢代儒家思想與信仰》(《文化遺産》2017 年第 4 期）一文，畫像顯示了以上（南）爲尊、以左（東）爲尊和以中爲尊的方位信仰，對赤色、黃色、黑色和"五色"的信仰，以及尊師重教、男尊女卑、重人輕神與陰陽和諧等思想。而王剛《論海昏侯墓"孔子衣鏡"圖像的構圖方位及空間問題》(《南方文物》2020 年第 6 期）一文，認爲"孔子衣鏡"的圖像在構圖過程中，遵循着空間主體處於正位的原則，最終展現的是一種三維構圖。

"孔子衣鏡"中其他內容研究方面。王剛《海昏侯墓"孔子衣鏡"的弟子選配旨趣及相關問題蠡測》(《地方文化研究》2019 年第 5 期）一文，認爲海昏侯墓"孔子衣鏡"的弟子選配是劉賀對自身遭遇的一種表達，也是其對儒家"孝悌忠信"的自我認知。王剛《圖像系統與思想觀念: 海昏侯墓畫像老子缺位問題蠡測》(《南方文物》2022 年第 2 期）一文，海昏侯劉賀墓中的"孔子衣鏡"缺失老子畫像，是劉賀主動選擇的結果，"孔子衣鏡"中的孔子及其弟子的畫像是大傳統的産物，與儒家典籍中的孔子形象相契合，而老子形象屬"神像"系統，以神仙身份凌駕於"聖"之上，是被大傳統排斥的。

（二）"孔子衣鏡"文本的考釋

"孔子衣鏡"文本考證方面。王剛、何丹認爲，"孔子衣鏡"文本與《史記·孔子世家》《史記·太史公曰》《史記·仲尼弟子列傳》等關係密切。王剛《孔子評價與文本生成——海昏侯墓"孔子衣鏡"文與〈史記·孔子世家〉"太史公曰"之比較研究》(《地方文化研究》2018 年第 4 期）一文，認爲《史記·孔子世家》

應該是劉賀爲帝時獲得的，而衣鏡文的撰作，則是在他獲封海昏之初。何丹《從海昏侯墓"孔子畫像"蠡測西漢〈史記〉的流傳形式》（《中國文學研究》2019年第2期）一文，認爲劉賀應是在宣帝地節四年（公元前66年）到劉賀封爲海昏侯之間的時段接觸到《史記》的，王式謝病免歸以後，利用楊惲宣布家傳本《史記》的時機，在符合官方明確態度的同時，選取符合宣揚儒學的篇目，行勸諫劉賀之事，也從側面反映出了西漢時期《史記》已經廣泛流傳。何丹《海昏侯墓"孔子弟子傳記"與〈史記·仲尼弟子列傳〉的文本聯繫》（《勵耘學刊》2020年第2期）一文，發現"孔子弟子傳記"與《史記·仲尼弟子列傳》，在文字表述、總體大意和篇章結構等多方面具有一致性，進一步説明《史記》在劉賀生前已經成爲漢人認識孔子師徒與孔學的重要文獻。何丹《海昏侯墓"孔子畫像"的文本考察》（《上海交通大學學報（哲學社會科學版）》2021年第5期）一文，認爲"孔子衣鏡"中的文本和畫像都主要參照《史記·孔子世家》中的内容，"傳記"與"圖案"兩部分互爲參照。

　　"孔子衣鏡"文本釋讀方面。王剛《"修容侍側兮辟非常"的作意及相關問題——南昌海昏侯墓〈衣鏡賦〉探微》（《地方文化研究》2021年第3期）一文，認爲孔子衣鏡上《衣鏡賦》是劉賀思考及情感的重要載體，他希望和孔門弟子一樣，尤其是以顏回爲榜樣，在"克己復禮"中修整"禮容"，獲得教益，從而得以"辟非常"。王剛《文本述作與意義生成：海昏侯墓"孔子衣鏡"文"顏回爲淳仁重厚好學"發微》（《南開史學》2021年第2期）一文，認爲顏回之仁在"樂天知命"中，呈現出"人樂其性者"的特色，就現實指向來説，它與劉賀當年的立廢往事及昭、宣政治息息相關，既有擺脱給宣帝做陪襯的要求，更有對當時的"周公"霍光的諷喻。鄭伊凡《讀海昏侯墓"孔子傳記"小札》（《江漢考古》2022年第3期）一文，探討了"孔子傳記"第六行中以"上毋天子"起首的一段疑難釋文，提出"臣詫君子□必"一句可能應據《越絶書》《公羊傳》等傳世文獻讀爲"臣弑君，子弑父"。

（三）"孔子衣鏡"所反應的姓氏問題研究

　　唐百成、張鵬波《海昏侯墓"孔子屏風"姓氏問題釋析——兼談秦漢姓氏變革》（《西南交通大學學報（社會科學版）》2016年第5期）一文，認爲"孔子衣鏡"記載孔子姓氏爲"姓孔，子氏"與通常的"子姓""孔氏"恰恰相反，反映出了秦漢時期姓氏的變革所造成的姓氏觀念的空前混亂。而王剛《海昏侯墓"孔子衣鏡"姓氏問題再探》（《内蒙古師範大學學報（哲學社會科學版）》2020年第 1 期）一文，認爲 "姓孔，子氏" 的表述，源於 "得之於祖" 與 "得之於天" 中，也與劉賀所處的政治環境、知識背景及心路歷程有關。

五、反思與展望

綜上所述，近年來學界對海昏典籍類簡牘、文書類簡牘、木楬類簡牘、"孔子衣鏡" 的研究成果不斷涌現，有力地推動了海昏簡的深入研究，應當給予充分肯定。但也存在一些問題，主要表現爲：第一，海昏簡的釋讀、連綴、保護等基礎性研究工作仍需繼續努力。海昏簡的保存環境較差，出土時存字完整的簡牘十不足一，大量殘缺或變形的簡牘亟待進一步的清洗、修復、脱色、彩色與紅外攝影、數據采集工作。第二，對文書類、木楬類簡牘關注不夠，已有的研究成果更多關注海昏典籍類簡，對文書類簡、木楬類簡等關注較少，對海昏簡的研究還不夠全面。尤其是木楬類簡，目前所見的研究成果僅有 5 篇學術論文，且對木楬的釋讀、内容的研究、功用的探討還不夠透徹，亟待進一步深入研究。第三，已有的研究成果更多關注簡牘本身的研究，缺少由簡牘入手，對所涉的漢代政治制度、經濟社會、文化生活等開展系統研究。

基於以上分析，關於海昏簡的研究還存在進一步加强和拓展的空間。第一，應當加快海昏簡的保护、整理工作。应借助紅外攝影、數據采集等科學技術，加快海昏簡的整理與保護工作，儘早向學界公布海昏簡的整理報告，爲海昏簡的深入研究提供堅實基礎。第二，應當着力加强海昏簡的研究工作。要加快對海昏文書類簡牘、木楬類簡牘的研究力度，深入挖掘典籍類簡牘、"孔子衣鏡"的文化内涵，深刻詮釋海昏簡的歷史價值和時代價值，系統研究海昏簡在完善我國古代歷史部分内容的獨特地位。第三，應當加快對海昏簡的活化利用和傳承創新工作。2022 年 8 月 17 日，中共中央辦公廳、國務院辦公廳印發《"十四五"文化發展規劃》提出："要推進文物合理利用，建設國家考古遺址公園、文物保護利用示範區、文化遺產廊道，推介以文物資源爲載體的國家文化地標和中華文明標識體系，實施中華文物全媒體傳播計畫。"[①]2022 年 12 月，南昌汉代海昏侯国遗址已成功被评定爲第四批国家考古遗址公园，加强对包括海昏簡在

---

① 中共中央辦公廳、國務院辦公廳《"十四五"文化發展規劃》2022 年 8 月 16 日。http://www.gov.cn/zhengce/2022–08/16/content_5705612.htm

內的海昏文物和历史的挖掘、整理、闡釋工作，进而講好海昏簡故事，推動海昏簡實現創造性轉化、創新性發展，已成为当务之急。

作者簡介：李龍飛，男，1995年生，南昌漢代海昏侯國遺址博物館，碩士，主要從事秦漢史、簡牘學研究。

玉門花海漢簡研究綜述

張曉東

（嘉峪關絲路長城文化研究院 嘉峪關長城博物館，

嘉峪關 735100）

1977 年 8 月，酒泉鋼鐵公司鋼鐵研究所職工王錦釗在玉門市酒鋼花海農場的一座漢代烽燧遺址（花海鎮政府東南 33.5 公里）中發現了二十餘枚木簡，因花海農場屬於酒泉鋼鐵公司所有，嘉峪關市文物保管所派人前往調查搜集，在甘肅省文物工作隊隊長岳邦湖、考古專家吳礽驤等人的指導下，共獲得漢文木簡 91 枚，無字素簡 12 枚。原簡現藏嘉峪關市長城博物館。這批漢簡的内容當屬漢代酒泉郡北部都尉的文書檔案，以出土地被稱爲玉門花海漢簡。其實，1913—1916 年斯坦因第三次中亞考察期間於 1914 年 4 月 29 日曾對該烽燧進行過發掘，出土了 20 多枚漢文木簡。該烽燧被斯坦因編號爲 T44b。同日，斯坦因等先後考察發掘了同一地域呈東南——西北走向排列的另外三座烽燧，編號爲：T44a、T44c、T44d，出土 21 枚漢文木簡，2 片寫在紙上的漢文文書。這批漢簡現藏於大英圖書館，通常被歸入敦煌漢簡。1986 年吳礽驤再次對出土漢簡的四座烽燧進行考察，重新編號爲：Y32、Y33、Y34、Y35，未發現漢簡。這四座烽燧在漢代位於連接酒泉郡治禄福綠洲與北部都尉所轄長城綫的交通綫上，建於同一時期，均位於斷山口河流域，今酒鋼花海農場範圍之内。前後發掘的兩批簡牘聯繫緊密，應統稱爲玉門花海漢簡。爲研究方便，本文把 1914 年出土的漢簡稱作玉門花海舊簡，1977 年出土的漢簡稱作玉門花海新簡。

玉門花海漢簡出土地點集中，出土簡牘數量較多，僅 T44b（Y33，據出土郵書課，此燧名“禽寇燧”）一座烽燧就發現簡牘 120 餘枚。漢簡形制多樣，内容豐富，所見有簡、觚、楬、封檢、削衣等。内容有詔書、文書、簿籍、甲子表、書信以及小學字書《倉頡篇》等。尤其是完整的西漢皇帝遺詔與《倉頡篇》的發現，爲研究西漢歷史及語言文字、識字教育增添了新的資料，彌足珍貴，意義重大。因此，玉門花海漢簡一經發現，就受到學者的關注。從 20 世紀初始，中外學者不斷進行研究，尤其 1977 年的新簡發現後，在學術界掀起了研究熱潮。現就玉門花海漢簡的研究情況進行綜述。

一、玉門花海漢簡研究的相關著作

1917 年，法國著名漢學家馬伯樂開始研究斯坦因第三次中亞考察所獲漢簡，研究成果於 1953 年發表，題爲《斯坦因第三次中亞考察所獲漢文文書》（大英博物館，1953 年），內有玉門花海舊簡。1931 年，中國學者張鳳將從馬伯樂處得到的簡牘照片和出土地點編號，進行文字考釋，連同斯坦因第三次中亞考察所獲漢簡圖版，編著《漢晉西陲木簡彙編》一書（上海有正書局，1931 年）。勞榦在張鳳成果的基礎上寫成《漢晉西陲木簡新考》（"中研院"歷史語言研究所，1985 年），該書有圖版、釋文和考證。

林梅村、李均明《疏勒河流域出土漢簡》（文物出版社，1984 年）是最早對斯坦因兩次發掘所獲漢簡進行綜合整理和校釋的著作，他們把各家刊布的簡文順序號與斯坦因的發掘報告出土號，逐一進行核對，製成對照表，并將所有簡文按出土地編號，同時糾正了沙畹和張鳳的編號錯誤，後被學者參照應用。書中校釋玉門花海舊簡 31 枚，順序號 904–934，出土於：T44a（Y32）4 枚、T44b（Y33）18 枚、T44c（Y34）1 枚、T44d（Y35）8 枚。

日本漢學家大庭脩《大英圖書館藏敦煌漢簡》（東京同朋舍，1990 年）將斯坦因第二、三次中亞考察全部已發表簡文的照片按照林梅村、李均明所排簡序公布，書中結合前人成果對簡牘做了新的釋文，并逐條進行解說，爲斯坦因所獲漢代簡牘的研究做了一次總結。

甘肅省文物工作隊、甘肅省博物館《漢簡研究文集》（甘肅人民出版社，1984 年，第 15—33 頁）收錄嘉峪關市文物保管所《玉門花海漢代烽燧遺址出土的簡牘》一文，首次公布 1977 年出土的玉門花海漢簡，并進行了整理和初步釋文。該文稱發現漢字簡牘 93 枚，所附 "出土漢簡釋文" 中有 91 枚漢簡的釋文，編號爲 77·J·H·S，即 77·J·H·S：1—77·J·H·S：91。

李均明、何雙全《散見簡牘合輯》（文物出版社，1990 年）收錄 1977 年玉門花海漢簡 91 枚，進行了釋文，并附釋文順序號與原簡號對照表。

吳礽驤、李永良、馬建華《敦煌漢簡釋文》（甘肅人民出版社，1991 年）

首次將 1914 年和 1977 年發現的玉門花海漢簡收錄在同一書中，前言介紹了 1977 年玉門花海漢簡的出土情况。該書收集漢簡 2484 枚，并加以編號和釋校，正文後附有索引表。其中，第 1448–1538 號簡是 1977 年出土的 91 枚玉門花海新簡，第 2391–2421 號簡是 1914 年出土的 31 枚玉門花海舊簡，與林梅村、李均明所列類同。

甘肅省文物考古研究所《敦煌漢簡》（中華書局，1991 年）將兩次發現的玉門花海漢簡收錄其中。該書收集漢簡 2485 枚，并加以編號和釋校，後面還附有索引表。玉門花海漢簡的編號數量和《敦煌漢簡釋文》相同。不同之處在於，該書是繁體豎版，增加大量圖版和摹本。

中國簡牘集成編委會《中國簡牘集成·甘肅卷》（敦煌文藝出版社，2001 年）等所列玉門花海漢簡圖版、釋文及對照表均與《敦煌漢簡》相近。該書對簡文做了句讀。

白軍鵬《敦煌漢簡校釋》（上海古籍出版社，2018 年）以《中國簡牘集成·甘肅卷》爲底本，兼采衆家之長，對包括玉門花海漢簡在内的酒泉市域出土漢簡釋文做了搜集和詳實的校訂，并附有對照表。

二、玉門花海漢簡的整體研究

日本學者西林昭一《簡牘名迹選 6：甘肅篇（一）》（東京二玄社，2009 年）收錄了玉門花海新簡七棱木觚、3 枚倉頡篇木簡、"所買布疏" 木簡及 3 枚簽牌的高清彩色照片及木觚每個面和局部放大照片，字迹非常清晰，并進行了明確的釋讀。

張冬冬《20 世紀以來出土簡牘（含帛書）年代學暨簡牘書署制度研究》（吉林大學博士學位論文，2012 年）介紹了玉門花海漢簡，不僅詳述了 1977 年出土的玉門花海新簡的出土情况，尤其對七棱木觚、《倉頡篇》和《甲子表》練字簡、有烽燧名簡作了闡述和分析，而且推測出玉門花海舊簡的紀年時代，討論漢簡烽燧與酒泉郡北部塞屯戍活動和防禦體系關係。

劉浩《漢晋簡牘相關論著的圖版比較研究》（吉林大學碩士學位論文，2013 年）對玉門花海新簡相關論著的圖版做了比較，指出《漢簡研究文集》圖版公布 19 枚簡牘，《敦煌漢簡》圖版收錄了釋文號爲 1448–1490 號的簡影，《大英圖書館藏敦煌漢簡》收錄了七面觚及其他 28 枚簡牘的簡影，《中國法書全集 1·先秦秦漢》收録了七面觚的彩色照片，《簡牘名迹選 6•甘肅篇一》收録了七面觚、3枚倉頡篇木簡、"所買布疏"木簡及 3 枚簽牌的彩色照片。

許海軍《玉門漢簡價值初探》（《青年時代》2015 年第 13 期）對玉門花海新簡進行了梳理，通過研究反映重要歷史事件的西漢"武帝詔書"七棱木觚，反映文化典籍的"倉頡篇"木簡，反映漢代軍事制度和經濟生活的"亭長督它""元平元年""第八燧"和"所買布踈（疏）"等木簡，闡釋了這批簡牘的政治、軍事、文化、經濟等重要價值。

李迎春《玉門花海出土漢代簡牘校訂及相關問題研究》（《簡牘學研究》第 9 輯，甘肅人民出版社，2020 年）對玉門花海新簡進行校訂，認爲出土漢簡之烽燧當屬漢代酒泉郡北部都尉，性質是屯戍漢簡，推斷漢代玉門縣治所當在今寬灘山以北花海綠洲東南部，距離今玉門市清泉村較近，位於由酒泉郡至敦煌郡絲綢之路干道上。漢玉門縣屬酒泉郡，但也曾一度隸屬敦煌郡。玉門縣得名與馬鬃山玉進入河西走廊的交通綫密切相關，與和田玉進入河西走廊的"玉門關"没有關係。漢玉門縣設置晚於位於小方盤城的玉門關，小方盤城的玉門關并非由玉門縣之"關"徙關而來。

三、玉門花海漢簡七棱木觚研究

1977 年出土玉門花海新簡中有一枚七棱木觚，原簡編號：77·J·H·S：1,《敦煌漢簡釋文》《敦煌漢簡》編號爲 1448 號。七棱木觚長 37 厘米，七面書寫，上書 212 字。文字爲前後兩部分，前半部分 133 字，在四個面抄録了西漢某位皇帝的詔書；後半部分 79 字，寫在三個面上，爲私信。

楊惠福《花海出土的漢代簡牘——漢武帝遺詔略考》（《嘉峪關市志通訊》1984 年第 2 期）和嘉峪關市文物保管所《玉門花海漢代烽燧遺址出土的簡牘》（《漢簡研究文集》，甘肅人民出版社，1984 年，第 15—33 頁）認爲，這枚七棱木觚的前半部分爲"武帝遺詔"，後半部分是漢代西北邊陲戍卒練筆的書信，木觚文字是練字習作。

胡平生《玉門、武威新獲簡牘文字校釋》（《考古與文物》1986 年第 6 期）對七棱木觚所記詔書做了考釋和校補，認爲詔書是漢武帝或以前皇帝的，漢初的可能性較大，是專門給皇太子的叮囑，不涉及輔臣，詔書前後内容不很銜接，前半部一韻到底，後半部分不能入韻，尾部可能是習字者抄了另外一種文書。胡平生之後在《寫在木觚上的西漢遺詔》（《文物天地》1987 年第 6 期）又從寫詔人和受詔人的年齡、性情、經歷分析，提出了高帝遺詔説。白軍鵬《“敦煌漢簡”整理與研究》（吉林大學博士學位論文，2014 年）認同胡平生提出的七棱木觚遺詔爲高帝遺詔説，觚文的性質是練字之習作。孫占鼇、尹偉先《河西簡牘綜論》（甘肅人民出版社，2016 年）也從此説。

方詩銘《西漢武帝晚期的“巫蠱之禍”及其前後——兼論玉門漢簡〈漢武帝遺詔〉》（《上海博物館集刊》第 4 期，1987 年）指出，1977 年出土的玉門花海木觚詔書是《漢武帝遺詔》，其内容與漢武帝晚期的政治鬥争“巫蠱之禍”有關，《漢武帝遺詔》不完整，是抄寫人節録的一部分，僅是漢武帝對劉弗陵的勉勵之詞，以及所表述的武帝臨終前的悲涼心情，遺詔極大可能是霍光等人所偽造的。

李寶通《“簡牘之鄉”與簡牘學》（《文史知識》1997 年第 6 期）認爲七棱木觚筆録詔文可能是武帝遺詔，文風豪壯而帶悲涼傷感，語調執着又喜直言不諱，和《秋風辭》《悔輪臺詔》仿佛一致。

張小鋒《玉門花海所出漢代七棱觚新探》（《敦煌研究》2001 年第 1 期）認爲 1977 年發現於甘肅省玉門花海的漢代七棱觚詔書是守邊戍卒從當時發布至邊郡官府文書中轉抄的，并不是真正的武帝遺詔，是霍光等人爲了輔佐幼帝渡過政治危機，擬武帝口吻製作的所謂“武帝遺詔”，它的出臺并公布全國，對穩定昭帝當時的統治起了重要的作用。但作者在其《西漢中後期政局演變探微》（天津古籍出版社，2007 年）一書中又改變了之前的觀點，認爲七棱觚所載武帝遺詔并非出自霍光等人偽作，爲鞏固昭帝地位，霍光便將“武帝遺詔”頒行全國各地。葉愛國《玉門花海所出漢代七棱觚斷句之誤》（《敦煌研究》2001 年第 4 期）商榷了《玉門花海所出漢代七棱觚新探》中觚文“蒼蒼之天不可得久視堂堂之地不可得履道此絶矣”的句讀問題。

何雙全《簡牘》（敦煌文藝出版社，2004 年）對玉門花海七棱木觚詔書文字進行新的釋讀和句讀，認爲遺詔是當時木觚所在烽燧一個叫做馮時的戍卒抄寫的，寫於昭帝元平元年七月，遺詔不是武帝的，而應是早於武帝以前的某一位皇帝的遺言。

吴浩軍《甘肅玉門花海出土的漢武帝遺詔》（《文史知識》2005 年第 10 期）認爲木觚詔書極有可能是武帝遺詔，但不是原件，是後人的轉抄，從結尾看，尚未抄全，還應有其他内容。

日本學者冨谷至《文書行政的漢帝國》（江蘇人民出版社，2013 年）在“玉門花海出土的皇帝遺詔"部分探討了七棱木觚的用途，認爲這件多面體的觚，也可以稱爲橛，是一種"示文簡"，像座右銘一樣，是供個人觀閱的示文之物，具有示文明義的作用。

胡婷婷《甘肅出土散見簡牘集釋》（西北師範大學碩士學位論文，2013年）對七棱木觚做了介紹，并對遺詔部分做了校釋。

辛德勇《漢武帝晚年政治取向與司馬光的重構》（《清華大學學報（哲學社會科學版）》2014年第6期）在涉及七棱木觚詔書部分論述到，詔書中的有些文句口語的意味很濃，辭氣質樸，直接對皇太子而發，皇太子應該明白如此嚴肅莊重的囑咐。因此，這份詔書似乎不大可能出自武帝，應該是漢高祖臨終前留給後來的惠帝劉盈的遺言。

劉釗《漢簡所見官文書研究》（吉林大學博士學位論文，2015年）對七棱木觚詔書做了詳盡的釋讀，在綜合前人研究的基礎上，認爲詔書是習字之作，是高帝還是武帝的遺詔，仍不能確定。

董珊《玉門花海七棱觚校釋》（《出土文獻》2020年第4期）從語文學的角度重新討論這件西漢木觚，對詔書和私信的字、詞和文句都重新作了解釋，并在此基礎上討論了詔書的歷史背景和年代，認爲詔書應是漢文帝給漢景帝的遺詔。

樂游（劉釗）《玉門花海出土漢代七棱觚新考》（《古文字研究》第33輯，中华书局，2020年）一文中對木觚簡文中幾個字做了新的釋讀。并從簡文本身字體和用字方面分析出，遺詔與西漢早期字體相合程度更高，其文字的整體風格也比較偏早；後半段的書信中，所用字體較成熟漢隸還是偏早一些的風格；再從文辭特點考慮，與漢高祖手敕相似，故認爲詔書乃高帝遺詔。

四、玉門花海漢簡《倉頡篇》研究

1977年出土玉門花海新簡中有小學字書有習字簡牘，其中有《倉頡篇》簡三支，原簡編號：77·J·H·S :12-14，《敦煌漢簡釋文》《敦煌漢簡》編號爲1459-1461號，可復原出《倉頡篇》首章之大半。另有三殘簡從行文風格分析，疑爲《倉頡篇》殘文，原簡編號：77·J·H·S :4、15、16，《敦煌漢簡釋文》《敦煌漢簡》編號爲1451、1462、1463號。

胡平生《玉門、武威新獲簡牘文字校釋》（《考古與文物》1986年第6期）對玉門花海漢簡《倉頡篇》三簡進行了釋校，指出三簡是《倉頡篇》第一章，另三支殘簡也爲《倉頡篇》一類字書，是“書人名姓”簡，與趙高所作《爰曆》押韻的情況相當接近，都是當時守邊戍卒習字所用。吳欣《〈倉頡篇〉與現代識字教育》（華東師範大學碩士學位論文，2020 年）引用了此觀點。

寧赫《〈倉頡篇〉研究》（東北師範大學碩士學位論文，2005 年）對玉門花海漢簡《倉頡篇》做了校釋，認爲此六簡書法極爲稚拙，且錯誤甚多，并提出了兩個原因：其一，大概書字者是初學者；其二，可能他臨寫時所用的“帖”，不是漢隸本，而是古隸（秦隸）本。

邢義田《漢代〈倉頡〉、〈急就〉、八體和史書問題》（《第二屆古文字與古代史國際學術研討會會議論文集》，史語所，2008 年，第 11—22 頁）指出玉門花海漢簡《倉頡篇》文字在篆隸之間，筆劃稚拙，字句錯漏，有些字形不規範，由同一人書寫多次，看起來像是練習所書而不是字書的範本。

巡齋《西北漢簡中的〈蒼頡篇〉》（《中國書法》2013 年第 6 期）介紹了玉門花海漢簡《倉頡篇》并有清晰的圖版，認爲書寫的時間距秦亡不過五十餘年，應該是接近秦代小篆的書體。

梁靜《出土〈蒼頡篇〉“姓名簡”研究》（《簡帛》第 8 輯，上海古籍出版社，2013 年）認爲玉門花海漢簡《蒼頡篇》殘文簡，原簡編號：77·J·H·S :4、15、16，《敦煌漢簡釋文》《敦煌漢簡》編號爲 1451、1462、1463 號的簡是最早發現的“姓名簡”，從内容上來說包括兩個部分，一部分以“書人名姓”開頭，包括兩枚漢簡；另外一部分是一支記有很多姓氏名字的殘簡。這些材料有幾個共同的特點：第一，所記都爲姓名；第二,四言成句；第三，有韻可尋。後兩條也正是《蒼頡篇》的主要特征。并對 1462、1463 號簡做了詳細釋讀，附“姓名簡”對照表。

孫淑霞《漢簡〈蒼頡篇〉輯校》（西南大學碩士學位論文，2014 年）對玉門花海漢簡《蒼頡篇》的相關材料和研究成果進行了搜集，對《蒼頡篇》的基本情況做概述，在現有研究成果的基礎上做了校勘。

張存良《〈蒼頡篇〉的版本、流傳、亡佚和再發現》（《甘肅社會科學》2015 第 1 期）認爲玉門花海漢簡《蒼頡篇》木簡上的文字，書寫非常稚拙，字形似篆非篆，結構鬆散，筆劃軟弱，很明顯是初學者所爲。但是根據這些文字的形體構造來看，它所使用的範本，極有可能是早期的“小篆本”或“秦隸本”，而不是“漢隸本”。

劉婉玲《出土〈蒼頡篇〉文本整理及字表》（吉林大學碩士學位論文，2018 年）

介紹了玉門花海漢簡《蒼頡篇》，充分吸納研究學者的意見觀點，對簡文進行了校釋和句讀。

白軍鵬《習字簡中的〈蒼頡篇〉首章及相關問題》（《古文字研究》第 32 輯，中华书局，2018 年）認爲玉門花海漢簡《蒼頡篇》文字可以用"詭譎"來形容，有些字甚至難以確認，三簡所書内容相同，有出自同一人之手，但是却在某些詞句上出現不同的訛誤，很大一種可能是非臨寫造成的，也有可能是因臨寫之人在轉換字體的時候形成的。其《漢代習字初探》（《出土文獻》第 15 輯，中西书局，2019 年）對習字簡進行分類，將《蒼頡篇》歸入字書類，并舉例玉門花海漢簡附圖版説明，最後談了習字簡在釋文校訂中的作用。

張傳官《漢簡〈蒼頡篇〉人名校正二則》（《出土文獻與古文字研究》第 8 輯，上海古籍出版社，2019 年）對玉門花海漢簡《蒼頡篇》殘文簡，原簡編號：77·J·H·S：1 5、16，《敦煌漢簡釋文》《敦煌漢簡》編號爲 1462、1463 號的簡進行辨識，認爲此二簡簡文訛變非常嚴重，因而往往難以辨識。綜合以往的研究成果，對其文字做了釋讀。

五、玉門花海漢簡書法研究

林進忠《玉門花海出土漢簡的書法考察》（《藝術學報》2003 年第 73 期）認爲玉門花海新簡總數量雖不算多，但在文字内容與書法上有其特定意義與價值。這些簡牘主要的部分都與文字教學有關，即以識字書《蒼頡篇》等相關習字簡牘爲主軸，參酌西漢時期小學字書流傳的社會背景，析探了這些戍防烽燧遺存墨書的書寫表現，包括教本、習作兼及日常文書，公私應用相互映照，增進了對义字形體變遷衍化與書寫用筆發展的理解，對於是時書法表現之考察賞析具有助益與意義。

華人德《中國書法史（兩漢卷）》（江蘇教育出版社，2009 年）注意到玉門花海漢簡中《倉頡篇》篆書簡的書寫風格，認爲這種識字簡完全是另一種風格，結體甚爲怪异，是一種四不像的書風。

王曉光《秦漢簡牘具名與書手研究》（榮寶齋出版社，2016 年）認爲玉門花海漢簡《蒼頡篇》字形上往往比同時代通行字體稍"古"些，常存留古隸形態，或含書圓轉曲折牽引之法，多數是刻意擬古造成的。頡江泊《居延習字簡牘書寫初探》（《大衆書法》2021 年第 1 期）採用此説法，指出玉門花海漢簡《蒼頡篇》

則有濃重的篆意。漢代《蒼頡篇》書寫也不一定都以古意爲之，古本《蒼頡篇》或主篆體，後世傳寫者漸漸以篆隸相間的寫法臨之，或乾脆以隸體臨寫，於是有的傳本篆意偏濃，有的傳本隸意爲主。

劉佳《由“漢武遺詔”木觚看書體演變》（《絲綢之路》2019 第 1 期）認爲玉門市花海漢簡七棱木觚的書體帶有濃重的篆書意味，但又不完全明確，也像是具有篆意的隸書，即早期隸書。木觚上的文字是由篆書向隸書過渡的過程，也正是時代變遷與更替的有力證據。

張希平《西漢前中期簡帛所見古隸書寫與隸變蠡談》（《文化月刊》2021 年第 12 期）對玉門花海漢簡武帝遺詔的書體、書寫特征及隸變等問題做了分析和探討，認爲遺詔書寫潦草，用筆欠工穩，書寫多有謬誤，部分文字的書寫結體縱向，橫畫多不顯波勢，“近”“之”“謹”“恙”等字的磔筆用筆厚重且略微出挑，表現出了今隸書寫的遣意性，但部分字如“賢”“衆”“侅”“弟”等，仍然保留了篆書的構形，“絕”“表”“天”“大”“視”等仍然保留着類似秦隸的弧勢筆劃，故將此觚歸於古隸一類。遺詔文字書寫疏訛草率，錯別字和假借字較多，說明西漢北部都尉麾下的這名低級卒隸的文化水準并不高，但是該觚却向我們展示出了武、昭時期古隸向今隸轉變的本真面貌，展示出了這一時期日常書寫的質樸簡率和天真爛漫，觚中所孕含的波挑等蠢蠢欲動的用筆特征，也向我們昭示着今隸到來的指日可待。詔書具有重要的研究價值。原大《西漢玉門花海武帝遺詔辭書觚》（《中國書法》2013 第 6 期）從書法角度用清晰照片介紹了七棱木觚文字。

六、玉門花海漢簡書信研究

楊芬《出土秦漢書信匯校集注》（武漢大學博士學位論文，2010 年）集錄了1977 年出土玉門花海新簡七棱木觚上的書信，做了校釋，名曰《時與翁系書》，認爲這是一件習字書信，其致信人名“時”，受信人字“翁系”，通篇幾乎都是書信套語。此文雖然提到了這批簡中還有殘書信 44 封，但未收錄。文中還收錄1914 年出土玉門花海舊簡《敦煌漢簡》編號爲 2393、2401、2404 號三簡上的書信，并進行了校釋。文章論述了書信書寫版式、結構與慣用語、稱謂方式等。

鄭芙玉《從〈敦煌漢簡〉看私人書信》（《大衆文藝》2021 年第 1 期）對1914 年出土玉門花海舊簡《敦煌漢簡》編號爲 2393 號等十餘簡上的私人書信內容整理出來，進行分析，認爲書信是一種個性很強的文體，寫法上也比較靈活，但是書信也有一定的規範。2393 號等簡私人書信表現出了漢代書信的一般特徵，并反映了當時社會生活與社會交往的一般情况。私人書信爲告誡勸勉、自我情感宣洩、思親叙舊類型的書信，反映出當時的時代背景、戍卒心態，對於研究當時的社會風氣、人們交往形式都具有極高的史料價值和研究意義。

李晶《河西地區出土漢代簡牘書信研究》（西北師範大學碩士學位論文，2021 年）以玉門花海新簡七棱木觚上的書信爲例，探討書信名稱和字體，觚上的書信是以"記"爲信的名稱，"記"是較"書"更爲正式、謙卑的書信稱謂。記還有一種特殊的使用情况——作爲書信的標題，寫在木牘開頭的中央，將書信内容分爲幾欄。書信書法風格拘束稚嫩，如幼童捉筆，摹寫的意味很濃，而且已經有意識地使用篆書改方爲圓的筆觸，應是戍卒反復摹寫的習字作品。該文又以玉門花海舊簡《敦煌漢簡》編號爲 2393 簡上的書信爲例，闡述了書信的家國情懷。

七、玉門花海漢簡相關問題研究

（一）軍事防禦

楊惠福《漢代酒泉郡北部塞防考述》（《簡牘學研究》第 4 輯，甘肅人民出版社，2004 年）以作者曾經親自參與 1977 年出土的玉門花海漢簡的搜集與整理及實地調查感受，結合 1914 年斯坦因發現玉門花海四座烽燧及出土漢簡，認爲酒泉郡所轄漢塞不完全是東西走向，中段的一部分應爲"人"字形走向，玉門花海漢簡中有以序數命名的烽燧，證實從酒泉郡治禄福縣（今肅州）到花海一綫，僅以獨立烽燧作爲塞防體系。

（二）商品經濟

孫占鼇、尹偉先《河西簡牘綜論》（甘肅人民出版社，2016 年）從兩處引用解讀玉門花海漢簡 77·J·H·S:2 簡的内涵，其一，這是債權人所持的賣券文書，券約規定該債務由小麥償還，并着重强調如不能按時償還，債務將累計增加，蓋卿則是此債券的擔保人。其二，這一契約中首次出現了違約賠償的概念，令人矚目。但是違約的事情并没有發生，在這枚簡的背面，還有"麴小麥"，這是買家給付小麥的記録，表明貨款已按照契約中的約定按時交付。

李偉、晋文《玉門花海漢簡中的經濟史料》（《中國社會經濟史研究》2020 年第 4 期）從經濟史料的角度研究認爲玉門花海漢簡具有很高的學術價值。77·J·H·S:2 簡是一枚珍貴的買賣契約簡，也就是經濟合同，完整記録了買方、賣方和中間人，以及實物交換的内容、時間、違約規定等，對全面認識昭宣之際的貨幣流通和商品經濟多有啓迪。77·J·H·S:17 簡是一枚戍卒買布簡，對研究宣帝時期河西地區的布、穀價格有重要的參證作用。七棱木觚詔書涉及到"賦斂以理"的經濟思想。

八、結 語

上述是玉門花海漢簡發現以來的總體研究狀況，在此基礎上學者還有一些相關的研究涉及到玉門花海漢簡，此處不再羅列。可以説，玉門花海漢簡的研究取得了極其豐碩的成果，簡牘的校釋及"七棱木觚詔書"、《倉頡篇》等的研究都十分翔實，開拓了漢簡研究的諸多方面。不過，還有更多有價值的有待我們去發現。因個人能力所限，整理有不妥之處，敬請各位學者批評指正。

附記：

本文爲甘肅省人文社會科學項目"玉門花海漢簡發現與研究"（項目編號22ZZ41）、甘肅省哲學社會科學規劃項目"嘉峪關長城文化挖掘整理研究"（項目編號 2022YB156）階段性研究成果。

作者簡介：張曉東，男，1971 年生，河南唐河人，歷史學碩士，嘉峪關絲路（長城）文化研究院研究館員，中國歷史研究院田澍工作室研究員，主要從事長城史、河西地域文化研究。

2022 年度簡牘語言文字研究綜述

洪　帥　蔡章麗

（西北師範大學文學院，蘭州 730070）

簡牘不僅是了解古代社會的視窗，更是語言文字研究的活化石。簡牘中記載的字詞語句以及書寫的形體結構，真實再現了當時的語言文字風貌。在過去的 2022 年，簡牘語言文字研究成果豐厚，出土文獻與傳世典籍的對照互證逐漸揭去了古代漢語的層層面紗，有利於學界對漢語歷時變化的把握。檢索各類期刊、集刊和會議論文，有關簡牘語言文字研究的文章共 105 篇，其中對楚簡的研究爲重點，尤以清華簡、上博簡和安大簡研究居多；涉及到西北漢簡的研究則以居延漢簡、懸泉漢簡研究居多；研究還多涉及簡牘間的互證等。根據內容側重的不同，本文試圖從文字字形考證、字詞語義訓釋及篇章內容解詁三個方面對簡牘語言文字研究成果進行梳理。限於篇幅和見識，本文祇能列舉其中相對有代表性的論著，挂一漏萬之處在所難免，敬請見諒。

一、文字字形考證

不同時代、不同地域簡牘所書寫的文字會呈現出不同的形態，以至今人在閱讀古代文字材料時，會對有的字形難以辨識，更無法對其進行深入研究。於是，識讀、解釋文字顯得至關重要。雖然學界對簡牘文字的研究不斷推進，但在出土簡牘疑難字、异體字和特殊用字現象的研究上仍有很大空間。在 2022 年度簡牘語言文字研究的文章中，有關文字字形考證的成果豐厚，共 50 篇，包括疑難文字考證文章 19 篇、文字構形文章 17 篇以及簡牘用字研究 14 篇。

（一）疑難字辨識

在漢字發展演變的過程中，受漢字發展規律及人爲書寫訛誤等因素的影響，社會上出現了各種複雜形體的异寫字或新造字，識別較困難。誠然，學者們在解釋疑難字時必然會對其形音義關係進行説明，不會將其割裂。但其論證的出發點和重點明確，即認識漢字形體構造、了解其意義，進而對簡文文意進行把握，故本文將疑難字考釋放在字形考證部分進行梳理。2022 年度簡牘疑難字考釋以楚簡文字爲主，兼有漢簡文字。本文將從研究材料出發，對相關成果進行梳理。

在對上博簡的疑難字考釋上，徐在國《説“耳”及其相關字》（《中國文字學報》第 25 輯）對上博簡中出現的“”及以其爲偏旁的字形進行分析，指出其應由原來的“目”改釋爲今天的“耳”字，即表示行禮狀“揖”的初文。

陳哲在《釋上博竹書〈顏淵問於孔子〉用爲“愛”之字》（《漢語史學報》第 25 輯）將上博簡中《顏淵問於孔子》篇簡 7 中用爲“愛”的“㤅”字釋讀爲“悠”字。

張新俊在《上博簡〈容城氏〉“柔三十夷”之“柔”字試釋》（《古文字研究》第 34 輯）中指出，原隸定爲“狐”的字應當隸定爲“㹱”字。作者結合西周金文和傳世文獻，認爲“卣”和“柔”在讀音上相近，且都有表示兵器的意思，與簡文的内容一致。

程邦雄、徐清清在《楚簡〈三德〉里的、》（《語言研究》2022 年第 3 期）中通過對文獻的搜集互證以及字形演變規律的歸納和把握，將上博簡中原釋讀爲“没”的兩個字形“”“”釋作“免”字。

在清華簡的疑難字考釋上，羅小華、賈連翔在《“規”字補説》（《簡帛研究二〇二一·秋冬卷》）對清華簡《鄭武夫人規孺子》出現的“”字進行了考釋。作者指出，清華簡中的“又”與秦簡中的“支”，均源自以手持規之狀“支”，前者是保留了規上之勾，後者是保留了“十”字形規身。“叟”字當爲規勸之規的專字。

張飛在《談清華簡〈祭公〉〈邦家處位〉中的“逰”字》（《文物春秋》2022 年第 3 期）中總結了前人對於“逰”字的認識，并通過典籍的對照以及相似字形音韻的對比研究，指出“逰”字應讀爲“及”，訓爲“追”，有追隨、效仿之義。

賈連翔在《清華簡〈五紀〉的“簸揚於箕”與“外”聲字的唇喉通轉現象》（《古文字研究》第 34 輯）中對清華簡《五紀》篇出現的“芥”字的語音情況進行了深入的論證。作者結合西周金文、古印貨幣文字以及各類楚簡，并從《荀子》《詩經》等傳世文獻中尋找論據，發現從“外”聲的“芥、芥”，既可以讀爲“簡、艾”，也可以讀爲“半、簸、辨”。而這一現象產生的原因，除了形近相訛，還可能因爲魚、鐸、陽三個韻部同歌、月、元三個韻部中的部分字存在唇喉音通轉的現象。

陳偉武在《清華簡釋讀短札二則》（《古文字研究》第 34 輯）中對《清華簡九·治

政之道》中的 "麗" 字以及《清華簡十·四時》中的 "軇" 字進行釋讀。作者指出，"麗" 字讀爲 "離" 或者 "離志" 均妥帖，應爲表示 "離開" 的專字；"軇" 字本是記録車疾馳的專字，因車馬常連用，字從車與從馬屬相關義符替换，"駞" 與 "馳" 記録的都是賓士義，"軇" 可視爲 "馳" 字異體。

除此之外，袁金平在《清華簡〈五紀〉"眉" 字補釋》（《戰國文字研究》第 5 輯）中將清華簡《五紀》篇簡 110 的 "穊" 分析爲從 "目"、"利" 聲的 "智" 字，是 "眉髮" 之 "眉" 的異體字。

在安大簡的疑難字考釋上，洪颺、于雪《安大簡〈詩經〉"懷（裏）" 字及相關諸字》（《古文字研究》第 34 輯）對 "懷" "裏" "褱" 等字進行了考釋。作者指出安大簡中的 "𡄋（裏）" 與上博簡中的 "𡄋（裏）" 以及郭店簡中的 "𡄋（臺）" 都應讀作 "懷"。這種漢字形體相似現象的産生，是 "烏" "馬" "焉" 字之間的形體混同所致。

在郭店楚簡的疑難字考釋上，李家浩《關於〈窮達以時〉中舊釋爲 "占繇" 和 "占杢" 的釋讀》（《中國文字學報》第 25 輯）結合傳世文獻從形、聲、義三個方面指出郭店楚簡中《窮達以時》篇中所出現的 "占繇" 及 "占杢"，應釋爲 "臽繇" 和 "臽棘"。作者指出，臽，從 "口"，"勹" 聲；"勹" 爲合體字偏旁，常見於古文字，象人左側身體下俯之形；"口" 爲造字的一種標記，而這種加有標記 "口" 的新字，往往以被加標記 "口" 的舊字爲聲。

除此之外，還有很多文章關注到多種簡牘材料所共同出現的疑難字，并對其進行對讀互證研究。王磊在《楚簡文字考釋四則》（《中國文字學報》第 25 輯）中結合傳世典籍和出土文獻，對上博簡和曹家崗楚墓竹簡中的 "黔" "丘" "於" 及 "杭" 共 4 個字形重新進行了考釋。此處，王磊在《釋清華簡〈厚父〉的 "泆" 字》（《簡帛研究二〇二一·秋冬卷》）中采用出土簡牘與《尚書》《淮南子》等傳世典籍對讀的方法，綜合考察字形字義及用字習慣，指出清華簡中原釋讀爲 "湳" 字的 "𣲩" 應當改釋爲 "泆" 字，有放縱的意思。

程浩《談談楚文字中用爲 "規" 的 "夬" 字異體——兼説篆隸 "規" 字的來源》（《古文字研究》第 34 輯）對清華簡中出現的 "𢀱" 字進行了討論。作者結合《説文》等傳世文獻及上博簡等出土簡牘，認爲此字應爲 "快" 字異體，讀爲 "決"，"決目"

即爲後世所謂 "決明子" ①。之後，作者對從 "夬" 的字與 "規" 字關聯進行了論證。

俞紹宏在《楚簡 "裒" 字補釋》（《古文字研究》第 34 輯）中總結了前人的釋讀成果，并結合甲骨文、清華簡以及傳世典籍對上博簡《恒先》簡 3 中出現的 "裒" 重新釋讀，指出 "裒" 可以當作 "襲" 來理解。

肖曉暉在《簡帛 "朵" 字釋義小議》（《古文字研究》第 34 輯）中從漢字的構形理據出發，比照傳世典籍，對嶽麓秦簡、張家山漢簡、馬王堆帛書等出土文獻中的 "朵" 字進行重新考釋。作者認爲《岳麓書院藏秦簡（伍）》簡 114 中 "章" 後的字爲 "朵" 字，可讀爲 "逦"，即爲文獻通用的 "逗" 字，"章朵" 應爲分章的標記；簡 117 中 "章" 後的字爲 "次" 字，"章次" 的意義和用法與 "章朵" 相近，都表示 "標上分章記號"；《岳麓簡（壹）·爲吏治官及黔首》中的 "朵" 字可讀爲 "種"，"毋種不年別" 的意思即（簿籍或穀物等）不要堆積而不按照年份分別；而馬王堆帛書中的 "朵" 字原釋爲 "動"，與黃老思想不符，應讀爲 "委"，即弃、去的意思；《上海博物館藏戰國楚竹書（七）·凡物流形》甲 27 中 "朵尻" 中的 "朵" 也可能讀爲 "委"，表委隨、順從之義。

李芳梅、劉洪濤在《郭店竹簡〈唐虞之道〉"湩" 字考釋——兼論上博簡〈凡物流形〉和天星觀卜筮簡的 "繫" 字》（《簡帛》第 25 輯）中指出，郭店竹簡所出現的 "𣸪" 和 "𣹢" 兩個字形，舊時被釋爲 "涷" 或 "流" 字，現應改釋爲從水叀聲的 "湩" 字。除此之外，作者還提到，與 "湩" 字一樣，上博簡《凡物流形》和天星觀卜筮簡中的 "繫" 也應讀爲 "繼"，表示傳續、接續。

滕勝霖在《金文與楚簡合證二則》（《中國文字學報》第 25 輯）中將西周金文與清華簡結合起來進行互證研究，爲研究疑難字提供了有效的方法。作者參考傳世文獻，并從出土文獻中尋找多個例證，綜合運用部件分析的方法對文字進行釋義。作者指出《集成》9452 少府盉 "𦥑" 可以分析爲從系從刃 "㕔" 聲，讀作 "璩"，指盉蓋上的連環，而清華簡《趙簡子》簡 10 "𣏗" 也是從 "㕔" 聲，讀作 "絺"，有刺繡義；而結合清華簡中 "曼" 的寫法，《集成》10320 宜桐盉器主名 "𩇯" 應改釋作 "寰"。作者將金文和楚簡對讀，解決了很多疑難字問題，

---

① 決明子：一種中藥。羅竹風主編《漢語大詞典（第五卷）》（漢語大詞典出版社，1990 年，第 1020 頁）："決明子，決明的種子。決明，植物名。豆科。一年生草木。種子稱決明子，代茶或供藥用，有清肝明目之功效。" 黃和、姜順編著《中藥重劑證治録》（中國中醫藥出版社，2010 年，第 109 頁）："決明子，甘、苦、鹹，微寒。歸肝、大腸經。清利之劑也，兼能滋肝腎之陰。所治病位主在肝膽、腎、膀胱、頭目、腸胃，入氣血。所治病性主爲熱、風、痰、鬱、瘀、毒等實證，兼能滋陰。"

爲研究出土文獻文字提供了方向和指導。

隨着紅外綫拍照水準和技術的不斷精進，簡牘上的許多細節被放大并呈現出來，這對於簡牘文字的考釋及相關研究意義非凡。于夢欣在《〈楚地出土戰國簡册合集〉圖版札記二則》（《漢字漢語研究》2022 年第 3 期）中就結合了新出版的《楚地出土戰國簡册合集》，對楚簡中出現的"鼂"字和"兕"字形進行了整理和比較，較爲清晰地梳理了其字形源流與演化變遷。

（二）文字構形分析

漢字是一種形音義結合的文字。對漢字構形的分析，有助於探求漢字古音、釋讀漢字之義。縱觀各個時期簡牘中的文字形態，即爲一部漢字形體演變史。2022 年度對簡牘文字形體分析的研究成果主要集中在楚簡文字和漢簡隸書、草書上。春秋戰國時期受戰亂的影響，形成了所謂"田疇异畝，車途异軌，律令异法，衣冠异制，言語异聲，文字异形"[①]的局面。楚簡文字"一字多形"的現象普遍存在。而流行於漢代的簡牘，其書寫形體也正處於漢字"隸變"的重要時期。因此對楚簡文字和漢簡文字形體變化進行整理和歸納，有助於探尋漢字形體演變規律，把握漢字的整體發展脈絡。

在漢字構形意符研究上，肖攀《楚文字中的"臼"》（《古文字研究》第 34 輯）引用《説文解字》對"臼"的構形本義進行説明，并結合安大簡、郭店楚簡、清華簡、包山楚簡等出土文獻資料，詳細梳理了楚文字中的"臼"轉變爲具有廣泛類化能力的構字部件的過程。文章從表示"凹"形的"臼"、表示牙齒的"臼"、與人和動物肢體有關的"臼"、用作音符的"臼"以及與"臼"相關的疑難字考釋五個部分著手，揭示了"系統釋字"理念和"部件分析"方法對於古文字考釋重要意義。

胡杰在《論戰國楚簡里的"鼠"符字》（《語言研究》2022 年第 4 期）中對戰國楚簡中的"鼠"符字進行了全面的整理，并與《説文解字》所收"鼠"符字進行比較，對"鼠"符字及其相關文字的字形字義進行了深入考察。而在有關"一"、"翼"、"羆"和"鼠"四者關係上，石小力從出土文獻出發，結合傳世典籍，尋找漢字構形變化的規律，得出四者爲異體字的結論。在《説戰國楚文字中用爲"一"的"翼"字》（《中國語文》2022 年第 1 期）中，他指出："戰國楚文字中表示'一'的'羆'是羽翼之'翼'的異體，'羆'字所從的'能'形是由甲

---

① 〔漢〕許慎撰，〔宋〕徐鉉校定：《説文解字·序》，中華書局，2013 年，第 316 頁。

骨文羽翼之‘翼’的象形初文演變而來的。‘罷’字從羽，翼聲，是爲羽翼之‘翼’所造的形聲字。象形的‘翼’演變爲‘能’形，既有變形聲化的現象，也有類化的作用。”同時他在《説戰國文字“鼠”字的來源》（《古文字研究》第 34 輯）中，對“鼠”字用作數詞“一”的觀點進行了論證。他指出：“‘鼠’字所從的所謂‘鼠’形，應當爲‘翼’形的一種變體，該字從翼，從一，是羽翼之翼的變體，在楚文字中用作‘一’。”

在相近漢字的形體辨析上，張峰《楚簡從屯、毛、豐、屰之字辨析》（《江漢考古》2022 年第 1 期）指出，“楚簡中的‘屯’‘毛’‘豐’‘屰’四者字形相近，尤其在合體字中，極不易區分，書手存在誤寫，學者存在誤釋。弄清四者之間的詳細區別可以釋讀相關文字。”作者以四字的獨體標準字形爲出發點，結合楚簡中出現的相關字形及傳世文獻的辭例，對四字進行了辨析。

侯乃峰在《安大簡〈詩經〉中的“蝎”字試析》（《安徽大學學報（哲學社會科學版）》2022 年第 6 期）中指出：“‘蝎’字是由形體割裂訛變而産生的，是‘爲’的後起分化字。安徽大學藏戰國竹簡《詩經》中，有三個隸定爲‘蝎’的字，實質上可以直接隸定成‘爲’。”作者結合傳世文獻并梳理“蝎”字的甲骨文、金文及戰國各系文字字形對此進行了論證，得出結論：安大簡中的“爲”字雖然保留了一個類似於“蟲”形的字元，實際上是“爲”所從的“象”字元的一部分，是表示大象分叉狀尾部的筆劃割裂之後訛變而成的，不應該被釋爲“蝎”字。

唐佳、肖毅在《楚簡“戔”字補釋》（《簡帛》第 25 輯）中還原了楚簡中“戔”字的形體演變過程。作者結合傳世文獻，從形體、語音及詞彙角度，考釋了“戔”的系列變體并梳理了從“戔”諸字的各種用法，論證了“截”“戔”“諓”“㦰”之間的異文關係，這對於理解簡文大有裨益。

石從斌在《試論清華簡同篇文字的“筆劃區分”》（《古籍研究》第 73 輯）中提出了清華簡同篇中的“筆劃區分”現象，即在古文字發展過程中書寫者有意通過筆劃微別來區分字形的現象。作者通過梳理清華簡中的“筆劃區分”現象進行整體的歸納總結，將“筆劃區分”的類型分爲“固定筆劃區分”和“臨時筆劃區分”兩種；將其呈現方式分爲“利用筆劃相對長短區分”“利用筆劃增減區分”“利用筆劃相對變位區分”“利用筆勢的不同區分”及“綜合利用各種方式區分”五種；將其特點概括爲“靈活性”“不平衡”及“規約性”。除此之外，作者還將這一現象産生的原因進行分析，旨在引導大家關注“筆劃區分”現象，并從這一視角出發對漢字形體演變規律進行更爲深入的探索。

　　在漢字特殊形體研究上，周翔《談安大簡〈詩經〉中的特殊字形及相關問題》（《簡帛研究二〇二一（秋冬卷）》）關注到了一些寫法比較特殊的字形，例如"戴""蔞""傾""兕""苂""俊""軴""礨"字形。作者結合各種楚文字材料，對這些特殊的形體結構進行了分析，并總結出規律，補充了楚文字資料庫。同時，作者還對文字研究中的"一字多形"現象進行討論，提倡在釋讀文字時要堅持"具體問題具體分析"的理念。

　　孟蓬生在《楚簡〈五行〉"埶"字异構試釋》（《古文字研究》第 34 輯）中從漢字形音義角度進行論證，指出郭店楚簡中所出現的"𤔲"字形應隸定爲"卻"，即"埶"字异構，在此借爲"暬（褻）"字，義爲"怠慢不敬"。

　　同時，王輝在《銀雀山漢墓竹簡重新整理釋字》（《江漢考古》2022 年第 5 期）中利用高清彩色影像對銀雀山漢簡進行重新整理，并對已公布竹簡釋文進行對比校訂，解决了許多誤釋及未釋字。

　　作爲一種藝術的呈現，簡牘見證了中國書體演變的歷史，讓後世書家得以目睹當時的墨迹真貌。簡牘書法研究爲理清漢字發展脈絡，研究書體演變過程以及書法傳承創新提供了支援。在 2022 年度簡牘語言文字研究成果中，以簡牘書法爲主要切入點的文章共 6 篇。

　　韓立平在《從漢簡論〈急就章〉"與"字章草構形》（《書法研究》2022 年第 2 期）中指出："《急就章》中的'與'字的構字原理，是章草字形研究中的難點。"作者將書法專著所收納字形與出土簡牘字形進行對比，認爲《急就章》中的"𢆶"字實際上是對漢簡"彐"的一種斷筆處理。"彐"是由"𢆶"連筆書寫而成的，其上部正是來源於左右結構對稱的"臼"字。李力犁在《雲夢睡虎地鄭家湖長觚文字隸變特征初探》（《中國書法》2022 年第 6 期）中將雲夢睡虎地鄭家湖長觚《賤臣筡西問秦王》上的文字與先秦金文及成熟的漢隸做對比，分析出此觚文字的隸變特征，試圖探求漢字隸變規律。

　　曹錦炎、石連坤在《烏程漢簡的内容及書法淺析》（《書法》2022 年第 12 期）中對烏程漢簡所記載的年代、文書類型、語言文字内容等方面進行了介紹，并着重對烏程漢簡的書法特點進行了討論。作者指出，烏程漢簡中的字體大致可分爲古隸、隸書以及草書三種類型，但有些字體并非後世所嚴格界定的楷書或行書，值得進一步探索和檢驗。

　　劉紹剛在《漢簡中的今草與章草——從五一廣場簡和肩水金關簡的草書説起》（《書法》2022 年第 5 期）中列舉豐富的字例，將五一廣場中漢簡和吳簡中的草書與肩水金關漢簡中的草書進行對照，對章草、今草出現時間先後有了新的認識。作者指出，走馬樓西漢簡中的草書是目前發現草書簡牘中年代最早的一批，雖然草書簡牘數量不多，足以證明最遲在西漢武帝元朔年間（前 128—前 123）草書已經通行；同樣在肩水金關漢簡等西北漢簡中，兩漢時期，草書中今草和章草同時出現，以新莽前後章草書體出現得最多，指正了唐代書法史論著中將"今草"時間放在東漢或東晋的觀點。

在習字簡的專項研究中，戴裕洲《從秦漢習字簡牘看"漢字造型"的多樣化表現》（《書法》2022 年第 12 期）對已經出土出版的簡牘材料中的習字簡進行整理，并從書法實踐角度對其中反映的習字方法進行分類分析。作者從同一内容以相同方法反復書寫、同一内容反復書寫時的不同處理方法及舉一反三的教學方法三方面出發，對簡牘中的筆劃、偏旁部首、單字、詞句的書寫習慣進行了討論，展現了秦漢時期處在字體書體演變特殊時期的字象遺存。米文佐《西北簡牘所見漢代戍邊官吏書法傳承——以敦煌、居延習字簡爲例》（《中國書法》2022 年第 12 期）也關注到了簡牘中的習字簡。作者從漢代相關的習書制度、漢代戍邊官吏書法學習用具、習書内容、習書字體及習字方式五個方面出發，介紹了漢代邊塞官員習字的基本情況，爲我們了解漢代書法傳承具有重要意義。

（三）簡牘用字研究

文字作爲記錄語言的符號，在長期的發展和使用過程中，其意義和用法并不是一成不變的。我們所説的"用字現象"，即漢語在某一時期或某一地域對某一詞習慣地選用哪一個或哪些漢字來表示的現象；而"用字研究"的主要任務就是對文字在使用過程中所出現的各種情況進行分析總結、尋找規律。2022 年度在簡牘用字現象研究上，學者們主要從舉例研究和系統研究兩個方面着手，對簡牘中出現的特殊用字現象高度關注，對其背後的用字規律、用字習慣進行總結，并結合統計的方法對簡牘用字現象研究提出了方向指引和方法指導。

在用字現象的舉例研究上，張顯成、杜鋒在《簡帛醫書所見"段"考論》（《甘肅簡牘》第 2 輯）中將簡帛醫書所見 10 例"段"字的用法和意義進行了逐個分析。作者結合簡帛材料和傳世文獻，總結出了"段"字的兩個意義，即錘擊和"破"，前者是"段"的本義，糾正了原簡帛醫書釋讀中出現的錯誤。

石小力在《清華簡〈五紀〉新用字現象舉例》（《出土文獻綜合研究集刊》第 15 輯）中列舉了《五紀》篇中新的用字現象，如以"喬""僑"表"規"、以"𩵥"表"廟"、以"夏"表"官"、以"鹹"表"鹹"、以"䤜"表"飽"等。作者從衆多出土材料中尋找同一字的不同記法并對其進行分析，豐富了楚文字字形資料庫。

程浩在《安大簡〈詩經〉的"同義換用"現象與"窗"字釋讀》（《文獻語言學》第 14 輯）中指出安大簡《詩經》與《毛詩》之間的异文大部分都是由義近之詞間"同義換用"造成的。作者具體分析了《毛詩》中的"宗室牖下"中"牖"字，并對照安大簡出現的"牰"字，從詩義和古禮的角度認爲其讀爲"窗"更爲妥帖。

周翔《清華簡（八）（九）新見專字選釋五則》（《中國文字學報》第 25 輯）關注到了清華簡（八）（九）兩輯中首次出現的專字和已見專字的新寫法。文章所涉及到的專字有表器物純粹之"粹"的專字"䊶"、表聲音變化之"變"的專字"訹"、表過錯之"尤"的專字"忐"、表祭祀之名"蕥"的專字"槀"、表襲奪財物之"襲"的專字"寶"。這些新見專字和寫法值得深入研究。

張再興、劉豔娟在《出土先秦兩漢文獻中虛詞"唯"用字考察》（《漢語史學報》第 25 輯）從時代和文獻類型的角度對出土先秦兩漢文獻中虛詞"唯"的用字情況進行了窮盡地考察。作者總結了學者們對傳世文獻中虛詞"唯""維""惟"的研究成果，并從"先秦文字資料用字""秦簡牘用字""西漢簡帛用字""西漢中晚期簡牘用字""東漢文字資料用字"五個方面，呈現了從"隹"到"唯"的轉移過程以及"維""惟"不斷累積的過程，解釋了三字混用的現象。

趙國華在《清華簡〈四告〉中一字形對應多詞現象探析》（《殷都學刊》2022 年第 1 期）中對清華簡《四告》中出現的"一字形對應多詞"現象進行了詳細的闡釋，并對該現象產生的原因進行了具體分析。作者從"孳乳分化產生的一字形對應多詞""因假借產生的一字形對應多詞""多重原因造成的一字形對應多詞"三個方面，討論"一字形對應多詞"現象產生的原因，這對於梳理字詞關係、正確理解文義詞義以及認識漢字形義發展變化具有重要意義。

史大豐在《安大簡〈詩經〉札記兩則》（《甘肅簡牘》第 2 輯）中對安大簡《詩經·兔罝》和《詩經·葛覃》中的用字現象進行了梳理和討論。作者整理了"敷"和"濩"字在春秋戰國時期的不同寫法，并從音韻學角度對其异文關係進行了論證。作者所呈現的對文字考察的方法和案例，對於了解漢字發展的形體演變和語言的歷時性發展具有重大意義。

在文字形體訛混現象研究上，方翔在《楚文字訛混現象舉隅》（《文物春秋》2022 年第 2 期）中對楚文字中構字部件"⿰"和"⿱"之間的單向訛混現象進行了闡釋。作者結合清華簡、上博簡等楚文字出土文獻對這一現象進行了論證。

作者最終認爲："這兩個部件在戰國時期可能還没有形成大規模訛混，上博簡中出現的這些訛混情況可能與抄手或底本有一定的聯繫。"白軍鵬在《西北漢簡書寫訛誤現象考察》（《古文字研究》第 34 輯）中對西北漢簡中出現的誤字進行了考察。作者開篇介紹了"訛字"與"誤字"的區别與聯繫，并就西北漢簡中的訛字和誤字劃分爲"由形近致訛者"和"由上下文影響致訛致誤者"兩類。此外，西北漢簡中還存在著許多"不成字"的形體，需要審慎將其視爲"訛誤"。

駱珍伊在《安大簡與毛詩〈卷耳〉"永"與"不永"異文再探》（《中國文字》二〇二二年夏季號）中對《毛詩》和安大簡中的異文現象進行了討論。作者指出《毛詩·卷耳》中"維以不永傷""維以不永懷"，在安大簡中却寫作"維以永傷""維以永懷"。爲究其緣由，作者結合前人理解，對《詩經》中的"不"字、安大簡中的"永"字、《詩經》中"維以"的句式以及《詩經》中"永"字的解釋進行重點討論。最終，作者得出結論，即此組異文的產生，在於對"永"字的解讀不同，安大簡中的"永"可與"終"互訓，爲動詞，可表示排遣、度過，而《毛詩》中的"永"用作副詞，表示"長久地"之義。

張顯成《居延簡中的〈説文〉未收字》（《簡牘學與出土文獻研究》第 1 輯）根據《説文》原書順序，對《居延漢簡》和《居延新簡》中的文字進行整理，共得到 33 個《説文》未收字。作者結合多種辭書和傳世文獻對字進行分析，發現居延漢簡中有些字在後世并未通行，甚至在整個傳世文獻中都未記錄。在文章最後，作者提議對簡帛高頻常用字、次常用字、非常用字、生僻字以及通假字、俗别字、異體字、訛誤字等文字現象進行研究，以展現出秦漢文字的實際面貌，這將有利於漢字史的研究。

王凱博在《談楚簡中兩個"卯"聲字的讀法》（《簡帛》第 25 輯）中論述道："簡帛異文關係并不單純，大致有以下三種：一是語音層面的通假，二是同義詞、近義詞的替換，三是字形的訛誤。"作者結合郭店楚簡，對上博簡《性情論》簡 38 中的"𦇗"字以及清華簡中《殷高宗問于三壽》簡 18–19 中的"窗"字進行了字形和字義的考證。在文章最後，作者依據古漢語聲母相同的字常用作通假的現象，指出這兩個形聲字的聲符都是"卯"，都應當讀爲"穆"。

在用字習慣的系統性研究上，張再興、林嵐《秦漢簡帛用字習慣研究的若干認識》（《中國文字研究》第 35 輯）以詞爲基點，將秦漢時期的用字置於整個漢字記詞用字發展的歷史中進行考察，梳理并研究秦漢時期用字習慣的演變情況。作者從"用字習慣的趨勢性變化""用字習慣趨勢性變化中的過渡性特征"及"用字習慣的非趨勢性變化"三個方面對秦漢時期用字習慣的變化情況進行分析。在文章最後,作者對"用字習慣研究需要注意的問題"進行了討論,強調歷史觀、系統觀和定量觀在用字習慣研究中的重要性。爲了更好地研究秦漢簡帛文獻的用字習慣,張再興在《秦漢簡帛文獻用字計量研究及相關工具書設計》(《辭書研究》2022 年第 4 期)中提出運用定量統計的方法可以對文獻中用字習慣的流行度差異和流行期差異進行深入的研究。作者從"用字地位的計量研究""用字流行期的計量研究"和"相關工具書的設計"三個方面爲用字習慣研究提供了方向和方法的指導。

二、字詞訓釋

字詞是構建文本的基礎,是闡明文義的單位。釋讀簡文并理解其隱藏的社會内涵,離不開對簡文中字義和詞義的訓詁。從傳統訓詁學出發,學者們常從字詞的形、音、義角度,結合文獻記載和上下文對其進行討論。而随着學科研究的不斷系統和深入,有學者也認識到傳統訓詁的不足,主張從系統性、歷史性和社會性綜合入手,對詞彙的語音、語法、句法等多方面進行考察,以增加論證的合理性,爲研究詞彙歷史及釋讀簡文提供了科學的指導。

2022 年度有關簡文字詞訓釋的研究成果較多,共 27 篇,包括字詞詞義考證 19 篇和詞義關係梳理 8 篇。從簡牘所屬時代來看,研究的重點仍在戰國楚簡、秦簡和吳簡上,也有部分研究涉及西北漢簡。不可忽視的是,有學者將不同時代簡牘結合起來,對其中某一個或者某一些詞彙的發展演變進行了歸納,這對於了解漢語詞彙發展歷史具有很高的價值。

(一)字詞詞義考證

漢語的歷時性變化所帶來的最直觀結果就是字詞的古今异義。釋讀簡文,認識其字形是基礎,但更需深入了解其在當時社會中的含義,纔能準確把握簡文傳達的信息。

洪波在《〈安徽大學藏戰國竹簡(二)〉獻芻及其他》(《漢字漢語研究》2022 年第 3 期)中對安大簡中的"峀語"及"非山非澤"進行釋讀,并將出土簡牘與傳世文獻結合起來對"曹劌""曹沫"之名進行辯證。作者在文中指出,"峀語"應當讀爲"象語",義爲"斷定","峀語"即按斷之語、斷定之語;"非山非澤"應表示無論是山還是澤的意思;"曹劌"和"曹沫"作爲一人之名在不同的文獻中寫作不同字，與上古方言的音韻系統密切相關。

方勇在《天水放馬灘秦簡〈日書〉"胸濡"考辨》（《甘肅簡牘》第 2 輯）中對天水放馬灘秦簡《日書》乙種 207 簡中的"胎濡"進行了釋讀。作者結合傳世與出土文獻兼及諸家觀點，認爲"胎濡"應當釋爲"胸濡"，讀作"鴝鵒"，即八哥。

馮華在《〈清華大學藏戰國竹簡（柒）〉補釋七則——兼釋楚簡中諸"灶"字》（《燕京語言學》第 4 輯）中結合《國語》《左傳》和《春秋》等傳世文獻與清華簡對讀，對《清華大學藏戰國楚簡（柒）》中《子犯子余》《晋文公入于晋》以及《趙簡子》三篇中七處字詞進行了校正補釋。

沈培在《關於清華簡〈四時〉"征風"等詞的訓釋》（《古文字研究》第 34 輯）中梳理了不同時期學界對清華簡《四時》中的"征風""征鳥"和"征獸"的認識，展現了新出土材料對理解古漢語詞彙的作用。總結各家看法，作者認爲古人說動物的"征"，本義是指這種動物能遠行或者擅長遠行，即具有遠行能力，而非一定要遠行。

于茀《楚簡〈周易〉革卦"改日"考釋》（《燕京語言學》第 4 輯）對上海博物館藏戰國楚簡《周易》第 47 簡革卦的卦辭中的"改日"進行補釋。作者梳理了歷代以來的文章對於革卦的認識，指出"改日"不能簡單地釋作"改變之日"，而應當有特殊的含義，值得做進一步的討論和深究。

許文獻在《清華〈治邦之道〉簡 6 "卉木百穀"段字詞柬釋》（《中國文字二〇二二年》夏季號）中對清華簡《治邦之道》簡 6 中"卉木百穀"的語義和字詞釋讀進行討論。作者列舉了學者的不同看法，并加以評議，爲研究此簡提供了新的思路。

連佳鵬在《說〈武王踐阼〉的"杙"及杙銘》（《甘肅簡牘》第 2 輯）中將《大戴禮記·武王踐阼》與上博簡《武王踐阼》結合起來，對上博簡中的"杙"字進行了考察。作者指出，上博簡中的"杙"應當讀爲"枝"，是"杖"的分化字，指權力的象徵，并對"杙"與"枝"關係的源流進行了詳細梳理。同時，作者還就"杖與銘文的關係"，對古代的禮儀和制度進行了解釋。

田河在《武威儀禮簡甲本〈服傳〉"贊楄柱纍"解——兼考"倚廬"》（《簡牘學與出土文獻研究》第 1 輯）中對甘肅武威磨咀子 6 號漢墓出土的《儀禮》簡甲本《服傳》第 4 簡所記載的"贊楄柱纍"進行了深入討論。作者首先結合《左傳》《禮記》等傳世文獻，對"倚廬"一詞的構造方式以及詞義背後隱藏的古代喪葬禮儀進行探尋，并在此基礎上結合各家之説，對"贊椸柱鸁"之義進行考證。作者在文章最後強調，要多加關注像鄭玄等早期注釋家對古代禮儀制度的訓釋，運用辯證的眼光看待典籍中的喪葬禮制在現實中的變化，纔能在面對具體的材料時做到具體分析。

孔德超《清華簡（七）字詞解詁二則》（《考古與文物》2022 年第 3 期）對《清華大學藏戰國竹簡》在諸家研究基礎上，對《趙簡子》簡文中的"籔"和《晋文公入于晋》簡文中的"閒"兩個字詞作進一步訓詁或補釋。作者指出《趙簡子》簡文中的"籔"當讀爲"笠"，訓爲"傘"；《晋文公入于晋》簡文中的"閒"爲"間"字異體，可訓爲"夾"，"間處"可理解爲"夾在"。

陳哲在《〈淮南子〉與銀雀山漢簡合證二則》（《語言研究集刊》第 28 輯）中結合傳世文獻與出土簡牘，對"追風"及"兑前、兑後"進行補訓。作者從形音義三個角度分析，指出《淮南子·説林》和銀雀山漢簡《唐勒》中的"歸風"不應該被讀爲"遺風"或者"追風"，而應該將"歸"讀如字，"歸風"即追隨疾風之義，比喻馬飛奔之快；《淮南子·地形》中的"兑"非"無"之訛，應讀爲"鋭"，指動物身軀前部或後部鋭小，而銀雀山漢簡《曹氏陰陽》中的"兑"也應讀爲"鋭"，其字很有可能是舌音以母的"遺"字之異體。

在對某類詞語進行訓釋中，陳榮杰、王亞利在《走馬樓吴簡疾病詞語"風病""癲狂病"考辨》（《中國社會歷史評論》第 26 輯）中對吴簡有關"風病"和"癲狂病"的記録進行整理和考釋。作者梳理吴簡中"風病"的記録，形成了《"瘋病"患者年齡等情況表》，結合中醫典籍和傳世文獻，認爲"風病"既不是風濕病，也不是麻風病、癲癇，而是由風寒、風邪引起的中風、半身不遂類疾病。同時，作者也梳理了吴簡中有關精神疾病的記録，包括"狂病""惷病""瘨病""惷狂病"等，結合《常見病中醫臨床手册》等醫藥文獻，指出"吴簡既有狂病，又有惷病，又有惷狂病，惷狂合言指稱一種疾病。"

爲更加系統對出土文獻研究方法進行闡釋，龍國富在《從歷史詞彙學看簡帛出土文獻詞彙訓釋——以"殹"爲例》（《簡牘學與出土文獻研究》第 1 輯）中以"殹"爲例，深入地對簡帛文獻研究方法進行了討論。作者指出，目前常見的出土文獻詞彙訓釋主要采用的是語文學的研究方法，即訓釋時從文字字形和書面語入手，注重文獻資料的考證和故訓的探究，以達到訓釋詞彙和詞義的目的。但這一方法存在明顯的弊端，即缺乏對詞彙的系統性、歷史性和社會性，以及詞彙的語音、語法、句法的多方面關係的考量，以至論述不够全面、缺乏説服力。隨後，作者以虛詞“殹”爲例，利用歷史詞彙學的研究方法，從詞彙與語義、語音、文字、語法的密切關係；詞彙與語法、句法的關係；語言的社會性以及歷史性五個方面，對“殹”的詞義用法和演變進行梳理，爲科學全面的出土文獻歷史詞彙研究提供了優秀的研究範例。

龍國富《從“意微”的釋讀看簡帛文獻詞彙的訓釋》（《甘肅簡牘》第 2 輯）對簡帛文獻虛詞“意微”進行了訓釋。作者從“意”的訓釋、“微”的隸定和訓釋、從“意微”的訓釋看簡帛文獻詞彙釋讀三個方面出發，將詞彙訓釋與文字、語法聯繫起來，認爲“意微”即“意無”，讀作“抑無”，與傳世文獻“意亦、意者”用法相同，作連詞，表示選擇關係。在文章最後，作者提出了簡帛文獻詞彙訓釋的方法，即“注重歷史詞彙的社會性，正確處理常用詞和偏僻詞、常用義和偏僻義的關係，正確認識特定社會新詞新義的産生，做到簡帛詞彙訓釋和歷史詞彙學理論方法相結合”，爲簡帛文獻詞彙研究提供了科學的方法指導。

王啓濤《從秦漢簡牘到吐魯番文獻——以“臨坐”“事”“臧錢”訓釋爲例》（《簡牘學與出土文獻研究》第 1 輯）借助秦漢簡牘對吐魯番文獻中的三個疑難詞語進行了訓釋。作者通過對讀研究，得出吐魯番文獻中的“臨坐”即現場監督簽定契約或遺囑的官吏或相關機構的負責人；“事”即文書；“臧錢”即“藏錢”或“贓錢”，指因偷盜或私藏財物而被科罪征贓，向官府交納的一種罰金。在文章的最後，作者倡議將秦漢簡牘文獻和敦煌、吐魯番文獻結合起來，進行比較互證，再結合傳世文獻，做到真正的“辨章學術，考鏡源流”。

張顯成在《釋簡帛醫書方名“治……方”中的“治”——兼論句首語氣助詞“治”的來源》（《古文字研究》第 34 輯）中對簡帛醫方名“治……方”進行語法結構分析，并對其中的“治”字的意義和價值進行了深入研究。作者主要從“‘治……方’的結構形式及‘治’的詞彙意義”“‘治……方’句首語氣詞‘治’的來源”兩個方面出發，列舉大量出土簡牘例子，將“治……方”的方名歸納爲三大類，共十一小類，并對每一類中的“治”字意義進行探討，這對於科學解讀簡帛文獻內容、了解漢語語法歷史具有重大意義。

王強在《釋馬王堆漢墓遣策中的量詞“括”》（《古文字研究》第 34 輯）中指出舊時被隸定爲“聑”的量詞，應當釋作“括”。爲此，作者將馬王堆漢墓遣策中的這一字形全部整理出來，并對各家看法進行了梳理和討論。作者結合傳世材料和其他出土文獻，對“括”這一量詞的含義及呈現方式進行復原，豐富了今人對古代量詞的理解。

在對字詞訓釋的札記中，肖從禮《讀〈懸泉漢簡（壹）（貳）〉釋文札記六則》（《甘肅簡牘》第 2 輯）對《懸泉漢簡（壹）》中的七條簡文中的部分釋文進行校釋。作者對釋文中出現的"左與佐""清與清""幣與敝""壯與莊""醬與豉""冠與鋌"進行辨析并對釋文做了校改。

洪帥在《〈懸泉漢簡（壹）〉詞語考釋與校補》（《甘肅簡牘》第 2 輯）中對《懸泉漢簡（壹）》中的"盡"和"殺人賊"的詞義進行了考釋。文章表示，"盡"即爲到，這一詞義在秦簡中就已存在；漢簡中的"殺人賊"即"殺人犯"，可以補傳世文獻的不足。除此之外，作者將出土材料和傳世文獻對照，結合簡牘中的上下文，校補了曆譜簡的缺字、并對"九九乘法表"等殘簡進行了補釋。

賈旭東在《楚簡札記三則》（《中國文字學報》第 25 輯）中結合傳世典籍，對上博簡、清華簡中一些有爭議的字詞進行了重新釋讀。作者認爲，上博簡《孔子詩論》簡 5、簡 6 中"秉旻（文）之德"的"文"，并非"文王"之"文"，而應爲文德之文，即美也、善也；清華簡《芮良夫毖》簡 8 中"誰適爲王"爲賓語前置句，"適"應理解爲襯音助詞；清華七簡《子犯子余》簡 4 中"吾主不閉良規"之"閉"當讀爲"扡"，即爲抵制、抵距之義。

（二）詞義關係梳理

王貴元在《楚文字"尿"與楚月名"刑尿"考》（《簡牘學與出土文獻研究》第 1 輯）中結合出土材料與傳世文獻，從"巳"與"屍"及"祀"與"尿"的關係入手，對"刑尿"的詞義演變進行梳理。作者指出："'刑尿'本是指討伐叛逆的祭祀，是楚軍伸張正義、鼓舞士氣、請求神祖保佑的互動，後來因此儀式所在的月份而用此儀式名代替月名。"

蘇建洲在《清華簡字詞考釋兩則——"穗"與"芳"》（《古文字研究》第 34 輯）中結合岳麓秦簡和上博簡等出土材料，并引用傳世文獻對安大簡和清華簡中的兩個疑難字進行了考釋。作者指出，安大簡《詩經·召南·殷其雷》簡 32-33 中原被隸定爲"黇"的字，應該讀爲"穗"；《清華八·天下之道》簡 1 中原被隸定爲"菖"的字，應讀爲"芳"，爲更好理解簡文和漢字演變提供了新思路。

蘇建洲在《清華簡〈四告〉考釋三則——"夒""盍""到"》（《中國文字二〇二二年》夏季號）中結合其他出土文獻資料，對清華簡《四告》篇簡 34 中的"夒"、簡 4 中的"盍盍争怨"、簡 19 中的"母𡌥於到"進行了新的釋讀。

袁金平在《〈"安堵"與"案署"〉》（《中國文字學報》第 25 輯）中結合出土文獻資料，對《史記》《漢書》等傳世文獻中常見的"安堵""按堵"及"案堵”等語詞進行了補釋。作者通過列舉大量文獻與材料，對上述詞語進行對比分詞，還就“堵”“署”的關係、“安”“署”的準確釋義等問題做了深入論證。在文章最後，作者得出結論，即“安堵”“按堵”“案堵”之“堵”，均應是“署”之借字，這對於校正注釋古籍具有很高的價值。

陳劍在《與清華簡〈五紀〉相關的兩個字詞問題：“钃”與“統”》（《中國文字二〇二二年》夏季號）中對清華簡《五紀》中出現的兩個字詞進行解釋。作者結合文意以及漢字構形指出戰國文字常常出現的“钃”（钃）字上部并非爲“蜀”旁，是張目站立的人用手撥盆中之火的樣子，本義是使光明、明亮；而“綎”字及其繁體與訛形皆讀爲“統”。

胡波在《先秦兩漢“打獵”義動詞更替考——基於出土文獻、傳世文獻與异文材料的綜合考察》（《語文研究》2022年第2期）中對“打獵”義動詞的常用詞的歷時變化進行梳理論證，認爲在戰國晚期“獵”已經取代“田”成爲“打獵”義的常用動詞，并指出其變化可能與“多義衝突”或者是“書同文字”政策有關。文章利用先秦兩漢出土文獻、傳世文獻與西漢早期异文材料相互對照，考察了“打獵”義動詞的更替情況，更是展現了材料間綜合考察和相互印證的價值。

魏德勝在《從屯戍簡牘看“印”“章”的印章義相關引申義》（《甘肅簡牘》第2輯）中指出西北漢簡中“印”和“章”用例豐富，其除了表示印章，也可以代表封泥或者印章上的文字。作者運用居延漢簡和居延新簡中的大量例證，結合《漢語大詞典》對“印”和“章”的引申義進行了探討，這對於梳理詞彙意義演變歷史、尋求漢語詞彙發展規律具有重要價值。

薛培武在《説楚簡中兩個“知”的用法》（《簡帛》第24輯）中對上博簡《柬大王泊旱》篇和清華簡《趙簡子》篇中出現的“智”和“知”字的意義進行訓釋。作者結合各家之説并參考上下文語境，認爲第一篇的“疴瘕智於邦”中的“智”應當讀爲“知”，有顯現的意思；第二篇中的“亦知諸侯之謀”中的“知”既可訓爲“接、參與”，也可以訓爲“主管、掌管”的意思。

三、篇章内容解詁

簡牘中包蘊著非常豐富的知識，涉及到文學、法律、禮儀、制度等方面。學者們在釋讀簡牘時，祇用文字學、語言學的知識往往難以將其中的道理説清。這時，就需要綜合利用古代社會各方面的知識對其進行討論。有關篇章内容解詁的文章共 28 篇，其中内容解詁與補釋 16 篇，主題研討 12 篇。

（一）内容解詁與補釋

與字詞訓釋不同，篇章内容解詁旨在對殘損的簡文進行合理推測論證、對誤釋簡文進行校正、對難以理解的句子進行批注和解釋，以便於準確理解簡文原意，揣摩出其背後的深層含義。

在整體研究的把握上，陳民鎮《簡牘〈詩〉類文獻的發現與研究》（《古代文學前沿與評論》第 7 輯）圍繞文本釋讀、异文對讀、形制與格式研究、字詞考釋、用字現象研究、文本性質研究、文本年代研究、《詩經》流傳研究、經學史研究、綜合研究等方面，對出土簡牘中《詩》類文獻的發現與研究成果進行了總結，同時也對目前研究存在的局限和未來發展方向提出想法和建議。

楊博在《出土簡牘與西漢中期以前流傳的"禮"書形態》（《中州學刊》2022 年第 8 期）中梳理了傳世文獻和出土文獻中的"禮"本文書形態，并進行比照，對"禮"本文書出現時間以及"禮"本文書形態演變特點等問題進行了討論，旨在窺探早期儒學的文獻體系和儒學思想學術的大體建構過程。

在具體篇章内容理解上，蔣文在《清華簡〈四告〉"不卒純"解》（《古文字研究》第 34 輯）中對清華簡《四告》篇簡 5–6 中"不卒純"的含義進行深入探究。作者首先結合金文與傳世文獻，指出"不卒純"中的"純"是名詞，作"卒"的賓語，"卒"即强調事物已經到達既定的或者應有的終點和限度。其次作者對"不卒純"意義進行討論，認爲"不卒純"與"陟兹武王"都表示武王薨没之事，"不卒純"與"不終其禄"一樣，都是表示死亡的諱稱。

鞠焕文在《清華簡〈芮良夫毖〉"獢憧"補苴》（《古文字研究》第 34 輯）中對《清華叁·芮良夫毖》中"莫敢獢憧"進行補釋。作者指出，"憧"讀爲"動"訓釋爲懼，有恐嚇之義，與"獢"構成同義連用關係，是表示驚動恐嚇的專字，後來習慣寫爲"恫"，"平和庶民，莫敢獢憧"即爲"安定和諧百姓，不敢去呵斥恐嚇他們"之義。

馬曉穩在《〈芮良夫毖〉"莫之扶迡"解》（《古文字研究》第 34 輯）中對《清華三·芮良夫毖》簡 5–6 中的"莫之扶迡"中的"迡"字進行了探索，并對其意義進行了闡釋。作者參考其他學者對此字的理解，認爲"迡"字應釋作"退"，讀爲"阻"，而文中的"扶阻"應當理解爲依傍、憑藉之義。在文章最後，作者指出《芮良夫毖》中"扶阻"的對象是指"萬民"，芮良夫勸誡的意圖即希望厲王在國家危困之秋，依仗萬民纔能不被顛覆。

　　張生漢在《説"肥突突"》（《甘肅簡牘》第 2 輯）中對水泉子本《倉頡篇》C018 簡中的"突突"之義進行考證，認爲其爲"腯腯"之假借。作者通過對"肥突突"一詞的含義及本字的探究，將眼光放到了更爲廣闊的俗語詞中。作者查找各種方言文獻，梳理了不同地區的語言對於"肥腯腯"的記載，展現了其強大的生命力。這也爲學界研究漢語詞彙提供了新方向，即關注漢語方言中俗語詞的變遷消亡，這有助於理解文義，更爲研究漢語史的演變發展提供了材料支撐。

　　賈海生、張懋學在《岐周方音在安大簡〈關雎〉中的遺存——關於教通芼或覒的解釋》（《漢語史學報》第 25 輯）中關注到了《關雎》篇在《毛詩》《韓詩》以及安大簡中有不同的寫法，即《毛詩·關雎》第三章的"芼"字，《韓詩》作"覒"，安大簡作"教"。作者就這三個字的關係作了深入的探討，發現"教"與"效"二者在古音系統中有幫紐與明紐相互交替現象，故推測在先秦時期的岐周方音中，"效"與"教"屬於明紐字或帶鼻冠音，可以與從毛聲的"芼"和"覒"通假。

　　苗豐在《從安大簡〈召南·鵲巢〉看〈詩經〉的"四聲分押"現象》（《戰國文字研究》第 5 輯）中對傳世本《詩經》與安大簡《詩經》的四聲分押情況進行了比較，并對學界"异調不可通押""异調可以通押""韻脚相押"的觀點進行了討論。作者通過對安大簡《詩經》押韻情況的舉例分析，認爲有關於"四聲不可通押"的説法不可輕易否定，而應該具體的問題具體分析，這爲我們解讀《詩經》押韻情況、了解上古音面貌提供了新的思路。

　　黄德寬在《清華簡〈攝命〉篇"劼姪邲攝"訓釋的再討論》（《中國語文》2022 年第 4 期）一文中簡要介紹了學界各家對"劼姪邲攝"的看法，并具體對此句句法結構以及語義情況進行了分析。作者列舉大量金文材料，指出該句與金文册命之辭的語言表達習慣一致，是一個名詞性非主謂結構；"姪"與"攝"是同指關係，"劼"和"邲"是其修飾成分；"劼""邲"是同義詞，表示"勤勉、敬慎"之義。同時，文章還對傳世和出土文獻中使用"劼""邲（毖）"的有關語料進行了辨析，有助於理清傳統文獻訓釋中的誤説。

　　劉雲在《説上博簡〈鮑叔牙與隰朋之諫〉之"人之與者而食人"》（《語言科學》2022 年第 4 期）中對上博簡《鮑叔牙與隰朋之諫》5-6 號簡中的"人之與者而食人"的大意及思想進行了討論。作者從字形、用字習慣及文意對"人之與者而食人"中的第一個"人"字進行論證，并指出"人之與者而食人"就是易牙"殺子以適君"之事，且易牙所殺之人爲首子，是嬰兒。作者認爲該句中的"與"應讀爲"舉"，"人之與（舉）者而食人"的大意爲人們所撫育的（嬰兒），（易牙）却給別人（齊桓公）吃。

張新俊在《清華簡〈系年〉"曾人乃降西戎"再議》（《中國文字學報》第
25 輯）中結合《國語》，對清華簡《系年》"曾人乃降西戎以攻幽王"之 "降"
字做出了解釋，認爲 "降" 不能訓 "下"，當是 "征" 之形近誤字。作者結合楚
文字例字，對比分析了 "降" 和 "陞" 的構形，發現大部分情況下是可以區分的，
但是也會有誤釋和混同的情況，需要聯繫上下文來解釋。同時，作者還討論了先
秦文獻中 "下兵" 出現的語境，并從曾、西戎所處的地理位置來分析 "降" 訓爲 "下"
的不合理性，而應釋作 "征" 字之訛，訓爲 "征兆"。

陳丹奇在《孔子 "聞之曰" 言論承傳模式的生成及演化——以上博簡〈從政〉
爲中心》（《河北學刊》2022 年第 3 期）中關注到了上博簡《從政》文章格式的
標誌詞，即 "聞之曰"。作者指出，儒籍中無主語的 "聞之曰" 和加主語的 "聞
之曰" 存在一定的關係，蘊藏著文章的編纂意圖。作者從 "聞" 的言說傳統、"聞"
的理論構建出發考證《從政》篇 "聞之曰" 的話語來源及其指稱，還原孔子言論
承傳及表述的特殊模式。

羅濤在《北大簡〈妄稽〉賸義》（《上古漢語研究》第 4 輯）中對北大簡中
的名爲《妄稽》的俗賦進行了補釋。作者結合傳世文獻記載，并對簡牘上下文文
意進行分析，對整理者的釋文進行了校正和補充，這爲我們讀懂簡文并在此基礎
上進行各項研究大有裨益。

張俊民在《出土文獻整理與研究再發力（三）——土垠遺址出土簡牘釋文校釋》
（《甘肅簡牘》第 2 輯）中將焦點放在了土垠遺址的羅布諾兒漢簡上。作者首先
對土垠遺址的簡牘出土情況做了説明，并參照最新的高清圖版，着重對早期簡文
中的誤釋、缺釋問題進行校正補釋。從漢字筆劃殘損形態以及上下文文意等方面
入手，作者將 "軍候" 糾正爲 "斥候"，"六人" 釋爲 "凡人"，還補釋出了 "車
師戊校" "軍候丞" 等，爲重新認識羅布諾爾簡牘所揭示的社會信息提供補充。

胡敕瑞在《新見漢牘〈史篇一〉〈史篇二〉校讀札記》（《嶺南學報》第 15
輯）中對新刊《新見漢簡〈倉頡篇〉〈史篇〉校釋》中的《史篇一》《史篇二》
進行了校讀。作者將《説文》《漢書》等傳世文獻與居延漢簡等出土材料結合起來，
對簡文的誤識或未識的文字進行校正，并對誤注或缺注的詞語進行補釋，發現其
具有濃厚的漢代用詞特色。

羅濤《清華簡九〈治政之道〉補釋》（《漢字漢語研究》2022 年第 2 期）對
清華簡《治政之道》中的三枚簡進行了補釋。作者在文章中指出，簡 8 "脡迟庶衹"

中的"祀"應當讀爲"嗣"，指衆多後嗣子孫；簡 28 "亟"爲"極"表"至"的專字，"趣鹿"讀爲"雛鹿"，"青黃"讀爲"青璜"；簡 43 "示"讀爲"祇"，"祈"讀爲"刉"，即一種祭祀禮儀。

（二）專題研討

簡牘不僅可以作爲研究語言史、文字史的材料，更可以透過語言文字窺探出當時社會的生活情況，例如當時的禮儀文明、姓氏文化、社會生活現狀、制度運行情況等各個方面，爲其他學科的研究提供了材料支撑。2022 年度對簡牘語言文字的研究中，可大致分爲制度運行、社會生活、思想文化三個方面。

在制度運行方面，郭偉濤在《論里耶秦簡"續食文書"即秦代傳信》（《甘肅簡牘》第 2 輯）中對里耶秦簡中八枚的"續食"文書進行了深入討論，主張其爲秦漢的傳文書。作者首先對秦漢的傳信制度進行介紹，并列舉肩水金關漢簡等出土文獻的簡例對"來復傳"含義進行梳理，對續食文書和傳文書的性質和内容做出辨析和討論。在文章的最後，作者還從簡牘用語及程式方面對秦代和漢代的傳信制度的異同進行説明，這對於全面了解秦漢的傳信制度和秦漢的交通設置等信息具有重要意義。

高倩如、肖從禮在《懸泉漢簡"建始元年督郵史光"文疏證》（《甘肅簡牘》第 2 輯）中對《懸泉漢簡（壹）》中的一枚循行文書進行全面詳盡疏證，并對簡文大意及標點做了翻譯和注釋。這枚循行文書有準確的時間、具體的督察事項和完整的程序，是了解當時都郵系統運行的重要資料。作者結合《漢書》等傳世文獻對該枚簡牘中的字詞進行了細緻的解釋，并在文末用白話翻譯了簡文的大意，使得這枚簡牘想要傳達的信息清晰明了，爲系統的郵驛系統探尋提供了資料。

舒顯彩《五一廣場東漢簡牘所見"白草"文書探研》（《古代文明（中英文）》2022 年第 4 期）關注到了五一廣場簡中的"白草簡"，對其含義、運轉機制進行了探討，試圖還原東漢行政運行的原貌。作者指出，五一廣場東漢簡牘中的"白草"簡屬於公文書的一類，"白草"是下級向上級呈遞文書時的謙辭，即"呈上初步意見"。通過對"白草"文書的考察，作者得出結論："東漢中期，臨湘縣政運行已發生微妙變化，諸曹史地位突出且深受令長倚重，合議成爲縣廷決策的關鍵。"這爲了解漢代行政權力運行與轉移提供了資料支撑。

在漢代社會生活方面，黃豔萍《簡牘所見秦漢時期人的膚色芻議》（《文史雜誌》2022 年第 3 期）關注到了簡牘中對人的膚色的記載。作者對秦漢簡牘中有人膚色記載的簡文進行分析，大致分爲黑色、墨色、晳色、青色、黃色、赤色六種。作者指出，簡牘中對人膚色的描寫，主要出現在追捕文書、名籍簡、家屬符、出入符、私傳等性質的文書中，涉及物件的身份包括逃犯、施刑士、獄囚、葆子、從者、私從者、奴婢、盜賊、田戍卒，吏家屬等。簡牘中對人膚色的細緻記錄，不僅可以反映種族的移遷,更是顯示了當時社會對人員流動的嚴格管控。張繼剛《簡牘中的體育健身資料及其史料價值》(《中國史研究動態》2022 年第 4 期)對出土簡牘中的體育健身資料及研究概況進行了總結，并對出土簡牘中體育健身資料的綜合研究提出了建議。作者提出，出土簡牘體育研究要多關注體育健身理論方面的價值、簡牘文獻有關心理和情緒調節及健康理念的記載、體育運動項目在邊塞戍卒和民間的開展情況等，要將體育健身與國家治理、邊疆安全、社會生產、家庭生活聯繫起來，全方位推進秦漢時期體育健身問題的研究。

在思想文化方面，劉書惠在《巫術信仰與理性精神的交融：出土簡牘中的復生故事》(《文藝評論》2022 年第 2 期)、《中國早期復生故事的文學書寫———以出土簡牘爲中心》(《哈爾濱工業大學學報（社會科學版）》2022 年第 4 期)兩篇文章中，對出土簡牘中的復生故事的類型和巫術信仰進行了討論。作者以出土簡牘中的復生故事爲研究物件，對復生故事類型、復生主人公形態變化、復生儀式等要素進行考察，深入探索其中蘊含的巫術信仰，展現了先秦時期對生命歸宿與生機延續的冷靜而理性的思考，是研究先秦文明與文化十分寶貴的資料。

除此之外，李世持在《秦漢簡牘所見姓氏异寫及演變問題討論》(《甘肅簡牘》第 2 輯)中關注到了出土文獻中有關姓氏文字的异寫現象。作者將秦漢簡牘中姓氏异寫的類型劃分爲假借字异寫、异體字异寫、訛誤字异寫三種類型，并對异寫造成的姓氏演變趨向做了歸納，即形成新的姓氏、分化爲不同的姓氏、訛混爲同一姓氏二種情況。在文章的最後，作者就秦漢簡牘姓氏异寫研究意義做了討論，其對於揭示當時漢字使用情況以及姓氏的分合、演變發展有重大的價值。

董雲香、楊正陽《論秦漢文獻中對於女性性別角色的期待——以簡牘爲中心》(《黑河學院學報》2022 年第 8 期)則把注意力集中到了秦漢社會中的女性角色。作者將簡牘史料與傳世文獻結合起來，從法律、道德、言行三個方面展現了秦漢時期女性的社會地位和社會對女性的角色期待。

在數學思想與文化方面，譚競男在《秦漢算數書中的四則運算淺見》(《甘肅簡牘》第 2 輯)中關注到了出土文獻中的 "加減乘除" 四則數學運算，指出其與傳世《九章算術》等文獻相比呈現出了明顯的差異。作者分別從加法、減法、乘法、除法運算出發，對簡牘中出現的屬於和用法進行歸納，這對於整理和探討早期算數文獻、梳理數學文化歷史具有重要價值。

此外，周序林、任占鵬等人也關注到了簡牘中的算書。周序林、何均洪、李文娟在《簡牘算書一種特殊計算方法解析》（《西南民族大學學報（自然科學版）》2022 年第 5 期）中對簡牘算書中的一種特殊演算法即"湊數法"進行了詳細論證。作者結合簡文，具體對"里田術"中的湊數法和"贏不足"中的湊數法進行解析，指出"湊數法"不具算理，也不具普適性，是中國傳統數學發展早期的一種過渡形式。對"湊數法"進行研究，對於正確解讀簡牘算書中的算題、整理簡牘數學文獻及了解數學發展史具有重要意義。

任占鵬《〈九九乘法歌〉的傳播與演變——以出土文獻爲中心》（《閩南師範大學學報（哲學社會科學版）》2022 年第 3 期）對秦漢簡牘及漢磚、樓蘭文書及敦煌文獻中《九九乘法歌》的内容和特點進行了分析，還原了《九九乘法歌》從秦到宋、從大陸到朝鮮半島的傳播與演變過程。

四、總結

綜上所述，2022 年度簡牘語言文字研究成果頗豐，可以分爲簡牘文字詞形體辨識、字詞語義考證以及篇章思想内容探討三個方面。其中字詞形體和意義的考察成果尤爲突出，特別是對簡牘中疑難字形音義考察成爲了簡牘語言文字研究的熱點，促進了簡牘釋文的進一步完善，也不斷豐富了漢字形體資料庫，爲其他研究打下了基礎。當然，簡牘用字現象也成爲這一時期研究的重點。學者們通過舉例論證簡牘中的特殊用字現象，試將研究的目光聚焦在廣闊的用字現象的研究上，爲今後的簡牘語言文字研究提供了新的思路和方法。

通過梳理對比這一時期的研究成果，足見這一年度研究的特點。首先，更加注重論證的理據性。文章多從文獻之間的對照關係中尋找有利於論述觀點的材料，不僅注重出土文獻與傳世文獻的對照，還關注到了不同歷史時期、不同地域的簡牘材料，甚至簡牘與銘文的對比。其次，更加注重方法的科學性。以前對簡文的釋讀多從傳統訓詁的形音義方面進行，而 2022 年度有文章關注到了傳統方法的局限性，并提出從歷史詞彙的方法對文本進行分析，提供了新的研究範式。除此之外，簡牘語言文字研究陣地更加豐富。2021 年由甘肅簡牘博物館主辦、西南交通大學出版社出版的《甘肅簡牘》創刊，今年出版了第 2 輯；由西北師範大學文學院簡牘研究中心主辦、商務印書館出版的《簡牘學與出土文獻研究》創刊，并於在 2022 年出版了第 1 輯。這些新興刊物的出現，爲衆多研究簡牘語言文字的學者提供了思想交流與碰撞的舞臺，不斷推進簡牘學學科的發展。

雖然 2022 年度簡牘語言文字研究取得了豐碩成果，但其在研究對象、研究內容及研究方法上仍有進步的空間。

梳理研究成果，可以發現其研究對象側重於楚簡，而對漢簡的研究較少，且對清華簡、上博簡、安大簡等新興材料的研究較多，而對其他簡牘關注較少。誠然，楚文字處於文字异形的關鍵時期，可供研究的內容較多，但也不能忽視漢簡文字形體變化的重要價值，探討其與隸變的關係。簡牘語言文字研究將來應該更加關注漢語字詞歷時變化的系統性和整體性，從個性出發，最終要對漢字發展整體規律進行把握，尋找共性。

此外，語言文字研究與其他學科的結合有待加強。簡牘飽含豐富的知識，涉及社會的方方面面，這就要求簡牘語言文字研究要注重學科之間的交流與融合。加強簡牘學與其他學科的綜合研究，將簡牘語言文字研究與文學、文獻、歷史、法律、數學等學科結合起來；加強語言文字與文化之間的關係研究，將詞義探源與歷史背景、社會制度以及風俗習慣結合起來。除此之外，還要關注簡牘中的方言詞、俗語詞等。

當然，進行簡牘語言文字的系統性、理論性研究也十分必要。目前學界關注出土簡牘中疑難字考釋較多，對常用字歸納梳理較少；對特殊字形字義研究較多，對字形字義演變規律的探討較少。因此，簡牘語言文字研究也需要注重新研究方法的運用。注重系統的語言文字研究，借鑒統計學、數學以及社會歷史的研究方法，對語言文字進行梳理和歸納。同時也要關注新技術、新圖片、新材料對解決疑難問題的意義。

總之，我們要充分肯定 2022 年度簡牘語言文字研究的成果和進步，但也要承認其有很多進步的空間。相信隨着新的簡牘資料的不斷出版，對簡牘語言文字的研究將會迎來一個新的高峰，這對於秦漢語言文字研究，乃至語言文字的整體演變研究都將大有裨益。

附記：

本文爲國家社科基金一般項目“新刊布敦煌漢簡詞彙研究與語料庫建設”（20BYY139）的階段性成果。

作者簡介：洪帥，男，1978 年生，河南夏邑人，文學博士，西北師範大學文學院教授，碩士生導師，主要從事簡牘學、漢語言文字學研究。

蔡章麗，女，1999 年生，湖北恩施人，西北師範大學文學院碩士研究生，主要從事漢語言文字學研究。

《簡牘學研究》文稿技術規範

《簡牘學研究》文稿技術規範在原有基礎上進行了適當調整，敬請同仁垂注。

一、作者投稿，請惠寄打印稿或電子稿（WORD+PDF 文檔）。文稿務請達到齊（内容摘要、關鍵詞、正文、注釋均需完整）、清（整齊清晰）、定（作者定稿）。

二、本刊采用繁體橫排。標題下爲作者名，後加括號標注作者單位、城市名、郵編，如：×××（西北師範大學簡牘學研究所，蘭州 730070）。

三、論文正文前需附内容摘要（200—300 字）、關鍵詞（3—5 個，以分號隔開）。綜述、書評、會訊等不附内容摘要和關鍵詞。

四、文内分節或分層的數字順序依次是：一、二、三、四、……；（一）（二）（三）（四）……；1. 2. 3. 4. ……；（1）（2）（3）（4）……。二級、四級標題後不再加標點，三級標題阿拉伯數字後用“. ”。

五、本刊采用頁下注，每頁連續編號，注號采用①②③……數碼形式，**標在標點符號（頓號、逗號、句號、引號等）之後，上標**。各類引文注釋格式如下：

（一）著作類：〔撰寫者時代或國別〕作者，譯者或整理者（譯著或古籍整理類）：《著作名》卷數，出版社，年份，第 × 頁。習見古籍如二十四史、《資治通鑑》等，征引時不出撰寫者時代和作者。增訂本、修訂本、書的册序標在書名號内，加括弧。

（二）論文類：〔國別〕作者，譯者（譯文類）：《論文名》，《期刊名》年期。

（三）集刊類：〔國別〕作者，譯者（譯文）：《論文名》，編者《集刊名》，出版社，出版年，第 × 頁。集刊“第 × 輯（卷、期）”中的“×”統一爲阿拉伯數字，“第 × 輯（卷、期）”標在書名號外，不加括弧。（注：以上〔國別〕〔時代〕都用六角括號〔〕括注，非方括號［］）。

（四）凡征引文獻以“參見”“詳見”“并見”等引導，作者直接與論著名連接，不加“：”。如：參見陳夢家《漢簡綴述》，中華書局，1980 年，第 20 頁。

（五）同一文獻再次引用時，仍需完整標出責任者、著作名、出版信息和頁碼。一律不采用“前揭”“前引”“同前注”“同上注”等。

（六）網絡文章，先標注出網絡名、發表時間，再標注出網址。如：陳偉：《嶽麓書院秦簡"質日"初步研究》，"簡帛"網 2012 年 11 月 17 日，http：//www.bsm.org.cn/show_article.php?id=1755。再次引用時，不需再標出網址，如：陳偉：《嶽麓書院秦簡"質日"初步研究》，"簡帛"網 2012 年 11 月 17 日。

（七）學位論文格式：×× 大學博士學位論文，×××× 年。

六、綜述、書評、會訊等所評述的論著，出版信息以括號形式注出，如：裘錫圭《湖北江陵鳳凰山十號漢墓簡牘考釋》（《文物》1974 年第 7 期）。

七、因突出引文的重要而另立段落者，引文第一行起首空四格，從第二行起，每行之首均空兩格。引文的首尾不加引號。引文的注釋號標在引文最後標點之後。

八、系統在默認狀態下不能處理、録入的文字，請造字或以圖片形式插入正文。

九、數字的用法

（一）一般性叙述均使用阿拉伯數字。

（二）古籍文獻中的卷數，如"《漢書》卷九七上""《資治通鑑》卷一〇〇"，使用漢字。

（三）中國朝代的年號及干支紀年使用漢字，其後加括號標出公元年代。如：秦始皇二十六年（前 221）；建武二十五年（49）秋。

十、標點符號的用法

（一）文字間的連接號采用長橫"——"，占兩個字符；數字間的連接號采用短橫"—"，占一個字符。

（二）省略號前、後均不加逗號、句號等標點符號。如《漢書·王莽傳上》："公卿咸嘆公德……傳曰申包胥不受存楚之報……"。

（三）連續使用引號或書名號，之間不加頓號，如"案""劾"，《史記》《漢書》等。

十一、表格形式

表格需注明表題，文中含一個以上的表需用阿拉伯數字注明表序號，表中或表後應注明資料來源。

十二、課題、項目資助、鳴謝等以附記形式附正文後。

十三、文末附作者詳細信息（姓名，性別，出生年月，工作或學習單位，職稱，學歷，專業領域）。

《簡牘學研究》征稿啓事

《簡牘學研究》創刊於 1997 年，是國内較早的簡牘（簡帛）學類專業學術集刊，至今已公開出版十三輯。現由西北師範大學歷史文化學院、甘肅簡牘博物館、河西學院河西史地與文化研究中心、蘭州城市學院簡牘研究所聯合主辦。

優質稿件是辦好刊物的根本，《簡牘學研究》衷心希望學界同仁鼎力支持，惠賜與下述内容相關的佳作，并對我們的工作予以批評指導。

1.出土簡牘的整理、考證成果; 2.以簡牘爲主要材料, 研究中國古代語言文字、制度、歷史、社會、文化、思想的成果; 3.代表性的國外簡牘研究成果譯文; 4.包括簡牘學理論方法探討、簡牘研究綜述、簡牘研究新書評介、簡牘研究論著索引、簡牘學人專訪在内的簡牘學學術史動態。

惠賜稿件請注意以下事項:

1. 本刊注重稿件的原創性、首發性，祇接受首發投稿。已在正式出版物和網絡上刊發者，均不視爲首發。

2. 來稿應遵守學界公認的學術規範，作者文責自負。

3. 來稿格式請按照《〈簡牘學研究〉文稿技術規範》執行。

4. 來稿請提交 word 文本和 pdf 文本的電子文稿（電子郵件）。

5. 本刊實行雙向匿名專家審稿制度。稿件中勿出現作者個人信息，請另紙寫明作者姓名、工作單位、職稱或職務、電話號碼、電子郵件、通訊地址和郵政編碼，以便聯繫。

6. 本刊處理來稿期限爲三個月。逾期未接到通知，作者有權對自己的稿件另行安排。

7. 來稿一經刊用稿酬從優，并奉送樣刊兩本。

來函請寄:

甘肅省蘭州市安寧東路 967 號西北師範大學歷史文化學院

魏振龍收 郵編: 730070

電子郵件請寄:

jianduxueyanjiu@nwnu.edu.cn